21世纪高等院校旅游专业引进教材系列

邮轮经营管理

Philip Gibson 著
陈扬乐 赵善梅 主译
陈扬乐 校

南开大学出版社
天 津

图书在版编目(CIP)数据

邮轮经营管理 /（英）吉布森（Gibson，P.）著；陈扬乐，赵善梅译. —天津：南开大学出版社，2010.12（2014.1重印）21世纪高等院校旅游专业引进教材系列
ISBN 978-7-310-03601-1

Ⅰ.①邮… Ⅱ.①吉… ②陈… ③赵… Ⅲ.①旅游船—旅游—经济管理—高等学校—教材 Ⅳ.①F590.7

中国版本图书馆 CIP 数据核字(2010)第 238467 号

南开大学出版社出版发行
出版人:孙克强
地址:天津市南开区卫津路 94 号　　邮政编码:300071
营销部电话:(022)23508339　23500755
营销部传真:(022)23508542　　邮购部电话:(022)23502200
*
天津泰宇印务有限公司印刷
全国各地新华书店经销
*
2010 年 12 月第 1 版　　2014 年 1 月第 3 次印刷
787×960 毫米　16 开本　14 印张　2 插页　245 千字
定价:27.00 元

如遇图书印装质量问题,请与本社营销部联系调换,电话:(022)23507125

致　谢

为写这本书，我采访了100多位业内专业人士，包括游客服务主管、乘务主管、乘务长、培训经理、自助管家、行政总厨、厨师长(corporate chef)、客房经理、领班、初级助理乘务员、经理助理、商店经理、摄影经理、邮轮主管和洗衣总管等。

我非常感激那些支持我的人们，包括我所采访的人士。在此，我要特别感谢"公主号"邮轮(Princess cruises)的布莱恩·约翰逊(Brian Johnson)、P&O邮轮的里克·戈德温和西莉亚·沃尔特斯(Rick Godwin & Celia Walters)，以及"星公主"(Star Princess)号、"金公主"(Golden Princess)号、"极光"(Aurora)号邮轮的主管和工作人员。我还要感谢丘纳德(Cunard)号的凯尔文·斯潘塞(Kelvin Spencer)、目的地西南(Destination Southwest)号的鲍伯·哈里森(Bob Harrison)以及来自普利茅斯大学的我的同事的支持。

最后，但也是最重要的，我要感谢我的女儿Hazel & Rachel，她们从学生的立场审读了书稿，还有我的妻子Carol，曾经是一名乘务长助理，谢谢她的认可。

原　序

多年前，我曾就职于P&O（“半岛东方”）邮轮公司，在“旧”奥利安娜号的乘务部工作。当时我年纪轻轻，意气风发，充满热情，一心想去拥抱这个世界。也就是从那时起，开启了我的旅游及接待业的职业生涯，随后获得了继续深造的奖励。时至今日，我仍时常回想起早些时候在豪华邮轮上工作时的兴奋、生活品质和乐趣。

当时，邮轮旅游是一项传统的消遣娱乐形式，但人们的视野已发生变化。对比来自南安普敦和悉尼的航程可见，邮轮消费者的人口学特征存在显著差异。美国脱颖而出，成为最大的邮轮旅游增长市场，这是被当时一个很风靡的电视节目“船之恋（*The Love Boat*）”所炒作起来的。不幸的是，邮轮易受恐怖主义的威胁，也会受到一些紧急情况的影响。

在邮轮旅游过程中，时常会遇到一些令人惊叹的景象：当横渡巴拿马运河时，您会在丛林和野生生物丰富的地区穿梭；当驶向悉尼港时，您沿途会欣赏到著名的歌剧院；您也可能在风景如画、银滩皑皑、大海蔚蓝的加勒比海岛抛锚。这是一份独特的工作，各个层次的游客的满意度都很高。

尽管一些年轻人在海上工作的愿望似乎明显减弱了，但在邮轮上工作的报酬仍然具有特别的吸引力，邮轮产业增长的趋势不会减弱，在邮轮上工作不仅是渴望旅行的人们的理想选择，而且有利于发展与实现他们的新梦想。

对于想在现代邮轮上工作的人来说，这本书是一个较好的选择，它对现代邮轮上的工作进行了综合介绍。我之所以写这本书，一个重要原因是我有过短暂的在邮轮上工作的经历，当然，业内专业人士的支持对我写作本书具有重要意义，我非常感谢所有曾经给我提供过帮助的人们。最近，我几乎游遍了中国，并与来自教育机构的代表们讨论了中国学生在英国的学习情况。我的中国之旅的最后一站是中国东北的大连。我很吃惊地看到，一艘相当破旧但给人印象深刻（已退去了昔日的荣耀）的邮轮停泊在一片宽广的近岸海域，那是“我的”奥利安娜号。令人伤心的是，我得知她（船一般被认为是“女性”）在2004年6月的一次风暴中受到了严重的损坏，尽管人们努力去修复她，但修复效果不理想。

导 言

这本书对愿意学习邮轮经营管理的人具有指导价值。这方面的文献比较缺乏,其中部分原因是在过去的20年里,邮轮业虽然是悄然复兴,尽管其规模稳步扩大,航行范围不断扩张,但不像陆地旅游那样,得到了广泛的宣传和学术关注。无论是从学术还是从职业角度看,对于想学习这个行业的人来说,一本专著是最基本的。本书即可适合研究生学习和参考。

本书旨在全面概述邮轮服务。通过邮轮经营的案例分析,帮助读者从职位的角度去学习邮轮经营管理的各个方面,并凭借所提供的信息,使读者能清晰地理解邮轮经营管理。

书中列举了一系列情境,也包括大量案例研究,以鼓励读者考察邮轮经营中各种问题及其很复杂的环境。案例研究是对邮轮经营的真实反映,是以访问和观察为基础的。案例研究得到了多家邮轮公司的支持。

案例中包括在一艘大型邮轮上主要为美国度假游客准备饮食的餐饮经营;其他案例研究包括,由丘纳德引介的培训中的创新,由"公主号"(Princess cruises)邮轮和P&O邮轮经营的"巨型"邮轮上的行政管理和操作、客房管理、组织特等客舱服务、经营岸上游以及一些为游客提供的特殊服务。另外,一系列案例还着重研究了邮轮上有关工作人员的文化素质情况。在案例研究之后提出了问题,其目的在于突出焦点,激发讨论。

各章节是根据知识系统来组织的。第一章从社会、技术、经济背景角度对邮轮业进行了完整的介绍。第二章论述了邮轮销售的基础设施情况。第三章集中于海上问题,描述了邮轮业的规模和范围以及一些关键因素,如国际法的框架和环境影响等。第四章分析了邮轮地理,旨在介绍邮轮业的主要经营地和主要目的地。这部分知识在第五章中得到了进一步扩展,主要考虑了行程安排问题。实践证明,行程计划者在考虑邮轮行程时,可以安排港湾岸上观光等。通过案例分析,有助于我们全面理解邮轮旅游产品。第六章介绍了邮轮的船上管理与经营结构。第七章评述了许多邮轮上的服务范围,并对客户或客人服务进行了深度评价。第八、九章主要考察了酒店服务的核心项目:餐饮经营管理和船上设施管理。第十章阐述了卫生、安全与保障,并为这些挑战性的话题提供了一个情境。第十一章主要论述培训事宜，特别提到了情境学习法。第十二章从整体上对邮轮经营管理进行总结，并评价了船上行政功能，以及如何整合邮轮经营系统的各要素才能取得成功。

每章不仅罗列了大量信息，而且也涉及了理论问题，使从事邮轮专业的学生、学者以及专家能够从中受益。对于想学习邮轮经营管理的人来说，本书是很全面的。对于从事旅游业或服务业的人来说，通过浏览本书或部分章节，也会有所收获。

目　录

第一章 现代邮轮经营

学习目标

通过本章学习，读者应该能够：

■ 明确邮轮业的影响因素

■ 了解邮轮的历史

■ 总体上把握邮轮及其类型

■ 理解邮轮市场的规模和范围

邮轮业已发展起来，并在继续快速增长。在旅游业中，邮轮业经常被认为是一个较小却重要的部分(Page,2002)，而这种描述难以识别邮轮业的固有品质和属性。从邮轮业的固有品质和属性看，邮轮业可以自立门户，成为一个行业。在本章中，将邮轮业作为一个产业来理解是有帮助的。当然，读者在读完整本书后，将会形成一个更为明智的判断。

根据 Ward(2001)的研究，邮轮业目前营业额已达到 150 亿美元，船上的职员和工作人员超过了 10 万人，同时，岸上也有大约 1.5 万雇员。该行业还为食品供应商、工程服务、制造商、港口代理商和官员、交通公司、旅游公司、酒店、目的地公司、汽车租赁公司和就业机构提供了间接就业。Ebersold(2004)注意到，七年多来，邮轮业的市场呈现全面而持久的扩张。1997 年，销售额为 350 万床天数，2002 年增长到约 640 万床天数。新邮轮的建造持续强盛，2004 年初，大约有 19 艘邮轮在建造之中，能满足约 4.8 万名游客的需求(Bond,2004)。国际邮轮公司协会(CLIA,2005b,一个代表 19 个世界主要邮轮公司的组织)称，2004 年，邮轮游客为 105 万人次。邮轮旅游者的市场细分、社会地位和年龄结构等在不断变化，这种变化具有重要意义(Douglas and Douglas,2004)。变化之一就是由嘉年华邮轮做出的估测，2004 年，邮轮游客中的儿童乘客将达到约 50 万人次，10 年间增加 400%(嘉年华,2005)。

2005 年，预计有 1110 万人次乘客会搭载国际邮轮公司协会中的一个或多个成员公司的邮轮(Anon,2005a)，比 2004 年增加 4.6%。2004 年，新增 12 艘邮轮,使邮轮载客量提高了6.9%。国际邮轮公司协会预测,邮轮票价会上升,参加邮轮旅行的人群的年龄将继续呈现出多代组合,所有邮轮市场细分将更加注重于提供独特的产品和服务(Anon,2005a)。

一、邮轮业的影响因素

人们一直在争论,在某种意义上,我们的地球起错了名字,因为地球表面的71%被水所覆盖(Lutgens,1992)。一直以来,人们认为航空旅行对改变娱乐活动将产生重要影响,但是,即使是一个初学者,也能意识到,基于大海和水而利用轮船这种流动度假场地所蕴含的发展机遇。Day & McRae(2001)认为,邮轮为人们游览一些世界著名的旅游目的地提供了便捷的方式,这正是邮轮业获得当前成功的关键。有例为证,请见表1.1,并完成相关任务。

对许多游客而言,有一系列的有力的因素吸引他们进行邮轮体验:邮轮通常被认为是安全的、社交的、顾客友好和服务指向型的(Carwright & Baird,1999)。邮轮为游客提供了一个移动的、连续的、方便的活动场所,当停靠港口时,这里是他们的家。游客可以适应甲板上的生活,并学着在旅行过程中放松自己(Gibson,2003):线路可以是分散的,安排了一系列精心挑选的船上或陆上活动。

表1.1 游客最喜欢的海外城市

1	悉尼	18	新加坡	35	雷克雅未克
2	墨尔本	19	巴塞罗那	36	慕尼黑
3	东京	20	罗马	37	维罗纳
4	开普敦	21	吉隆坡	38	塞维利亚
5	温哥华	22	旧金山	39	哥本哈根
6	里约热内卢	23	拉斯维加斯	40	锡耶纳
7	芝加哥	24	奥克兰	41	哈瓦那
8	迪拜	25	维也纳	42	曼谷
9	奥斯陆	26	斯德哥尔摩	43	萨尔茨堡
10	纽约	27	北京	44	毕尔巴鄂
11	奥兰多	28	布达佩斯	45	马德里
12	佩斯	29	多伦多	46	马拉喀什
13	威尼斯	30	布鲁日	47	格拉纳达
14	香港	31	佛罗伦萨	48	华盛顿
15	柏林	32	赫尔辛基	49	波士顿
16	布拉格	33	里斯本	50	丰沙尔
17	波洛尼亚	34	伊斯坦布尔		

正如旅行专家 Douglas Ward 所言,“超过 1000 万的人是不会错的(这是去年搭载邮轮的人数)！邮轮旅游时下风靡,因为它为人们提供了一个远离现实的机会,远离现代生活的压力和紧张。邮轮真是一种自我享受的度假地,没有犯罪。仅仅在几天之内,您就可以游览不少目的地”(Ward,2001)。

然而,“邮轮旅行”的理念也产生了负面感觉(Table1.2)。Dickinson & Vladimir(1997)对那些没有考虑过或不想参加邮轮旅行的人的访谈表明,有五大障碍因素阻碍潜在游客成为邮轮旅游者,尽管 Ward(2001)对这种观点进行了反驳。邮轮旅游是一种成本高昂和价值较高的旅游活动,它所包含的内容可满足各类人群的需求。因此,邮轮旅游具有社会包容性和排他性的特点:无论是家庭还是单个游客、会议代表、高龄游客、活跃的游客、团队游客等,这个列表可以无限长,都可以成为一个专门市场。Ward 认为,这种度假形式对高龄游客具有吸引力,但他同时指出,目前首次参加邮轮旅游的游客的平均年龄在 40 岁以下。

表 1.2　阻碍潜在邮轮旅行者的因素

因素	原因
费用	邮轮旅游通常很贵
排他性	认为邮轮旅游是有钱人的活动
家庭因素	认为游轮旅游适于上了年纪的夫妇,而不适合带小孩的家庭
易导致幽闭恐怖症	认为邮轮是一个有约束的、昂贵的安静空间
晕船	有晕船症状会影响邮轮旅游决策

注:根据 Dickinson & Vladimir(1997)整理。

二、邮轮旅游的历史

从邮轮旅游的历史图表中可以获得很多信息,不仅能确认邮轮旅游的概念是在何地何时兴起的,而且能尝试着预测它将发展前景和方向。表 1.3(来源:Dickinson & Vladimir[1997],Knotes[2003],Michaelides[2003],Dawson[2000],Cartwright&Braird[1999],Day & McRae[2001],Showker & Sehlinger[2002],Ward[2001])并非刻意地包罗,只是列表标出过去 200 年内邮轮旅游发展的重要时刻和事件。

表 1.3 邮轮旅游史

年份	事件
1801	“*Charlotte Dundas*”投入使用，成为第一艘蒸汽驱动的船舶。
1818	载重 424GRT 的“*Savannah*”号承载 8 名乘客首次横渡大西洋，从纽约到利物浦，历时 28 天，完成黑球(Black Ball)航行。
1835	首次做广告的邮轮旅游，在兰群岛和奥克尼郡之间。这是从来没有过的邮轮旅游，直到 1886 年，北苏格兰和奥克兰和设得兰船舶公司才经营了短距离的邮轮旅游。
1837	半岛蒸汽船航海公司成立(后来成为半岛东方，蒸汽船航海公司以及熟知的 P&O 邮轮公司)。
1840	山姆·丘纳德建造了第一艘横渡大西洋的蒸汽船。
1843	伊桑巴德·金德布·鲁内尔(Isambard Kingdom Brunel)公司的“大不列颠”号(3270GRT)起航，这是第一艘铁质船体、螺旋桨推动的客船。
1844	P&O 邮轮公司的“*SS Iberia*”号从伦敦航行到维哥、里斯本、马耳他、伊斯坦布尔和亚历山大。
1858	顾客花钱登上“*Ceylon*”号，一艘 P&O 的客轮。这次航行被认为是第一次邮轮旅游。
1867	作家马克吐温在他的小说里描述了 P&O 公司的邮轮从伦敦到黑海的航行——“纯洁的航行”。
1881	“*Ceylon*”号重新整修，成为一艘专门的客船。
1910	白星邮轮公司的“奥林匹克”号(46329GRT)起航，第二年，即 1912 年 4 月 12 日，泰坦尼克号撞冰山沉没。
1911	“维多利亚·路易斯”号成为第一艘专门为邮轮旅游而建的船舶。
1912	丘纳德公司的“*Laconia*”号和“*Franconia*”号起航，它们是为特定航线定制的邮轮。
1920—33	在美国禁酒令期间，来自美国口岸的“*booze cruises*”号允许乘客在到达古巴、百慕大、巴哈马等港口时喝酒和赌博。
1922	丘纳德公司的“*Laconia*”号启航。该邮轮相对较小，20000GRT，能承载 2000 名乘客，分 3 个住宿等级。
1929	P&O 公司的“*Viceroy of India*”号起航，这是当时最令人印象深刻的邮轮，第一次使用涡轮电力，第一次在甲板上有泳池。这艘邮轮的目的地有两个——英国—印度，是一艘豪华邮轮。
1930s	联合城堡公司(Union Castle)推出南非度假旅行，价格优势明显，三等舱 30 英镑，二等舱 60 英镑，头等舱 90 英镑。
1934	豪华邮轮“RMS 玛丽皇后”号启航。配有 1174 名管理者和员工，载有 2000 名乘客，游客与工作人员之比小于 2:1。
1934	美国邮轮公司的“*SS America*”号起航，这是一艘燃油的邮轮，能加速到 25 节。1941 年，该船被用作运兵船。
1938	规模达 83000GRT 的“SS Normandie”号航行 21 天：纽约—里约热内卢—纽约。
1939	二战爆发。“玛丽皇后”号、“伊丽莎白皇后”号等邮轮被用作运兵船。

续表

年份	事件
1958	首架横渡大西洋的商业喷气式飞机使用，这导致邮轮市场衰落，邮轮公司生意下降。
1966	邮轮业复苏——主要集中在英国。
1970s	新的邮轮公司成立——1%的度假者选择邮轮。邮轮公司与航空公司紧密合作，开发新的产品——空海联航旅游。
1986	“风之星”号起航，这是一艘配备计算机邮轮，这是一次富有浪漫和充满现代舒适气息的航行。
1990s	联合和全球化：引起合并和收购。
1999	“鹰级”邮轮，如“航海家”号和“大公主”号起航，复杂程度更高，规模经济效益更好，邮轮是旅游目的地的观念开始出现。
2000s	市场细分和生活风格的邮轮旅游。北美市场从 1980 年到 2000 年持续增长（年均 8%）。
2000	皇家加勒比国际邮轮公司（RCI）的“探索”号邮轮（137308GRT）起航。
2002	全世界估计有 7 亿游客，其中约有 1.03 亿是邮轮游客。每年有 2.4%的美国人、1.3%的英国人、不足 1%的欧洲人会参加邮轮旅游。
2003	丘纳德航线的“玛丽皇后 2”号起航。
2003	在与 P&O 邮轮公司合并后，嘉年华邮轮集团成为最大的邮轮经营商。

人们经常谈论当代超级邮轮的规模。表 1.3 里“鹰”级（“Eagle”class）邮轮的引进就是一个恰当的例子，导致了“玛丽皇后 2”号（QM2）的启用。作为目的地，拥有精良的设施设备和改良的产品的邮轮，通过扩大船舶规模，可以获得规模经济（Knotes，2003）。社会公众关注邮轮的规模，也关注着邮轮旅游的政治、经济、社会、技术、法律和环境等问题。本书后面的章节将分析这些内容。这里就邮轮的大小做一个有趣的对比（图 1.1）。

目前，最大的邮轮可以容纳约 4000 名游客，最小的邮轮游客容量低于 100 名。丘纳德航线上的“伊丽莎白皇后 2”号规模为 70327GRT（总注册吨数），2004 年 1 月启航的“玛丽皇后 2”号邮轮为 150000GRT，公主邮轮的“大公主”号为 108806GRT，而赫布里底岛邮轮（Hebridean Island Cruises）的“赫布里底公主”号为 2112GRT，皇家加勒比的“海洋自由”号（158000GRT）计划在 2006 年 4 月开始巡航。邮轮的规模因用途而不同。像前面讨论的“鹰”级这样的较大邮轮，适于较大数量的人群，而且能在船上提供更为多样化的服务。较小的邮轮更有亲切感，而且便于停靠在较大的邮轮不能停靠的港口，对于较大的邮轮来说，受船骨的深度、邮轮的长度或者在目的地的操作性所限，有些港口无法停靠。不同类型的邮轮对一些特定比例（员工数与游客数之比，每位游客所占空间大小以及船舱与公共区域的大小之比）的要求也不同。空间与游客之比等于总注册吨数与最大乘客数量之比，据此可以确定每位乘客所占的立体空间。最近，“玛丽皇后 2”号的空间与游客之比成为了最高值之一，超过 57(即 150000 GRT/2620 人)。邮轮的空间/游客之比可以低至 28。工作人员与乘客数量之比，高级航线为 2∶1，豪华邮轮为 1.5∶1。

如何衡量船舶的尺寸？

船舶可以用容量、面积或吨位来描述。

容量(Capacity)

一艘邮轮的容量是从工作人员和乘客数的角度进行描述的。邮轮公司经常计划使用下层床位的载客量(指客房床位数)，这样，如果容量包含上层床位，邮轮的容量会增加(有些客房里安排了双层床)。

尺寸(Dimensions)

长度是从船头(fore)量到船尾(aft)的。fore 和 aft 是常用的术语。

横跨度是最宽处的宽度(船中间)。

吃水深度是用来衡量船体在水中的位置的。

吨位(Tonnage)

船舶常用总注册吨数(GRT)来描述和比较。根据 Branch(1996)的观点，GRT 的计算方法是：船舶封闭空间的体积(立方英尺)除以 100，即 1 船舶吨等于 100ft³。港口常用吨位数来计算船舶的领港员费用和停靠费用。“tonnage”这个词是从中世纪的术语“tun”派生出来的，是桶的意思。

速度(Speed)

速度用节来衡量。1 节＝1 海里/小时。1 海里等于 1852 米或 1.15 英里。

图 1.1 邮轮衡量指标

三、邮轮印象

多元化似乎是未来邮轮旅游业发展的方向。接下来的案例研究展示了 4 个对比鲜明的邮轮经历。表 1.4 简单对比了 4 个案例的基本特征。注册地的国旗很重要，因为它涉及邮轮的法定地位(更多信息详见第三章)。

表 1.4 主要邮轮对比表

船舶	风之星号	世界号	大公主号	海洋村号	玛丽皇后 2 号
所属公司	风之星邮轮公司	海居有限公司	嘉年华邮轮公司	嘉年华邮轮公司	嘉年华邮轮公司
建造时间	1986	2002	1998	1989(曾叫阿卡狄亚号)	2003
GRT	5350	43524	109000	63500	150000
吃水深度(米)	4.1	6.7	8	8.2	10.09

续表

船舶	风之星号	世界号	大公主号	海洋村号	玛丽皇后 2 号
长度(米)	134	196.35	292	247	348
横跨度(米)	15.8	29.8	36	32	45.4
速度(节)	14	18.5	24	21.5	26
推力	柴油发电机	柴油发电机	柴油发电机	柴油发电机	汽轮柴油发电机
空间乘客比(立方英尺/每位乘客)	36	66	42	37.5	56.25
客房数(间)	74	110 套公寓和 88 间小型公寓	1300	801	1310
乘客数量(人)	148(每间 2 人计)	3966(平均约为 320)	2600	1602	2620
员工数量(人)	90	320	1100	514	1253
营销口号	平凡中的 180°	活着为了旅行	个性化的邮轮	为不参加邮轮旅游的人	当今世界最大、最长、最高、最豪华的邮轮
旗帜—注册国	巴哈马	巴哈马	利比里亚	英国	英国

“风之星”号

“风之星”号(图 1.2)1986 年投入使用，其目标是综合豪华度假和航行自由，从而创造出独特的产品。公司将“风之星”理念描述为：“为疲劳的高管、探险者以及自我标榜的逃离者终极离开”(Windstar,2003)。“风之星”号邮轮与她的公司使用同一个名字。她是公司的三大邮轮之一，巡航于一系列的目的地之间，包括小安的列斯群岛、维尔京群岛、佛罗里达群岛和加勒比的巴拿马、东欧和西欧、地中海、希腊和土耳其诸岛、波罗的海和北欧。老顾客的平均年龄是 51 岁，新顾客平均为 50 岁，且平均年收入至少为 12 万美元。“风之星”的顾客被公司称为“一群年龄从 20 多岁到 80 多岁的活跃的、善于冒险且富有经验的旅行者”(Windstar,2003)。一般来说，“风之星”的顾客群体为公司老板、主管、退休人员、度蜜月者、股票经纪人、律师、工程师、企业家、艺术家、作家、研究人员、医生或者教育工作者。

据 Ward(2001)介绍，“风之星”号邮轮通过使用各种材质和整体装饰，营造出豪华的气氛，船舱则较为传统。对总体旅游体验的报道是正面的、积极的。据说，在“风之星”号上的旅游体验是放松、休闲、没有压力，包括一系列活动，如帆板运动、滑雪、水肺潜水和潜水。邮轮上还有赌场、图书馆、小型游泳池(被 Ward 称之为 dip pool)、商店、疗养室、钢琴吧、“时尚优雅”餐厅(简称“餐厅”)。

船舱内配有电视机、录像带和CD机、个人保险柜、冰箱、迷尔吧、国际直拨电话以及备有淋浴用品、吹风机、梳妆台和毛绒浴袍的私人浴室。

图 1.2 风之星号

机组人员是"国际性"的，船长和海乘是欧洲人，酒店的高级员工来自美国和欧洲，乘务员和服务人员是菲律宾人和印度尼西亚人。总之，其目的是营造一个亲切、现代和豪华的环境氛围。公司强调，邮轮的规模以及配套设施和服务使这个目标很容易实现。

"世界"号

海上居住世界(40000 GRT)是一个独特的概念(Showker & Sehlinger, 2002)。这艘邮轮是在挪威福森造船厂(fosen yard)建造的，其目的是持续地环游世界，并成为"世界上第一艘可以全日制占有的远洋海上居所的邮轮……世界号邮轮上有宽敞的居住空间——配套齐全——适合家庭、朋友、生意伙伴以及随从人员居住的客房套间"(Synnove Bye,2003)。

这个非凡的项目有两种使用方式。邮轮上有110套配备完整的厨房设施的私人公寓，既可以私人拥有，也可以租用。另外，"世界"号邮轮上还有88间可供一般大众订住的套房。约有40%的客人来自美国，约40%来自欧洲国家，其他国家占20%。"世界"号所有者的目标市场是具有2～3处套房、平均年龄55岁的居家者，这一目标市场是富有自我创业能力的企业家。资料显示，这些人活跃，热爱大海，喜欢航行，渴望捍卫他/她的隐私权(ResidenSea,2003)。

"世界"号的设施包括4个风格各异的餐厅、夜总会、赌场、剧院、画廊、SPA和健身中心、2个游泳池、标准网球场、高尔夫中心(包括真草果岭)、可拆卸式小船坞，还有3个急诊病房(图1.3)。

图1.3 世界号

典型年份的航程一般包含40个国家的140个港口。该邮轮会瞄准一些盛大事件，包括一些体育盛事，如英国公开赛、摩纳哥大奖赛、戛纳电影节等。工作人员是国际化的，他们来自世界各地。公寓销售起价在222.5万美元。只要个人愿意，就可在离出发前至少3天预订航程。

根据该公司的一种出版物可知：

海上居住世界，作为第一艘混合使用、持续环游世界的度假邮轮，在美国公共卫生部(USPH)首次检查时获得了完美的100分，在美国海岸警卫队颁发的合格证书上标明“优秀”，这为行业设立了新的标准。这些回应了巴哈马政府对该邮轮的卫生、安全、操作和建设标准的国际赞誉，其中包括这样的评论：“世界”号“维护精良，操作非常专业”。

“世界”号邮轮近期评级成功，要归因于其独特的斯堪的纳维亚废水净化系统，即废水经漂浮系统过滤。固体废弃物经干燥和焚化后，将灰烬在陆上做适当处理。剩余的液体废物经紫外线过滤系统过滤，终水就跟技术加工过的水一样纯净。世界号也使用船用柴油，而不是传统的重质燃油，从而使“世界”号能到达世界大多数最迷人的港口(ResidenSea,2003)。

“大公主”号

“大公主”号是由公主邮轮公司经营的现代船队的一份子。1965年，公主邮轮公司进入该领域，当时有一艘邮轮驶向墨西哥。现在，它的船队每年能搭载80万游客，包括珊瑚公主号(2003)、黎明公主号(1997)、海岛公主号(2003)、太平洋公主号(1999)、富豪公主号(1991)、皇家公主号(1984)、黄金公主号(2001)、大公主号(1998)、星公主号(2002)、太阳公主号(1995)、大溪地公主号(1999)。截至2006年,还有4艘新邮轮加入公主邮轮(Princess Cruises,2003)。

1977年,太平洋公主号被指定在一个新的电视节目"*The Love Boat*(船之恋)"担当明星角色。据公主邮轮公司介绍,这个每周一次的向数以千万计的人们介绍远洋海上度假的系列节目还是全新的概念,顿时一炮走红。公司的名字和它"海上女巫(sea witch)"(图1.4)商标曾经一度与邮轮是同义词。

图1.4 大公主号

2003年,"大公主"号被公主邮轮评为"个人选择的巡航旗舰"。这个理念旨在授权于游客,游客可以自己选择活动项目,从设备、设施到服务都可以选择。所以,来"大公主"号度假是"个人定制"的。这里有多样化的餐饮选择、灵活丰富的娱乐选择、从沙狐球到潜水的全套船上活动。而且,这些体验体现了其独特的市场定位,如"负担得起的奢华"以及"大船的选择,小船的享受"。

"大公主"号是世界上最大的邮轮之一(尽管不是最大的),巨大的规模使经营者能够提供多样化的服务和选择。有710个客舱带有阳台,占所有外部特等客舱的80%,套房和小型套房里都提供管家服务,船上的设施包括教堂、虚拟现实中心、赌场、3个餐厅、3个展示厅、5个游泳池(其中一个是逆流泳池)、儿童及青少年中心、28个轮椅无障碍舱、运动吧、画廊、9洞课程设计和模拟高尔夫球场、运动场和慢跑道,以及包括酒吧、鱼子酱吧、"天行者夜总会"等在内的各类吧台和休息室、高出水上150英尺的观察厅。正如Showker & Sehlinger(2002)所评论的,这种能容纳2600名乘客和1100名员工的的邮轮,规模是很重要的,邮轮的大规模不仅能确保各种活动和大规模设施的提供,也有利于邮轮顺利航行。

"大公主"号进行了包括环行加勒比在内的一系列航行活动。较小的度假地通过其勤务船(即出于实用和安全考虑,装在邮轮上的快艇)进入,例如,在加勒比海域的“公主群岛”,即是通过快艇进入的,“大公主”号停泊在近岸处,然后用快艇将乘客轮渡到岸上。.公主邮轮隶属于全球最大的度假公司之一——嘉年华公司(Ward,2001)。

“海洋村”号

海洋村是由P&O公主邮轮在2003年引进的一个相对较新的品牌。海洋村的主管Nick Lighton表示,他们的目标市场是“中青年人”,“海洋村的度假人群相对于传统巡游者要年轻得多——平均预订年龄为40岁——我们的研究显示他们正在寻找活跃和放松”。

Nick Lighton这样解释海洋村的理念:“我们研究‘中青年’——35～55岁之间,拥有活跃、现代生活方式的群体——在度假中真正追求什么,信息反馈显示,他们寻求刺激的体验,也享受放松的机会。所以,“海洋村”号提供‘放松与挑战并存’的假期——人们不仅可以做到通常意义上的放松,也能够享受丰富多彩的刺激体验和宾至如归的感觉,如穿越巴巴多斯沙滩的山地自行车运动、开着吉普车探索人迹罕至的安提瓜,或者在多米尼加雨林徒步旅行……海洋村打破邮轮旅行常规,让游客决定什么时候吃、与谁一起吃,提供各种活动所需的着装,并与传统娱乐说再见”(Ocean Village,2003)。

海洋村,夏季航行于地中海的帕尔马、马略卡,冬季航行于加勒比海的布里奇敦、巴巴多斯。从港口出发时,为满足不同目标群的需求,设计了两套行程供游客选择。从帕尔马出发的行程称为“宫殿和海鲜拌饭”或者“广场和面食”,从巴巴多斯出发的行程称为“糖和香料”或者“卡利普索和椰子”。设计这些度假产品的目的在于吸引目标人群。这些行程为期7天左右,包括一整天在海上,其他六天在口岸的各度假地。

公司的理念是:“使不愿巡游的人享受邮轮”(Ocean Village,2003)。海洋村的风格是非正式的——没有船长的鸡尾酒派对,没有着装规定,无需在特定时间吃东西。休闲娱乐活动是自由的,不管是在船上还是在岸上,“客人”都可以自愿选择是否参与。船上设施包括健身房、2个游泳池、4个浴缸、SPA中心、慢跑道、山地自行车(带到岸上)、夜总会、电影院、马戏团和歌舞表演、名厨餐厅(额外付费)、儿童中心和8处酒吧。

2003年,公司提供了起价为499英镑的7晚地中海巡游,而7晚加勒比巡游的起价为649英镑,乘客需为特等舱、饮料、在餐馆或甲板咖啡厅就餐、岸上活动和一些选择性的船上活动(如使用互联网)额外付费。船上共有514名员工,包括国际酒店服务人员和英国主管及经理们,游客与员工之比为3∶1(图1.5)。

图 1.5 “海洋村”号

“玛丽皇后 2”号

2003 年 1 月，作为一艘丘纳德邮轮公司的豪华邮轮，“玛丽皇后 2”号(QM2)投入服务(图 1.6)。她是航海领域规模宏伟的化身，是世界上最大、最长、最高和最阔气的海洋邮轮。船上的大面积公共区域、宽敞的宴会厅(ballroom)、楼梯、大堂区域和 360°散步甲板，使其呈现出品质、豪华、形象和宽敞的特质。四分之三的特等客房有阳台，除特等客房外，住宿条件有多种选择，包括普通套房(suites)、小型套房(junior suites)、皇家(总统)套房(royal suites)、楼顶阁楼(penthouses)、复式公寓(duplexes)。双层公寓甚至还配备了私人健身器材。“玛丽皇后 2”号的住宿选择还与就餐体验的类型相联系，预定复式公寓、套房或者类似级别的住宿的客人，可以专享皇后或公主烧烤店，而预定特等客房的客人在不列颠餐厅就餐。“玛丽皇后 2”号邮轮上的餐厅充分体现了丘纳德公司对优质的关注，于 2005 年被伯利兹指南(Berlitz Guide)巡航评为五星级质量。

邮轮上有 14 个甲板，包括运动设施、商店、吧台、休息室、5 个游泳池以及不少于 10 个的餐厅。这里有独特的 SPA 俱乐部、赌场、天象馆、书店和海上学校。与邮轮的规模相匹配，游客的选择也很宽泛，白天有很多文化艺术娱乐活动可供选择，晚上则有剧院、跳舞、娱乐、夜总会、赌场、卡拉 OK 等可供选择。设计这艘邮轮的目的是接替“伊丽莎白 2”号，承担纽约和南安普敦之间的豪华“邮轮航行”任务，并成为丘纳德船队的旗舰。规模对 QM2 的经营发挥了重要作用，邮轮的规模和令人惊叹的统计数据证实了该邮轮的宏伟和奢华。当然，邮轮的进港能力也是人们所关心的，由 Cruisemates. com(2005)得知，QM2 可停泊约 50%的港口，并用快艇将游客送上岸。

图 1.6　"玛丽皇后 2"号

四、邮轮市场

21 世纪的邮轮业具有多样性和快速增长的特征(Dingle,2003)。尽管传统邮轮依然存在,而且该市场确实很大(Michaelides,2003),但从游客的需求看,非传统市场将继续增长。

表 1.5　邮轮市场细分(Bjornsen,2003)

细分	经济型	现代型	高级型	专业型	豪华型
所占份额	5%	59%	30%	4%	2%
航行时间	不确定	3~7 天	7~14 天	7 天及以上	7 天及以上
船舶情况	较旧,较小	新,大型至巨型	新,中型或大型	小型	中小型
航线	我的旅行、托马斯、皇家、奥林匹亚	嘉年华、皇家加勒比、星邮轮、公主邮轮、科斯塔、皇家奥林匹亚、海洋村邮轮、阿伊达,岛屿邮轮、阿罗萨	名人、荷美、丘纳德	A&K、天鹅、希腊、星快速帆船、快速帆船、林德布拉德、探险者、东方邮轮	克里斯特尔、银海、西伯、拉迪森 7 海、游艇俱乐部、丘纳德、风之星、赫伯罗德
航线	加勒比海、地中海、波罗的海	加勒比海、地中海	加勒比海、地中海、阿拉斯加	世界范围内、南极、格陵兰岛、亚洲	世界范围内
乘客人均天花费(美元)	80~125	100~50	150~300	200~900	300~2000

便宜←——————————————————→昂贵

分析表明，邮轮市场似乎存在矛盾。一方面，传统邮轮的游客数量表现出稳定和增长态势；另一方面，也有清晰的证据表明，真正的增长可能发生在新兴市场上，如案例研究中所提到的海洋村。事实上，邮轮公司正在继续表1.5所显示的趋势，那就是，邮轮公司适应新情况，寻找新机遇，以利用贸易条件的优势。

五、收购与兼并

邮轮业正在发生各种变化，但未来发展趋势是好的，当然，在过去的十年里，也上演了一系列的收购和兼并(Bjornsen，2003)。这让人们感觉到，邮轮业似乎是一个持续变化的市场。表1.6列出一些具有重大意义的例子。

表1.6 兼并和收购的例子(根据Bjornsen，2003整理)

	年份					
	1996	1997	1998	1999	2000	2002
嘉年华		购买科斯塔(部分)	购买丘纳德	购买西伯	购买科斯塔(100%)	合并P&O和公主邮轮
RCCL		与名人合并				
P&O邮轮					购买阿伊达	与嘉年华合并
克罗斯特	更名为NCL	购买东方	被星购买			
丘纳德			被嘉年华购买			
Chandris名人		合并RCCL				
科斯塔	被嘉年华购买					
Epirotiki		与太阳邮轮成立皇家奥林匹克	主体部分卖给了路易斯邮轮公司			

在这种环境下，容易引发人们去预测类似的情况，而忽略所出现的突出问题。首先，最大的邮轮公司，如嘉年华公司、皇家加勒比邮轮公司以及星邮轮/NCL邮轮公司，拥有相当大的购买力；其次，新兴邮轮的出现会产生波动效应，这种波动效应会影响传统邮轮市场和新兴的邮轮公司；第三，邮轮公司学会了如何应对市场条件的变化和不可预知事件的发生。全球化的公众意见、恐怖事件的发生以及由卫生问题引发的全球性威胁，例如2003年出现的非典(SARS)，

会影响游客的决策。

近期的行业评论表明，邮轮业在世界事件多发的情况下出现反弹现象。例如，根据美国海事管理机构的数据（Anon，2003），居市场前 10 位的邮轮航线中，与 2002 年上半年相比，2003 年上半年北美邮轮乘客数同比增长 9%。2003 年第二季度的乘客数量详见表 1.7。

表 1.7　北美邮轮（按品牌划分）

邮轮顾客统计数据（2003 年第二季度市场份额）		
邮轮航线	顾客数量（千人）	占总顾客数的百分比（%）
嘉年华航线	723	36.2
皇家加勒比国际航线	510	25.5
挪威邮轮航线	186	9.3
公主邮轮	156	7.8
名人邮轮	153	7.6
荷美邮轮	141	7.0
迪斯尼邮轮航线	101	5.1
丘纳德航线	13	0.6
科斯塔邮轮	8	0.4
水晶邮轮	7	0.3
总计	1998	100

六、邮轮品牌

众多邮轮公司品牌，如科斯塔邮轮（Costa cruises）、东方线（Orient lines）、名人邮轮（Celebrity cruises）、公主邮轮、撒加邮轮（Saga cruises）和挪威邮轮航线，极力捍卫她们的声誉。正如 Moutinho（2000）所述，旅游组织的品牌建设是重大的战略措施。一个品牌名称能囊括一个集团、一个公司或者一艘邮轮的内涵。可以用一项设计或者一个标识反映一个品牌的价值——P&O 邮轮使用广泛熟知的航海旗帜，在这一方面，品牌比名称具有更广泛的涵义。此外，历史事件为一些"著名"名称增添了一些认同因素，如丘纳德使用"白星（White Star）"品牌来识别他们的邮轮培训项目——"白星学院"（更多信息参见第十章）。

邮轮非常重视自身的品牌建设。通过一系列复杂的方式，乘客与"产品"或邮轮不断磨合，增强了提升品牌忠诚度的机会，这个过程贯穿于整个邮轮体验，从游客通过邮轮手册所获得的总体印象、第一次在港口感受邮轮的规模和印象，在出发点预订邮轮，到船上活动，再到启程、登岸，这种形式的度假使乘客与船舶、乘客与邮轮以及乘客与品牌之间形成某种独特的关系。

品牌在开拓新市场、赢得回头游客、提升品牌认知度、制定公司营销和经营的战略措施以及形成公司忠诚度等方面发挥着重要作用(Moutinho，2000)。Laws(1997)指出，大公司具有资源和市场力量等方面的优势，能够承担为巩固品牌和扩展品牌所做的宣传活动；反之，小公司则可以集中于特定的细分市场，即将特定品牌特征推向目标市场。

归纳与总结

邮轮业发展潜力大，发展现状令人震惊。随着全球化的发展，邮轮业在很多方面具有强劲的发展势头，出现持续增长。邮轮业拥有有实力的公司，在投资新邮轮时，他们所拥有的资源能使他们与不断变化的需求保持一致。在全球化中受益的国家变得更加富有，使不少人口具有更强的邮轮度假消费能力。持续增长意味着信心更足，进而促进邮轮产品开发的创新。通过积极宣传，产生了更大的需求，因为潜在的邮轮市场人口对这类度假的尝试增多，邮轮业也在回头生意和高度客户忠诚度中受益。

本章分析了邮轮业的影响因素，突出与其现实地位(即在旅游和休闲领域中具有重要意义和不断增长的一部分)有关的重要因素。为分析随时间变化的方式及其原因，又引发了对邮轮业历史发展趋势的思考。为介绍不同类型的邮轮，对比分析了不同品牌的服务和风格，进而引发了对邮轮品牌自身发展的讨论，有利于对这个复杂行业的性质的理解。

术语表

邮轮旅游：一种航行于海上、湖上或河上的度假活动。

目的地：旅行者或旅游者到达的地方。

船上厨房：海上厨房的名称。

GRT——总注册吨位：船舶大小的度量指标。

(船的)龙骨：船的结构的最低点。通常是从船的一端延伸到另一端的横梁，构成船舶的底部的形状。

航线：起源于词汇“liner”，是指介于两个特殊地点的旅行线路，如南安普顿到纽约。

港口代理商:在停靠港口专职为到访船舶提供当地管理服务的个人或公司。

本章复习题

1. 第一个开始邮轮度假活动的是哪个邮轮品牌?
2. 哪个公司是世界上最大的邮轮经营商?
3. 第一个字母缩写词"GRT"代表什么意思?
4. 如何计算乘客空间比率?
5. 在邮轮公司中,品牌和品牌形象发挥什么作用?
6. 与公主邮轮和 P&O 邮轮有关的品牌形象是什么?

补充阅读

Dickinson, R., and Vladimir, A. (1997), *Selling the sea: An inside look at the cruise industry*. New York: Wiley.

Douglas, N., and Douglas, N. (2004), *The cruise experience: Global and regional issues in cruising*. Frenchs Forest, Australia: Pearson Education.

Ward, D. (2001), *Complete guide to cruising and cruise ships 2002*. London: Berlitz Publishing.

其他来源

CLIA—Cruise Line International Association: http://www.cruising.org/

ICCL — International Council of Cruise Liners: http://www.iccl.org/whoweare/index.cfm

IMO— The International Maritime Organization: http://www.imo.org/index.htm

PSA—Passenger Shipping Association (UK): http://www.the-psa.co.uk/

参考文献

Anon. (2003, Oct/Nov 2003), Top 10 lines see numbers climb 9% in the first half. Lloyd's Cruise International.

Anon. (2005, 15 March), Full steam ahead, from http://www.cruiseindustrynews.com

Bjornsen, P. (2003), The growth of the market and global competition in the cruise industry. Paper presented at the Cruise and Ferry Conference, Earls Court, London.

Bond, M. (2004), Editorial, Seatrade Cruise Review Quarterly.

Carnival (2005, January 7 2005), Carnival expected to carry record 500,000 kids in 2004, from http://www. carnival. com/CMS/Articles/kidsvirtual. aspx

Cartwright, R., and Baird, C. (1999), *The development and growth of the cruise industry*. Oxford: Butterworth Heinemann.

CLIA (2005, March 16), CLIA Cruise Lines ride the wave of unprecedented growth, from http:// www. cruising. org/CruiseNews/news. cfm? NID =196

Cruisemates (2005), *Queen Mary* 2. Retrieved 21 March 2005, from http:// www. cruisemates. com/articles/ reviews/cunard/qm2. cfm

Dawson, P. (2000), *Cruise ships: An evolution in design*. London: Conway Maritime Press.

Day, C., and McRae, K. (Eds.) (2001), *Cruise Guide to Europe and the Mediterranean*. London: Dorling Kinderlsey.

Dickinson, R., and Vladimir, A. (1997), *Selling the sea: An inside look at the cruise industry*. New York: Wiley.

Dingle, D. (2003), Cruising in the 21st Century—New developments, Paper presented at the Cruise and Ferry Conference 2003, Earls Court London.

Douglas, N., and Douglas, N. (2004), The cruise experience: Global and regional issues in cruising. Frenchs Forest, Australia: Pearson Education.

Ebersold, W. B. (2004), *Cruise Industry in Figures*. Washington: US Department of Transport.

Gibson, P. (2003), Learning, culture, curriculum and college: A social anthropology, Unpublished PhD, University of Exeter, Exeter.

Kontes, T. C. (2003), The cruise industry revolution. Paper presented at the Cruise and Ferry Conference 2003, Earls Court, London.

Laws, E. (1997), *Managing Packaged Tourism*. London: International Thomson Business Press.

Lutgens, F. (1992), *Essentials of Geology*. New York: MacMillan.

Michaelides, M. (2003), The latest developments in the Mediterranean Cruise Market; Challenges for the future. Paper presented at the Cruise and Ferry Conference 2003, Earls Court, London.

Moutinho, L. (Ed.) (2000), *Strategic Management in Tourism*. Wallingford: CABI Publishing.

Ocean Village (2003), webpage, from http://www.oceanvillageholidays.co.uk/

ResidenSea (2003), webpage, from www.residensea.com

Showker, K., and Sehlinger, R. (2002), *The Unofficial Guide to Cruises 2003*. New York: Wiley Publishing.

Synnove Bye, A. (2003), The future of cruise ships: the experience from the World of ResidenSea, Paper presented at the Cruise and Ferry Conference 2003, Earls Court, London.

Ward, D. (2001), *Complete guide to cruising and cruise ships 2002*. London: Berlitz Publishing.

Windstar (2003), website, from http://www.windstarcruises.com/indexcontent.asp

第二章　邮轮及邮轮产品的销售

学习目标

通过本章学习，读者应该能够：

■ 开展邮轮业的营销

■ 系统阐述各种产品和服务

■ 分析邮轮品牌如何实现产品差异化，提高服务标准和创造品牌价值

一、市场

市场被描述为一个“由两方组成的系统”(Evans et al.,2003,p.120)，即供给方和需求方。一般而言，邮轮市场可以从三个方面进一步阐释：产品、满足需求和乘客特征(Evans et al.,2003)。“产品集中”型公司具有发展规模经济的优势，但他们可能会忽略其目标市场随时间所发生的变化。“满足需求”型公司善于理解他们的乘客，但在制定具体的战略性决策方面存在问题。“乘客特征”型公司针对于特定群体的乘客。Evans 等(2003)注意到，大多数公司都是综合型的，这样可以从每一种方法中获取优势。

Knowles、Diamantis 和 Bey El－Mourhabi(2004a)认为，一些世界性事件在决定旅游和休闲提供商的命运方面是至关重要的，如 2001 年纽约恐怖袭击、随后的海湾战争以及当时美国和一些其他国家占主导的经济状况。再加上持续性的国际潜在恐怖主义等，改变了顾客的风险评估，使邮轮业经历着一场明显转变，邮轮公司的战略决策趋向于便于航行、行程安全(国际邮轮航线协会，2004a)以及利用市场机会。

邮轮公司瞄准特定市场，并为他们量身打造适合的产品和服务(Knowles 等，2004a)。对邮轮市场营销者来说，正确的营销组合除传统的 4Ps 之外，即价

格、产品、渠道和促销，还应包含三个另外的以服务为导向的营销策略：人、特殊事件和过程（Aaker，2001）。在本书中，我们提供证据让读者去解构这些构件，从而彻底审视传统的以及扩展的营销组合。本章首先描述邮轮销售中利益相关者（邮轮经营商和旅行代理商）的投入类型，然后考虑游轮产品和整个邮轮市场。

二、邮轮经营商

如前所述，邮轮经营商或邮轮品牌主导着邮轮市场（Berger，2004）。他们拥有或者出租邮轮，制定行程计划，开发邮轮产品，目的是瞄准特定细分市场。邮轮经营商可称为批发商，旅行代理商则为零售商或中间商（Dickinson & Vladimir，1997）。跟很多批发经营一样，如果产品能直接卖给顾客，就会获得更高的利润率或者销售价格更具吸引力。而且，大多数邮轮经营者也将他们的产品直接销售给大众，扮演着邮轮批发商和零售商双重角色。通过市场调查、访谈、销售和营销，开发与包装产品。

所有的邮轮公司都非常重视邮轮品牌建设和邮轮产品开发，在一定意义上，他们所开发的产品甚至超出了游客的预期。他们采用各种方法进行市场调研，从现实的和潜在的顾客那里收集数据，并利用这些数据来解释顾客的行为，预测顾客对新产品的反应。越来越多的公司聘请人类学家对目标群体或个体进行研究，从而能更好地解释顾客的行为和反应。

产品开发是服务和设施的综合，其中一些会产生收益，而另一些则属于非追加成本。这就意味着，绝大部分邮轮都存在固定成本，涉及交通（燃料）、食物、劳工、港口管理局和海关等方面，而饮料、岸上游等方面则属于变动成本。邮轮经营商的目标是在不降低产品质量的前提下，尽量降低成本。谈判的目的在于获得最佳性价比，并从规模经济和谈判能力中获利。而且，谈判领域涉及广泛的领域，从引擎、甲板百货商店到酒店百货商店。就购买力而言，通过这种谈判，最大的公司会获得可观的优势。

从传统意义上说，邮轮公司把旅行代理商作为主要的分销渠道，并附带直销。邮轮公司先不考虑分销模式以及互联网作为分销和营销工具的重要程度越来越高，而是凭借邮轮手册来推销邮轮产品。Vellas 和 becherel（1995）描述了邮轮经营商如何精心设计带有彩色图片的宣传手册、悉心策划的封面以及能吸引游客尽快预订的促销。他们指出，宣传册数量与销售量之比在 10～30：1 之间，即每销售一份产品需要分发 10 至 30 份宣传册。同时，通常还使用价格策略来吸引顾客，主要是许诺先订购有折扣，适当降低淡季价格。起付价取决于基本船舱住宿条件，充满吸引力的额外服务是付费的，例如，带阳台的外侧客房或海景客房，像配有管家服务的套房之类的高端产品则会高额定价。

宣传册在邮轮出发之前就已做好，策划时要考虑价格浮动、在经营商本国以外销售的汇率以及不断变化的市场条件(Dickinson & Vladimir，1997)。为适应条件的变化，经营商需要不断调整和完善宣传册。调整的内容包括报价以及在某些情况下如果变化的原因超出了邮轮经营商的控制，就要对产品做出调整。

互联网主要用作补充性的营销工具。网站向潜在的和现实的顾客提供宣传册上没有的信息，并帮助他们发现更多的邮轮产品组合(Berger，2004)。例如，游客可以访问游客反馈网页，去了解他们是如何评价自己的度假的，还可以通过链接找到其他重要信息，例如，海外移民或健康情况。互联网还可以为客户提供在线预订，通过这种方式，客人协助经营商生成便于操作的格式的数据，同时也可以降低通过旅行代理商和销售助理预订所产生的成本。通过互联网获得移民目的和金融控制方面的数据，从而无形中节省管理成本。

三、旅行代理商

旅行代理商的核心目的是通过销售旅游产品赚取佣金。大多数旅行代理归属于行业协会，以便当旅行代理商存在严重金融问题时提供信誉保障。美国旅行社协会(ASTA)和英国旅行代理商协会(ABTA)即是典型。旅行代理商销售机票、旅游团等旅游产品，也安排保险、租车以及酒店住宿等事宜。

然而，传统的旅行代理商正在发生变化(Hatton，2004)。面对来自互联网中介或在线旅行社的前所未有的竞争，旅行代理商发现自身处在一个反复无常的市场之中。航空公司会削减佣金率，旅游公司也积极地向客户进行直销，从而裁减分销系统中的旅行代理商。Hatton 注意到，旅行代理商的优势，即提供高度针对个人的和个性化的服务，也削弱了他们自身的地位，并使旅游公司尝试通过直接与客户建立联系来培养品牌忠诚度。相应地，Hatton(2004)强调，代理商需要接受不断变化的现实，更加密切地与旅游公司合作，通过提供办事效率，来深度开发产品，培养客户忠诚度。

在邮轮度假的内容中有这方面的案例。一些旅行代理商专做邮轮业，与邮轮品牌形成联盟，专门销售他们的产品。在这种情况下，旅行代理商得到了邮轮经营商的大力支持，经营商为代理商(包括东方邮轮)提供专门的销售活动和培训以及定制的市场资料。客运班轮协会(PSA)在英国成立了 PSA 零售代理(PSARA)计划,主要目的是通过向委托零售旅行代理商提供定制的产品培训和信息传播,来实现销售增长(PSARA,2005)。

四、营销活动与联盟

市场是把卖方和买方联系起来进行交易的场所(Evans et al.,2003)。作为成熟的方法和学科,市场营销是在这一基本前提下出现的。相应地,邮轮经营商能开发出满足顾客需求的产品,然后做出营销计划。营销计划包括广告、促销、推销和公关(PR)。广告是利用一些通讯媒体,如将广告通过收音机、电视、影院、互联网、报刊杂志、海报及广告牌等进行宣传。公关主要是通过旅行出版物、报纸及杂志的评论或特色开展营销。推销是通过钢笔、桌垫或者其他纪念品使用户回想起他们的假期,从而加深游客对邮轮品牌的印象。促销可以跟广告宣传一起进行,或者将其合并到邮轮旅游者的船上活动中去。

邮轮经营商可以与其他服务提供商组成战略性市场联盟,从而形成协同作用,或者激励游客维持对公司的忠诚。水晶号邮轮是豪华联盟的成员,该联盟还包括银海邮轮、东方快车和东方邮轮、世界一流酒店集团以及无线电视节目(Luxury Alliance,2005)。“世界顶尖邮轮航线”联盟包括嘉年华邮轮、荷美邮轮(Holland America)、丘纳德航线、希伯尼邮轮、科斯塔邮轮、公主邮轮和风之星邮轮。通过联盟,有利于提升这些品牌的顾客忠诚度(World′s Leading Cruise Lines,2005)。

五、忠诚度

忠诚度对客户和公司都很重要,客户喜欢扮演品牌大使的角色,公司则看重保留这样的一位客户。实际上,这类客户通过向他们的朋友、熟人传播有关邮轮的正面评价,促进了品牌的维护,这对市场营销的作用是非常重要的,例如,像公主邮轮这样的公司就有一个叫“船长圈”的激励机制。俱乐部分为 3 个级别:黄金(2~5 次巡航)、白金(6~15 次巡航)和精英(16 次及以上巡航)。俱乐部成员的利益包括优先折扣、船上专项活动、优惠服务以及其他一些根据会员级别的优惠项目(Princess Cruises,2003)。

六、邮轮产品

与其他旅游产品一样(Vellas & Becherel,1995),邮轮产品有三个经济特征:独特性,即产品包括一系列要素组合,每一种组合都构成了对每位游客的独一无二的体验;无弹性,即如果销售不出去,也不能储存;综合性,即在进行邮轮体验时,邮轮产品具有整体性特征,它不是单个单品而是系列产品。

邮轮产品是一个明确界定的组合产品,可能包括港口之间的航行、某一时段的行程安排、服务和设施(如吃饭、娱乐和休闲区域)、一定标准的住宿,以及各种其他需额外付费的服务。组合产品的内容取决于邮轮经营者的价格策略,一些经营者提供"邮轮和住宿"、"邮轮和旅行"等组合,包括一些巡航开始或结束时的附加内容,即在一个地区的旅游或者在度假地酒店的住宿。接下来简要描述邮轮产品。

住宿

对很多乘客来说,选择住宿似乎就是简单地判断住宿标准和价格的一致性。然而,看看邮轮公司的价格结构就能很快看出,选择住宿比以上的情况要复杂得多。一些邮轮公司的住宿设施指的是船舱,而类似于高级客舱、小型套房以及套房也是航海术语常用的代名词或补充。一些邮轮公司销售邮轮上的顶层套房,这些套房一般是最宽敞、最豪华和最昂贵的(Mancini,2000)。

尽管客房的大小从不足 11 平方米(120 平方英尺)到超过 85 平方米(900 平方英尺)不等,但一般大约是 18～23 平方米(200～250 平方英尺)。甚至 14 平方米(150 平方英尺)左右的客房里有 4 张上下铺的床,上铺可以折叠,以腾出更大的空间,或者住 2 名游客而不是最大容量的 4 名游客,也可以将下铺挪在一起拼成一张可供皇后或国王用的大床。最大的客房可以布局成配有休息区的套间。现代邮轮上的所有客房是按套间设计,也就是说,都配有淋浴器、房间和厕所,或者一个浴缸、淋浴和厕所(Dervaes,2003)。

一般情况下,邮轮上的客房是同等酒店客房的压缩版,通过精心设计达到空间利用效率的最大化,从而形成有效的、专门的设施。邮轮上的空间价格高昂,因此,建造邮轮时要追求空间最大化,从而实现收益最大化。基于这种设计理念,邮轮上有些客房比其他客房更为便利,有些客房的景观视野好,而有些客房的景观视野受到限制,不同的客房因离某些设施的距离不同而具有不同的吸引力，例如，如果一间客房临近电梯或其他容易产生噪音的设施，某些乘客就会因噪音而很不高兴。当然，设计邮轮时也考虑将噪音最小化，但是，在大多数邮轮（与岸边酒店一样）上，某些客房还是存在潜在问题的。

客人通过宣传册或邮轮品牌网站学习如何做决策。这些信息来源为客人提供了大量的数据，可以帮助他们进行选择。平面图提供了一个客房的微型裁剪图（通常是三维的，见图 2.1），图上显示出家具的位置、主要特征、典型布局和成套设施。一般来说，可以把照片和平面图结合起来，如果是网站的话，也可以展示 360°扫描图。有关客房内部设施的描述通常会附带这些图片信息。

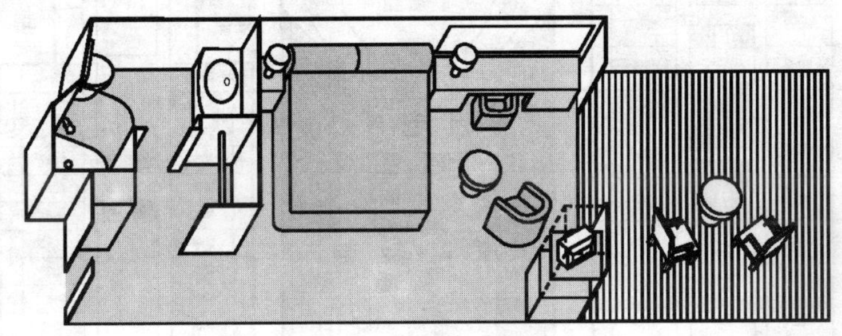

图 2.1　特等客房图解

最常用的确定客房位置的方式是利用甲板布局图。它们是具有代表性的邮轮平面图，把它与截面图同时使用，就可以帮助客人明确邮轮上客房或设施的准确位置。对于每艘邮轮来说，这些平面图是唯一的，尽管类似的邮轮具有很多共同特征。甲板图是彩色的，这样就可以利用图标来辨别客房的类型和费用（见图 2.2）。在一些邮轮上，低层甲板上的客房较便宜而高层甲板上的则更贵些，但这种情况并不适用于所有邮轮。使用甲板图可以确定客房属于以下哪种类型：

- 内侧客房或豪华客房。这些客房自然光不足，但是通风设备、空调、镜子及人工光弥补了这种不足。内侧客房通常是住宿设施中最便宜的。
- 外侧客房或豪华客房。这些客房带有舷窗或者窗户。大部分现代客房往往有较大的观景窗。
- 带有凉台或阳台的外侧客房或豪华客房。随着邮轮业的发展，更多的住宿设施带有更多的私人空间，包括私人凉台或阳台。
- 顶层套间、带或不带凉台或阳台的套间。这些客房是最贵的。
- 加床（铺）的客房或豪华客房。
- 带互连门的客房或豪华客房。
- 配有残疾人使用设施的客房或豪华客房。
- 配有淋浴或浴缸的客房或豪华客房。

■ 比较靠近设施、电梯和特殊用途的场所的客房。

■ 靠近救生船等安全设备的客房，通过观景窗只能看到比较晦涩的风景。

乘客对住宿设施或豪华客房的期望比以前更高了。在很多方面，在载着数千乘客和员工、提供一系列广泛的娱乐活动的邮轮上，提供带有阳台等有吸引力的、有特色的、更大空间的客房，能使那些追求更高隐私水平的人保持平衡。

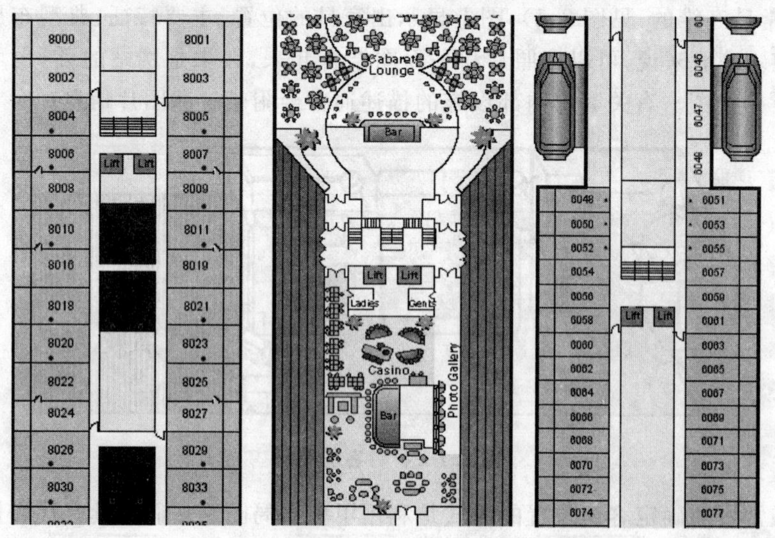

图 2.2 甲板图

利用甲板图，客人可以准确地选择客房，这样做可以使不同偏好的回头游客受益，或者满足要求严格的乘客的需求，然而，客房升级后就会产生偏差和误解。据报道，一些旅行代理商认为，当乘客登上邮轮时，想要不额外追加花费就获得更高标准的住宿，往往抱怨预定程序。销售和预定小组的目标是达到100%的销售，而邮轮上设施的固定性严重受制约了入住率的提高。备用客房是稀缺资源，对解决管道故障、电气故障等问题是十分必要的，因此，升级几乎是不可能的。

邮轮公司通过绘制甲板图，可以帮助潜在客户明确他们所选择的客房的位置，而且，从更加实用的角度来说，也能帮助他或她更快地登船并更容易地了解邮轮上的生活。邮轮上也有折叠版的甲板图，能为邮轮乘客提供参考图。

客房设施因邮轮品牌而异，但基本客房或者豪华客房基本上包括以下内容：

■ 有两张可以合并的单人床，合并后可供两人使用

■ 另外，有两张上铺床，可以嵌入墙壁，也可使用备用梯子够到

■ 床头柜

■ 一张梳妆台兼书桌，带有内嵌的抽屉、储物区域、镜子和椅子
■ 还有一套小桌椅
■ 远程控制电视机和收音机。节目包括电影和邮轮上的电视频道
■ 泡茶和泡咖啡的设施
■ 保险箱、吹风机、冰箱/小吧台
■ 直拨电话
■ 带淋浴和厕所的浴室
■ 空调

一些品牌的邮轮也可能升级设备，提供：

■ 互联网终端
■ CD/DVD/VCR 和立体音响
■ 带家具的阳台
■ 配有适当家具的独立居住区或休息室
■ 独立的梳妆区域
■ 热水浴缸
■ 独立卫生间

乘客客房的装修标准与邮轮品牌相关。室内装饰品与地毯和艺术品相协调，以达到设计效果，所选择的配色方案要与氛围一致，和家具一起创造整体的和谐。灯光要恰当地布置，以达到理想的照明效果——不管是读书、写作还是个人护理。镜子的位置要充分考虑空间和光线。

客房服务员会进入乘客房间和豪华客房，他们负责住宿的总体状况以及日常打扫和服务。服务员每天的工作包括：整理被子，按要求换日用品和毛巾，清洁、吸尘以及保证客房达到规定标准(例如，整理好浴室，布置好配套设施)。服务员还检查迷你吧台，并与监管员一起解决技术性问题。客房监管员和客房经理负责检查客房，以确保客房能达到相关标准。客房服务可能会由一些客房服务员或其他员工提供。很多大型邮轮有叫做"客房送餐服务厨房"的地方，这里的厨师组和客房服务员按客人要求将食物和饮料送到客房去。一些套房和顶层套房配有管家，以便提供更多的个性化服务。管家为派对的餐饮和服务提供方便，并能按乘客要求安排其他服务和产品。

邮轮上的就餐

在邮轮上享受美食、美酒以及好友相伴是一道亮丽的风景线，无论在传统邮轮上还是在现代邮轮上，都是如此。食物是邮轮产品的重要组成部分，对于绝大多数游客来说，航程价格已经包括了邮轮上的饮食费用。当然也有例外，如额外收费餐厅。但总体上看，就餐体验的内在性质和顾客的高期望是一个重要问题。

大多数邮轮品牌试图通过食物供应和就餐选择来使自己与众不同，他们制作颇具特色的烹饪菜谱，设计装修风格和氛围别具一格的能让人记住的餐厅，从而创造各种机会来定义产品，区分品牌，所以，某些邮轮的餐厅提供的可能是亚洲风味的日本饮食，而某些邮轮的餐厅提供的则是意大利风味的饮食。邮轮上安排了极为丰盛的美食，总厨们在制作菜谱时会尽力满足客人的饮食需求。

一些邮轮在就餐方面提供了更多方便的个人选择。这些公司抛开传统的就餐安排，也就是说，分两批吃晚餐，早餐及中餐设在大型餐厅，是开放式的，可随到随用，通过这种改变，吸引那些想要更多灵活性的客户。大多数大型邮轮经营着至少 2 个 500 座位以上的餐厅，餐厅位于走廊的两边，配有放菜橱和放餐具的小间(服务员将食物集中到这里供游客选用)。这种安排便于晚餐时为大量客人提供服务，避免在门口排队的现象。把晚餐服务和娱乐时间联系起来安排座位，能避免乘客对换座位产生的不满意情绪。协调早中餐通常是不成问题的，因为乘客还有其他选择，如自助餐或者房间服务早餐和自助中餐，而且，由于邮轮白天常常会访问港口，因而制作和提供早、中餐服务也就相对容易。

自助餐

自助餐是在邮轮上的一种灵活选择。自助餐厅通常位于一个较上层的甲板，通常是从邮轮的一端延伸到另一端，每端是另一端的镜像。这种设置便于大量游客移动而不会产生阻塞。从容时以及两餐服务的间隙期，会关闭其中的一边，以便打扫卫生、更换或补充食物品种。这样，就可以提供 24 小时的便利服务，既灵活又经济。

一小队厨师在厨师长的监管下共同提供自助餐服务。厨房人员包括自助餐厅助理和经理，他们帮助客人、清理桌子，当客人需要时，也提供饮料服务。为使食物对游客产生足够的吸引力，自助餐厅使用一些设备来显示食物种类、表明食物处于适当温度之下，说明食物是用最好的方法加工的。尽管一些普通食物种类如面包类、沙拉类、调料以及调味品等，每天基本一致，但主要食物种类如汤、肉和鱼等主菜、凉菜以及甜点等，会根据行程计划而每天变换。食物种类的设计跟行程计划上所到的港口的烹饪特色是相呼应的。

自助餐厅(见图 2.3)比传统餐厅所需的员工要少，由于这种方式的餐桌摆设、标准化区域、饮料都简单，铺地毯的区域较少，可以透过大风景窗来眺望大海或港口，所以，操作起来更加简便。自助餐避免了餐厅在早、中餐时的紧张，这样能更有效地调配员工，厨房也可以更准确地计划生产。因为食物是根据反馈的最主要的需求类型和主流消费而悉心制作的，因而所产生的浪费就会很少。通常，自助餐厅的中央是厨房和放菜及餐具的橱柜，餐桌和椅子位于餐厅周边靠窗户的区域。自助餐厅的厨房旁边还设有洗漱区域。清理餐桌时，东西被放到一个收集点(有时指DJ箱子)。脏盘子和食物残渣用手推车带到洗碗机边。食物和用品通过专门的分配电梯从主厨房运到自助餐餐厅的厨房。

图2.3　自助餐厅放菜及餐具的橱柜

主餐厅

乘客可以随个人意愿多吃或少吃,没什么地方比主餐厅更明显的了。在自助餐厅,客人的盘子叠放得满满的,而在主餐厅,用餐者需要时,食物才会被尽快送到他们桌前。那些在乎别人如何看待他从自助餐厅拿一大堆食物的用餐者似乎认为,如果食物是通过从菜谱上点出来的,不管点多少,都不会被人议论。

主餐厅所制作的菜谱能反映和区分品牌。菜谱的设计风格可能会倾向于答谢那些常在美国或意大利或英国外出用餐的乘客。这会牵涉到不同菜品的供应、菜品风格的名称、食物种类和所采用的描述食物种类以及菜品的语言。

主餐厅常反映出一种风格和标准,使人沉浸在一次较正式的就餐体验之中,可以通过制服来辨别餐厅经理、领班、服务员以及实习服务员、助理服务员,还有一些专业人员,如葡萄酒和白酒调酒师。洁白的桌布,闪亮的刀叉、餐具和玻璃器具,精心挑选的色调、材质和家具,还有柔弱的光线,增添了用餐效果,音乐(有时候是现场的)以及环境的戏剧风格也增添了不少用餐效果。背景布置对客人相互之间以及与员工的交流是很重要的。食物和酒水是乘客来餐厅的原因,但也会因社会因素来餐厅体验。

服务风格因品牌和乘客的期望而不同。一些豪华品牌提供全银服务,当代的高级品牌则提供半银或镀金(银)服务,廉价的品牌可能综合使用自助餐餐具和镀金(银)餐具提供服务。每种服务风格与服务者的服务技能以及员工乘客比相关。全银服务对服务技能要求最高,要求服务精湛、娴熟地提供食物,因此,要求员工乘客比较高。不管哪种服务风格,都要求服务人员具有良好的人际交往技能。餐桌的尺寸也大小不一,用餐规模在2～8人之间。较大的餐桌更常见的是两列席位。很多邮轮品牌推介自由就餐地点,客人可以提前预定某段时间的桌位,可以要求单独就餐,也可以要求加入团队就餐。

在没有要求的情况下,就餐区域无需礼节。礼节和着装是很多邮轮的特色,尽管新邮轮品牌重视非正式礼数,但绝大多数邮轮品牌倾向于为游客创造着正装的机会,以此加深游客的印象。在这些邮轮上,游客每4～5天就有机会着正装。

其他就餐选择

尽管大部分就餐是邮轮体验的构成部分,而且包含在度假费用里,然而,邮轮品牌为了创收,为了丰富游客的就餐体验,为游客提供了更多的就餐选择,而且这种趋势不断增强。例如,在"星公主"号邮轮,乘客可以在一系列可供选择的餐厅预定餐桌,例如,萨巴蒂尼餐厅,一家高档的意大利餐厅,德克萨斯－墨西哥烧烤餐厅,两者都需要额外付费;在"海洋村"号邮轮,Bistro是一家餐厅,这里的食物是由英国总部的顶级厨师制作的,这一选择也需另外付费。一些邮轮上还提供户外就餐,为乘客享受星光晚餐创造了机会(Princess Cruise,2003)。

其他餐厅如披萨店、汉堡店和热狗烧烤店等,为特定乘客提供了选择的机会,对孩子而言,这些地方比正式餐厅更具吸引力。冰激凌售卖点也可能设置在甲板上靠近游泳池、日光浴或者休闲活动区域。餐厅、自助餐厅里都会提供下午茶,在某些情况下,也提供正午茶(为年轻家庭)。最后,如果就餐选择真的没有满足他们的需求,乘客可以选择客房送餐服务。

吧台

一般来说,大部分酒吧在晚餐后就开始忙起来了。航行中的日常活动很快就会形成,就跟乘客熟悉周边环境、弄清楚他们想干什么以及想去哪一样。尽管忙碌的时段从22:00(晚上10:00)才开始,但对乘客来说,有的是机会买饮料,酒吧同样有的是机会去创造收益。

启航日:当邮轮离港时,上层甲板会提供饮料。在这一重要时点,酒吧服务员穿梭于乘客之间,销售鸡尾酒和饮料,庆祝启航。现场音乐演奏增添了气氛。

提前预订晚餐:设有酒水预订点,这样,游客就可以确保用晚餐时能够喝到他们想喝的酒。晚餐期间,可以从位于餐厅厨房的自动售货机获得白酒和饮料。清单上的白酒、利口酒(一种味浓性烈的酒,译者注)、白兰地、上好威士忌,以及酒水推车、商品展示柜中的商品,都可销售。侍酒师和酒水服务员随时待命。

剧场:在所有的娱乐场所都提供餐桌服务。提供白天的鸡尾酒和特别促销来突显选择的广泛性。

吧台：针对特定群体的乘客设置了不同类别的吧台，例如体育吧台，设有体育大事记，在电视上播放录制的或现场的体育赛事。还有传统的休闲吧台，里面用的是舒适的深色木质长沙发椅和普通椅子，给人一种"俱乐部"的感觉。

香槟和鱼子酱吧对特定的顾客群具有吸引力，这里显示着品位和独特。钢琴吧则既有放松亲密的感觉又有友好的氛围。

夜总会：这些地方一般都有餐桌服务和鸡尾酒清单。各式各样的产品都有可能供应，这取决于邮轮上的游客。鸡尾酒在邮轮上很受欢迎，很多酒吧用预先调好的混合物，即在摇晃、搅拌和调配之前加入烈酒和冰块。

白天期间：在整个白天，在船舱内的至少一个酒吧和日光浴甲板上的泳池酒吧可以买到饮料。就餐时，还可以在自助餐厅或餐厅的移动点购买到饮料。

休息室：乘客集中在各种各样的地方休息一会儿，或是打牌或是看书。如果选择去酒吧，人们更有可能喝茶和咖啡。邮轮通常根据客人需要开辟了一系列的休息室，包括图书馆、桥牌室、写作室、观察室或一般的休息室。在这些地方，人们可以开玩笑、比赛、品酒及召开小组会议。

图 2.4　"Aurora"上的酒吧

各类吧(见图 2.4)也可以用来开展一系列的活动，如艺术品拍卖、竞赛、唱歌、跳舞、时尚秀以及其他一些娱乐活动。吧里的员工轮流在邮轮各个区域工作，因而对每个人来说形成了公平合理的工作模式。

娱乐

娱乐工作人员在邮轮主管手下工作，主管转而向酒店服务部或乘客服务部的经理汇报相应工作。这一部分邮轮产品一般不产生附加收入，尽管娱乐活动中的销售在间接地增长。

剧场是进行重要活动的场所，例如大型音乐演出、喜剧表演、歌舞表演或魔术表演。剧场也是最大的乘客集中区域，因此，这里也可以用于应急演习或者作为岸上游的集合地点。通常每个晚上有2～3场表演。表演活动是按时间滚动进行的，这样的设计确保节目看起来新鲜、有趣和新颖。

白天的活动节目是由娱乐工作人员创造的，活动项目刊登在邮轮的报纸上。这些活动项目形式各样，适合邮轮上各类乘客的需求。娱乐团队还包括口岸讲解员、舞蹈指导以及网吧、IT套房的讲解员等。这些娱乐工作人员还能管理时尚秀、艺术品和工艺品展览、厨艺展示和品酒，还时常与邮轮上其他部门的员工一起工作。

邮轮上还聘请了音乐师，他们为戏剧作品的创作、演出吧及吧台区、启航日、甲板派对和钢琴吧提供指导。技术小组会提供放映、船上电脑的IT、舞蹈灯光、音响及特殊效果等方面的支持。如果需要的话，他们还可以给音乐师帮忙。

休闲工作人员为船上高尔夫和各种水上运动如水上摩艇、滑水、潜水及在一些邮轮上从船尾处出发的冲浪等一些体育活动提供支持。邮轮还向乘客租赁自行车开展上岸活动。健美操、普拉提斯、瑜伽等健身课都在健身套房内进行。一个单独的团队专为孩子们策划活动，他们关注不同年龄的孩子们的特殊需求。公主号邮轮有适合3～7岁孩子的“鹈鹕”俱乐部，适合8～12岁孩子的“海盗”俱乐部，适合13～17岁孩子的“无约束”(Off Limit)俱乐部(Princess Cruise, 2003)。

岸上观光

在邮轮出发前或航行期间都可以销售岸上观光项目。岸上观光会带来收益，但策划岸上观光也是为了增加邮轮体验的价值。由于时间限制，岸上观光或滨海旅游的设计原则是乘客体验的最大化。交通方式的选择范围很广，取决于停靠港的情况，包括快艇、汽车、自行车、马车或者直升飞机。通过邮轮公司预订有很多优势，例如，如果出现了交通工具抛锚等情况，邮轮公司会全权负责处理，以确保乘客不会感觉有过多不便。

岸上观光经常通过第三方旅行经营商提供旅游活动以及开发岸上观光项目(一些邮轮公司也拥有自己的旅行经营业务并从中受益)的网络联系。组织乘客旅行就跟军事行动一样，需要策划、控制人群拥挤、精准的时间把握以及有效的沟通。

美容院、疗养中心以及护发中心

这一区域也产生收入。有些邮轮品牌签约一些特许服务(经营者为获得在邮轮上的经营权，与邮轮公司签署财务合同），有些则直接雇用他们自己的员工。很多知名的美容、发艺设计品牌都在邮轮上经营业务，如 Steiner。还有一些其他品牌，也在一些特定的邮轮上经营业务，如 Lotus Spa，其创立是为了确立在特殊邮轮上的经营风格。邮轮公司也逐步认识到“康乐”或 Spa 已成为当代生活方式的选择。

可行的疗养包括查克拉（chakra）石疗法、海水浴疗法、足底按摩、美甲和美足、发型设计、充氧面部护理、隔热缚体以及保健和营养讲座。

商店

邮轮上的商店是很受乘客欢迎的地方，在这里，游客们可以沉浸在常规的购物疗法之中。尽管在海上，却并不意味着他们不能浏览和挑选一些自己喜欢的东西，在有些情况下，挑选一些必需品。确实，一个吸引乘客的附加利益就是，这些商品是免税的。邮轮在国际海域航行，一般来说不用付税。如美容护理，邮轮上的店铺可以是特许经营，也可以是直接经营，如果是直接经营，则通常由邮轮事务部或者同等级别的人员直接管理。商店的种类包括珠宝店、男女时装店、礼品店，以及一些卖烟酒的更普通的商店。

邮轮上的商店通常位于邮轮的中心区域，这是模拟城市的购物超市设计的。在大型邮轮上构建一个大型正厅，既可满足这种趋向，也可创造了一个附加优势，即允许商店移到其据点的对面或邻近地方，开辟临时市场摊位。这种方式扩大了总体交易区域，有利于形成一种熙熙嚷嚷的市场的感觉。特许经营的商店由公司管理，如迈阿密邮轮航线控股公司、哈丁兄弟免税店、Nuance 全球邮轮公司及旗舰零售服务公司等。

摄影部

邮轮上的摄影师总是在马不停蹄地捕捉那些奇妙的时刻。从出发港直到离开最后一个停靠港，他们要记录下发生的重要事件。这就确保乘客会购买那些经过特殊包装的摆好姿势、专业拍摄的照片，并且还会留下一些特殊的回忆。现代的邮轮公司在数字技术方面投资很大，目的是用数字化合成技术定制以停靠港或相关事件为背景的照片。利用这种方法，乘客在威尼斯岸上拍的照片将会恰如其分地框在具有威尼斯形象的蒙太奇背景里。在乘客上船时，摄影师就出现在舷梯上，他们也会出现在鸡尾酒会、节日晚宴和一些正式场合，他们会陪游客去旅行，参加乘客的会议。他们的任务就是拍照并把照片卖给乘客。

照片会在走廊的展示区展出，因此，乘客在从餐厅到演出吧的路上很容易就会看到这些照片。很难让他们不驻足观看，再加上一些深思熟虑的销售技巧的应用，销售就会成功。一些摄影师直接受聘于邮轮品牌，有些则与特许经营商签约，例如邮轮图片公司、形象照片服务公司、海洋图像有限公司、数字海洋网吧。

赌场

邮轮上的赌场似乎是为了满足一些客人的期望，有詹姆斯邦德的感觉。赌场是一个充满“激情和刺激”的场所（NCL）；在一艘嘉年华邮轮的赌场里，有这样的说法：“你有你的生活”，皇家加勒比邮轮的说法是：“没有什么像玩扑克时大赢或玩老虎机时卓有成效这样令人兴奋的了。”邮轮上的赌场与拉斯维加斯赌场具有相似的浮华和美丽。赌博被认为是赢家的一种消遣，相应地，作为一种度假方式，邮轮度假是成功的同义词。

在邮轮业中，无现金邮轮已经变得很普遍。客人收到一张卡，他们可以用卡在邮轮上买东西，并将花费记在他们的账户上。赌场也用这种支付方式，出售老虎机代金券或赌博筹码。在航行时，赌场允许开放，虽然有些港口允许赌场进行交易，甚至在邮轮停靠的时候也可以，但有些管辖区，邮轮在离岸3英里之内不能开放赌场。一般来说，赌场必须严格按照法规经营。例如国际邮轮协会（ICCL），一个由17家最大的客运班轮公司组成的非盈利性组织，号召美国及其以外的国家的主要口岸出台指导方针，见表2.1。

表 2.1 赌场准则（国际邮轮协会，2005）

ICCL致力于帮助邮轮业为顾客提供一个安全、可靠、有趣和娱乐的环境。基本上所有的ICCL成员都设有赌博这一有趣的娱乐活动。行业准则规定了邮轮上赌场的设备、游戏指导、内部控制和顾客服务。

行业准则的目标在于：

- 提供合理的规则，以此指导所有在邮轮上经营赌场的船舶，以最高的诚信确保赌博的公平和专业。
- 提供乘客可以信赖的内部控制，以确保最诚信地经营赌场。
- 提供满足顾客需要的娱乐形式。

赌场向年龄在18岁以上的玩家开放（在阿拉斯加和其他一些港口为21岁）。大部分赌场都有着装要求，而且要求最大、最小赌注要清楚地标明在桌面上。常见的玩法包括21点、骰子、轮盘赌、加勒比海宝藏扑克、三张牌扑克，百家乐和视频扑克。

婚礼、更新结婚誓言及其他庆祝活动

客人可以在邮轮上庆祝各种特殊时刻，在有些邮轮上，恋人可以举行婚礼。由于适用于各邮轮的国家法律和旗帜或注册地不同，所以并不是所有邮轮都有举办婚礼的权力，但是，在法律允许的地方，邮轮船长可以主持婚礼仪式，这对游客来说是很难得得机会。为服务这一市场，邮轮公司推出了一项将此项活动包含在内的套餐选择，其中包括整个事件的协调。这个产品组合包括香槟、摄影、婚礼接待、鲜花、仪式、婚礼蛋糕及纪念品。

有些乘客选购这个组合产品来重温他们的誓言。还是船长主持整个活动，套餐组合可以定制，包括水疗、香槟及一个正式的仪式。度蜜月、周年纪念(日)、生日，还有一些其他的特殊庆祝活动，都可以成为这个套餐的一部分。

七、品牌价值与船舶分类

邮轮的规模是影响游客所经历的体验的主要因素。大规格的巨型邮轮的典型特征是拥有多个泳池、赌场、水疗中心、多重就餐选择以及众多活动。小型邮轮舍弃了一些设施，从而有利于集中精力做好目的地接待工作和提供不同的邮轮体验。邮轮研究人员以各种各样的标准对邮轮进行分类，例如，邮轮所承载的客人数量，食物、饮料及住宿条件的质量，邮轮体验的总体衡量。尽管没有一个统一的标准，但分类和质量标准的研究还是很有意义。为了吸引各目标群体，很多邮轮公司经营不同类型的邮轮，这样就可以设计出与邮轮规模、产品系列、目标市场及销售价格相对应的特定航线。

按规模分类

表 2.2 是按承载量或显著特征所进行的邮轮分类(Spartan Travel，2005)。

表 2.2　邮轮分类

定义	描述
巨型邮轮	超过 2000 名游客
超级邮轮	1000～2000 名游客
中等邮轮	400～1000 名游客
小型邮轮	少于 400 名游客
精品邮轮	特殊用途，通常少于 300 名游客
帆船	主要是靠风力行驶
内河驳船	主要在内陆河流行驶

按地位和价值分类

斯巴达旅行(Spartan Travel(2005))定义了三类消费等级——经济型、普通型和豪华型，其他邮轮业研究者在他们的分析研究中提出了更多的类型。例如，CLIA 列出了 5 类型——奢华型、高级型、现代型、专业型和传统型(CLIA，2005c)。Bjornsen(2003)也采用这种分类方法。

按照这种分析方法，那些提供顶级舒适度、美食和殷勤服务的邮轮称之为奢华型邮轮品牌。这类产品通常是最昂贵的，然而，由于属于这一类产品的邮轮通常很小(当然也有例外的情况)，而且住宿和公共区域总是经过精心设计的，所以，在宽敞的且往往带阳台的特等客房、套房或双层公寓所容纳的客人相对较少。这类邮轮可能提供管家服务。这些邮轮通常都相当于过去所谓的“五星”级标准。一些邮轮，如水晶邮轮，采用“六星”标注以标榜他们特殊的质量水平。

高级型邮轮品牌提供超出平均水准的食物、服务和设施，包括很多带阳台的外侧客房。这些邮轮的目标是，通过提供各种各样的娱乐活动，对儿童、年轻人、老年人等各个年龄段的顾客群形成多样化的吸引。与奢华型邮轮一样，高级型邮轮的空间乘客比也很高。

现代型邮轮就相当于漂移的度假地，邮轮的规模从中等到巨型不等。这些邮轮提供带有现代意味的选择和价值。邮轮上的设施，如溜冰场、高尔夫练习场或攀登练习墙，通常能给游客留下深刻的印象。虽然游客也有机会在自由选择的正式晚会上盛装打扮，但总体上氛围很轻松。

专业型邮轮为了开发出独特的产品，专注于邮轮的某一特定方面，如目的地。这类邮轮公司在他们的领域内是行家。他们为自己某一方面的专长而感到自豪，例如文化诠释、温和的冒险或多样化的活动。这些邮轮公司的目标市场是较有经验的旅行者。

经济型邮轮品牌通常是使用中等规模、经过翻新的、较旧的邮轮，邮轮上的设施比新邮轮少。这类邮轮因采用自助式晚宴等形式，雇佣的员工较少。这类邮轮通常设计经典，而且，由于产品定价是经济型的，所以对那些邮轮旅游经历相对缺乏的人来说具有吸引力。

归纳与总结

本章界定了很多相关联的问题，涉及销售、营销及邮轮业。通过考察在营邮轮的市场营销，分析在营邮轮的常见设施，勾画出一幅具有动态视觉效果的图像。邮轮市场多样化正在发生演变，重视目标市场和市场细分，邮轮业增长和新的发展机会不断涌现，相应地，由于邮轮经营商不断探寻新方法来满足游客需求和提高游客满意度，所以邮轮产品也越来越多样化。21 世纪的邮轮业在服务这一关键性产品方面仍然要依赖于人（Evans et al，2003），而且，在很多方面，人的因素仍将是区分高品质和一般标准的因素。

本章笼统地考察了营销，包括从批发商和零售商的角度进行销售，分销渠道的选择，以及互联网营销和忠诚度培育等，这些方面在邮轮经济发展中发挥着作用。对邮轮产品的描述则围绕什么是可行的、为什么可行等方面展开。尽管产品清单不全面，但对通常提供的服务进行了说明。

术语表

品牌：产品或服务的交易名。

电炉间：位于自助餐厅厨房的一个地方，食品服务活动从这里获得主要食品。

半银服务：一种服务风格，即对某些食品提供分发服务，而另一些则直接放在客人盘中。

全银服务：一种服务风格，即服务生用勺子、刀叉或其他服务技巧将每一道菜分发客人盘中的服务。

侍酒师：葡萄酒服务生。

厨房主管：sous 在法语中是指低级的意思。通常是指厨师长的最高级的助理。

本章复习题

将邮轮视为产品，思考构成邮轮体验的组成部分。

1. 什么是营销组合？
2. 邮轮产品销售有哪些途径？
3. 为什么一般通过旅行代理商销售邮轮产品？
4. 邮轮分类的方法是什么？为什么该方法行之有效？

补充阅读

Berlitz Guide to Cruising and Cruise Ships, by Douglas Ward

The Unofficial Guide to Cruises, by Kay Showker

The Complete Cruise Handbook, by Anne Vipond http://www.oceancruiseguides.com/cruiselines/clclass.html

http://www.onboard.com/products_promotions.asp

http://www.geocities.com/TheTropics/Shores/5933/addresses.html#GIFT

参考文献

Aaker, D. (2001), *Strategic market management* (6th ed.). New York: Wiley.

Berger, A. A. (2004), *Ocean travel and cruising: A cultural analysis*. New York: Haworth Hospitality Press.

CLIA (2005), Plan your cruise. Retrieved 22 March 2005, from http://www.cruising.org/planyourcruise/ crsfinder.cfm

Dervaes, C. (2003), *Selling the sea* (2nd ed.). New York: Thomson.

Dickinson, R., and Vladimir, A. (1997), *Selling the sea*. New York: Wiley.

Evans, N., Campbell, D., and Stonehouse, G. (2003), *Strategic management for travel and tourism*. Oxford: Butterworth Heinemann.

Hatton, M. (2004), "Current Issues Paper: Redefining the relationships—The future of travel agencies and the global agency contract in a changing distribution system", *Journal of Vacation Marketing*, 10(2), 101—108.

International Council of Cruise Lines (2004), The cruise industry 2003 economic survey: Business Research and Economic Advisors.

International Council of Cruise Lines (2005), ICCL gambling guidelines: Policy statement. Retrieved 22 March 2005, from http://www.iccl.org/policies/gambling.cfm

Knowles, T., Diamantis, D., and Bey El—Mourhabi, J. (2004), *The globalisation of tourism and hospitality* (2nd ed.). London: Thomson Learning.

Luxury Alliance (2005), The world's finest travel experience. Retrieved 22 March 2005, from http://www.luxury—alliance.com/

Mancini, M. (2000), Cruising: *A guide to the cruise line industry*. Albany NY: Delmar.

Princess Cruises (2003), Webpage, from http://www.princess.com/ships/ap/

PSARA (2005), Benefits of PSARA membership. Retrieved 22 March 2005, from http://www.psa—psara.org/ application.html

Spartan Travel (2005), Cruising styles. Retrieved 22 March 2005, from http://spartan.travwell.net/cruises/ choosing/style/

Vellas, F., and Becherel, L. (1995), *International tourism*. Basingstoke: Macmillan Press.

World's Leading Cruise Lines (2005), Anywhere you want to go, anyway you want to feel. Retrieved 22 March 2005, from http://www.worldsleadingcruiselines.com/intro.html

第三章 海事问题和立法

学习目标

通过本章学习,读者应该能够:

■ 大体上理解邮轮业是如何与航运联系在一起的

■ 反思航运的商业属性

■ 思考邮轮业的法律环境

■ 明确国际海事组织在邮轮经营中的角色

第一章从历史的角度描述了邮轮业的发展。本章试图更加全面地分析现代航运业的本质,进而更加深刻地理解邮轮业。在国际邮轮领域,为了确保某些预防措施的实施,邮轮经营者会受到许多约束。所以,为突显关键因素,需要审视法律环境。对很多组织而言,法律问题是头等大事,这些组织通过制定法律框架并要求经营者遵守而从中受益。正因为这一原因,为了阐述他们在邮轮业和航运业中的重要性和参与性,本章要简要介绍主要海事组织。

一、航运业

邮轮行业是一种乘客旅行方式,它在二战后犹如凤凰涅槃,那时,喷气式飞机取代那庄严、似乎不可战胜的横渡大西洋的邮轮而成为公共运输工具(Dickinson & Vladimir,1997)。在过去的三十年里,邮轮业处在持续复兴状态,大型邮轮公司也获利颇丰,但从航运业的角度来看,仍然存在经营效率、公平交易、环保和安全等一系列影响广泛的问题。

根据 Farthing & Brownrigg(1997)的观点,航运业是所有行业中最具国际性的。这种观点揭示了横渡国际海洋的货运和客运的性质、船只和员工的性质,因为船上员工通常来自多个国家。然而,事实上,把航运业表述为行业集合更为合适(见表 3.1)(Farthing & Brownrigg,1997)。

表 3.1 航运业的构成

湿货舱	运载湿货,例如油料、化学物质、石油以及任何液态以灌装形式或特殊设计的容器来装载。
干货舱	运载干货,例如铁矿石、煤、粮食、化肥以及糖料。
定期货轮	按特定时间表进行运载集装箱或容器的定期班轮
沿海及海上短程运输	有时候称之为不定期船,这些船舶提供除公路或铁路以外,其他运输货物的方式。
邮轮或客轮	邮轮比客轮更常见一些,但如丘纳德,仍然提供一些客轮服务。
轮渡	常提供定期班轮式的服务,来运载乘客、小轿车等其他交通工具。
近海经营	这个部门包括油气钻塔,支持海上矿物勘探。

根据劳埃德船舶年鉴(2004),2003 年全世界有 89899 艘船舶,共计 60521.8 万 GRT。这一结论使得 Ward(2005)提出的 2004 年世界巡航船队里有 255 艘邮轮的论断很尴尬。航运和物流经济研究所(ISL)认为,2003 年,大约 75%的世界邮轮船队归三家主要公司所有:嘉年华公司占 41.7%,皇家加勒比占 22.9%,丽星邮轮占 8.9%(ISL,2003)。全球邮轮所有权可能正在整合,但也有证据表明,很多邮轮的管理权和所有权属于拥有者——经营者之外的主体(Panaydes,2001),包括包租者、租赁者和管理服务提供者。

一些公司,如路易斯邮轮公司,拥有一支船队,其部分邮轮是包租给旅游经营商的(Louis Cruises,2005)。其他公司,如 V 邮轮公司,则为邮轮公司提供工作人员和管理服务(V cruises,2005)。汉萨(Hanseatic)是小型船只的例子,它目前长期租赁给德国邮轮经营商 Hapag Lloyd(Cruises,2005)。这种复杂的所有权和管理权,对于当前邮轮产业的很多邮轮经营商而言,是基本的类型。

法律环境

据 Farthing & Brownrigg(1997),公海自由航行理念源于 1982 年《联合国海洋法公约》所做出的规定,并于 1994 年 11 月开始生效。此公约实际上为所有在海上、海中或海下(包括在海床上面和下面的活动)进行的活动提供了保护伞。该法律的一项重要内容是承认国家专属经济区(EEZ),即从国家领海基线向外海延伸 200 海里的海域。公约规定,公海允许自由航行,船只有进入权、通过权或者二者都有,进入专属经济区则受一定的附加条款约束。这项法规是集体国际协议的案例之一,其目的是允许自由进出、公开竞争和经济自由,从而让联合国所有缔约国受益。

船舶国籍、注册和旗帜

术语“国籍(nationality)”、“注册地(registration)”、“旗帜(flag)”有时候像

同义词一样使用，但这不很完全准确。确实，即使没有其国籍的证明文件，没有注册，人们也会相信一艘船舶拥某一国国籍。注册后，船舶就会有正式的官方记录，它就具有某一国国籍。注册为船舶的所有者、经营者和员工规制了法律框架。国际公法规定，注册使船只归属于某一特定国家，接受该国管辖，受该国保护，并有权挂该国国旗。国家法律规定，注册保护所有者的名称以及那些拥有船舶股权的人们。旗帜是一种象征，作为一种身份标志挂在船尾，术语“旗帜”是船舶国籍的缩写(Farthing & Brownrigg,1997)。

除前面提到的法律方面外，船舶国籍及船舶所有者的注册也会带来严重问题，影响经营成本。一些国家要求在该国注册的船舶全部雇佣该国公民或者雇佣一定比例的该国公民，例如，美国在船员雇佣、船舶建设及船主要悬挂国旗方面是最为严格的海洋性国家之一，当前，挂美国旗帜的从事近海贸易的船舶上的人员雇佣规定是，所有官员、引航员和75%的其他方面的船上工作人员是美国公民或者美国居民。另外，从事近海贸易挂美国旗帜的船舶必须归美国公民所有，必须由美国造船厂建造，这种建造要求适用于整个船体、上层结构以及船舶装修材料的主要部分。

邮轮的注册国家除本国外，还有多种选择。这样做的原因和好处有很多，包括：

■ 在冲突事件中保持中立

■ 降低税收

■ 降低注册费用

■ 降低人员成本

Farthing & Brownrigg(1997)把巴拿马、利比里亚、塞浦路斯、巴哈马以及马耳他称为世界上最大的五大舰队，因为这些国家手续更为简便、经济条件具有吸引力，在为船舶经营商提供补给方面是有效的，而且是高效的。由ISL得知，世界上几乎一半的邮轮船队属于巴哈马和巴拿马。巴哈马、巴拿马和利比里亚以前曾主导着邮轮产业，但在2003年，由于西非国家政局不稳，有19艘原来在利比里亚注册的邮轮改为在巴拿马注册(ISL,2003)。

据国际邮轮协会(ICCL)(2005)的资料，为邮轮提供国旗注册的主要国家是英国、利比里亚、巴拿马、挪威、荷兰、巴哈马以及具有严格规定的美国。所有这些国家都是国际海事组织(IMO)的成员国，该组织对海事安全问题而言是极其重要的。

ICCL界定了有效注册旗帜必须满足的许多因素。一是船旗国必须是IMO的成员国，必须遵守IMO的所有海事安全条例和公约；二是船旗国必须已设立海事机构，并执行所有国际的和该国的法律法规。主要旗帜注册地提供综合的海事专业知识和行政服务，另外，要求旗帜注册地在发放客轮证书之前，必须对邮轮进行年度安全检查，并利用公认的分类标准评价邮轮遵守所有国际的和船旗国的标准的情况。

二、海洋污染法

MARPOL是国际船舶污染防治公约的缩写，由“海事(marine)”和“污染(pollution)”两个单词的前三个字母构成。MARPOL公约已在约90个国家批准生效，包括美国和世界上大部分其他海洋国家。公约规范了潜在海洋污染(包括石油、化学物质、垃圾及污水)等一系列海事问题，并要求进行妥善处理或适量排放。在美国经营的所有船舶也必须遵守美国的法律，包括污水处理法和油污染控制法。同样，在其他国家经营的船舶也应适当注意适用的补充规定。在美国，邮轮业协同很多部门一起探索富有成效的环境保护措施，包括美国海岸警卫队、环保局以及其他联邦和州的监管机构，还有海事组织，例如海洋保护和海洋倡导者中心。

表3.2 ICCL行业标准E-01-01第二修订版(2003)

ICCL成员致力于保护海洋环境，特别是船舶航行区的海洋的原生态条件。本行业的环境标准很严格，也很复杂。由国际海事组织得知，美国和其他海洋国家制定了统一的行业标准，适用于从事国际贸易活动的所有船舶。国际防治船舶污染公约(MARPOL)阐述了这些标准。另外，美国还对其水域的船舶进行管理，所有邮轮都要遵守美国的法律，如《联邦水污染防治法》、《船舶污染防治法》以及适用于上岸的有害废物处理的《资源保护与回收法》。美国海岸警卫队负责执行国际公约和国内法律。邮轮采用复杂的废物管理技术和工序，这揭示了邮轮业的环境保护的责任。

ICCL成员负责：

- ■ 设计、指导和经营船舶，确保其环境影响最小化。
- ■ 发展新技术，以超越当前环境保护的要求。
- ■ 实现MARPOL公约附件Ⅴ中固体废弃物零排放标准，利用更加复杂的废弃物处理工序，来大大减少船舶上产生的废弃物。
- ■ 开发废物减少策略，包括最大限度地重复利用和回收，以尽可能减少上岸废弃物。
- ■ 改善收集和转换有害废物的步骤和做法。
- ■ 强化综合措施，监督和监管船上的环保措施和工序，以确保遵守国际安全管理条例中关于船舶安全经营和污染防治的规定。

ICCL(ICCL，2005)将MARPOL解释为通过邮轮业经营来进行废弃物管理(表3.2)。在行业废弃物管理标准方面，作为ICCL的成员，邮轮经营商同意将以下关于废弃物流管理标准作为其安全管理系统的一部分。

“灰水(graywater)”和“黑水(blackwater)”是邮轮上乘客或员工产生的废水类型。灰水是在淋浴、洗涤槽或水池中以及在食物准备过程中产生的，而黑水指的是污水。在邮轮上，这两类水都要根据行业监管要求进行处理，这通常比政府规定的更加严格，要求更高(表3.3)。

表3.3　垃圾管理标准(2003)

1.照片处理:包括X光液态废弃物处理。邮轮成员已同意将银的排放量降至最低，通过利用最好的处理技术，将废蒸汽中的银含量降至规定的标准以下。

2.干洗废弃液和污染物质:邮轮成员已同意防止将氯化干洗液、沉淀物、污染的过滤物质以及其他干洗废弃物副产品等排放到环境中去。

3.打印店废弃液体:邮轮成员已同意阻止将打印材料(墨)和清洗化学物质产生的有害物质排放到环境中去。

4.照相复印和激光打印机墨盒:邮轮成员已同意采取措施，以便将照片复印和激光打印机墨盒回收利用。无论如何，总要把墨盒带上岸。

5.未使用的和过期的药物:邮轮成员已同意确保将未用过或过期的药物按照法律和环境的要求进行安全有效的处理。

6.日光灯和水银灯泡管:邮轮成员已同意将用过的日光灯和水银灯的灯管进行适当回收，或者利用其他可接受的方式进行处理，避免水银流入到环境中去。

7.电池:邮轮成员已同意禁止将用完的电池抛弃到海洋环境中去。

8.舱底污水和含油污水残留:邮轮成员已同意遵守或高出国际标准，即在排放前将油从船底污水和废水中分离出来。

9.玻璃制品、硬纸板、铝制和钢制罐头:邮轮成员已同意，通过不断增加重复利用和回收，尽最大限度地消除将MARPOL公约附件V中的废弃物处理倾倒进海洋环境中。他们还同意，如果不按MARPOL公约和其他通行要求经过适当加工和处理，就不会将任何废弃物排放到海洋环境中去。

10.焚烧物:邮轮成员已同意，通过最大限度地减少废弃物和最大限度地回收利用，减少焚烧物。

11.灰水:邮轮成员已同意，灰水只有在船舶在行进中且速度不低于6节时才能排放;在港口、离岸4海里内以及当地管辖权或当地法律规定的其他距离范围内，不得排放灰水，除非情况紧急，或在有地域限制的地方。邮轮成员还同意灰水的排放要遵守所有现行的法律法规。

12.黑水:ICCL成员已同意，所有的黑水在排放前都要经过船用卫生设施(Marine Sanitation Device,MSD)的处理，确保与美国或国际规定保持一致。只有当船舶离岸超过4英里、航行速度不低于6节时才能排放。

在美国，海岸警卫队制定了船舶向海洋倾倒垃圾的规定。在美国的规定里，向任何水中倾倒塑料垃圾以及混有塑料的垃圾都是违法的，而且，规定还限制倾倒非塑料垃圾以及其他形式的废物。这些条款适用于所有的美国船舶，无论它们在哪里经营(除在别国专属管辖下的水域),还适用于在美国包括专属经济区(离岸 200 海里)及其附近水域的外国船舶。

三、海上生命安全法

海上生命安全国际公约(SOLAS)最早是在 1948 年开始实施的。它被称之为一个"有活力的(living)"文件,即它是一个不断修正、升级的文件。SOLAS 公约关注与海事安全有关的国际规则的制定,包括救生、消防及船舶的稳定性。据美国海岸警卫队资料,政府部门按下列方式监管邮轮的安全(US Coast Guard, 2004)。更多信息见表 3.4。

表 3.4 由美国海岸警卫队执行的安全监管(美国海岸警卫队,2004)

就船舶安全而言,在美国注册的邮轮需遵守一套综合的海岸警卫队安全规定,每年要受海岸警卫队的检查。这个安全规定的内容包括:船体结构、水密的完整性、火灾最小化的结构要求、救生、消防和船舶控制的设备要求,以及与船舶安全导航有关的要求。如果船舶通过年检,则会颁发一个海岸警卫队检查证书,有效期为一年。证书必须放置在乘客可以看得见的地方。

尽管也有一些邮轮在美国注册,但目前的情况表明,大部分邮轮不是在美国注册。那么对于这些船舶来说,安全检查就要在其注册国执行。美国海岸警卫队要求任何船舶,不管注册地在哪,如果想在美国港口启航,都要符合 SOLAS 公约要求。美国法律希望任何在美国宣传的邮轮公司都要公开其邮轮的注册地。SOLAS 公约在其管辖范围内具有深远影响,并要求严格遵守相关规定,涉及配备防火、灭火、救生设备,邮轮的完整性与稳定性,船舶控制,航行安全,船员招聘和培训,安全管理,以及环境保护。

海岸警卫队按照 SOLAS 公约的要求检查所有首次到达美国港口的邮轮。之后,按规定,每季度对船舶进行检查。检查记录(称之为控制核查监测)可以供公众详细查看。检查者参与邮轮上的这些监测,核实消防安全,确认救生设备室可用且按要求置于合适的位置,检阅在船员指导下进行的消防演习和弃船演习,同时测试关键设备,如转向系统、消防泵和救生艇等。在同意船舶在美国口岸搭载乘客前,海岸警卫队有权要求纠正任何不足与缺陷。

在员工的能力方面,在美国注册的邮轮要是被查出其员工的经验和培训低于所发布标准,海岸警卫队可以暂停使用或者吊销执照或商船文件。在悬挂外国旗帜的邮轮上，SOLAS 公约要求必须进行充分有效的员工培训，而且要在控制核查监测过程中检查。SOLAS 公约的出台，目的不是提供卫生保健保证，因此，对邮轮上是否配有医生没有限制。

SOLAS 公约要求船长安排和执行周期性的消防和救生演习，目的是既给船员练习的机会，也向乘客演示邮轮板上发生严重事故或紧急情况时应采取的紧急措施。为此，SOLAS 公约希望所有乘客都要参与这些演习。演习是根据航行的持续时间来安排的。对于为期一周的航行，第一次演习时间安排在所有乘客都已上船，起航之前立即进行。若巡航时间超过一周，每隔一周要进行一次演习。对于为期少于一周的航行，演习要在离开母港 24 小时以内进行。

公告会张贴在每间客房或特等客房里容易清晰看到的地方，所提供的是通俗易懂的安全方面的信息。内容包括：

- 如何识别邮轮上的紧急信号（一般会通过公共广播系统发布警铃和口哨信号，以补充公告）
- 房间里的救生圈的位置（如有必要，客房服务员会提供儿童专用的救生圈）
- 说明书和图片，用以解释如何使用救生圈，以及特定房间里乘客救生艇的安排。现代邮轮带有多种多样的救生艇。在紧急情况下，乘客会被安排到救生艇或其他类似的救生设备上

酒店部门的工作人员在安全程序方面发挥重要作用，甚至可能是关键作用，他们一般负责协助和指导乘客进行应急演习，尽管一些人会有其他的安全职责。规定要求，指引乘客通往救生艇的指示标志要张贴在邮轮的走廊上和楼梯口。负责每艘救生艇的船员要集中或者调动乘客，安排到他所负责的救生艇上，并最后一次说明如何正确穿上和调整他们的救生圈。如有必要，船员应准备好帮助乘客以及阐明应急步骤。

四、卫生与清洁法

在美国，由公共卫生署（USPHS）负责维持客轮卫生条件的监管。根据船舶卫生计划（VSP），USPHS 指导在美国港口的客轮进行定期和不定期的检查，主要检查饮用水、食物储备、食物配置和处理以及总体卫生条件。USPHS 向公众公布每艘船舶的检查结果，并将每艘船舶的不卫生情况记录在案。在其他国家，类似检查由国家机构执行，例如，澳大利亚由检疫检验局、英国由港口卫生局、加拿大由公共卫生局指定环境卫生官员执行此检查。

邮轮公司非常重视这些检查,因为,如果邮轮公司照此规定执行,就会获得最好的利益,确保安全并获得高分。第十章会对此过程进行更为详细的介绍。

五、海事安全法

海事安全(MARSEC)法规定了邮轮上工作人员的工作能力的培训、能力证书发放和值班等事宜,目的在于确保实施安全措施,并为乘客和员工提供安全的环境。在2001年"9·11"恐怖事件之后,海事安全法特别重视应对潜在威胁。在海事安全法出台之前,国际海事组织操控着国际安全管理法(ISM),其内容涵盖了强制性的安全措施及防污标准。海事安全法包括已颁布实施的培训、发证和值班方面的标准(STCW)。2004年7月,为缓解航运安全的紧张局势,在全世界范围内引入了国际惯例。第十章将研究国际船舶和港口设施安全(ISPS)法规,以下信息是对其中关键要素的总结。

海事安全法要求邮轮上必须设置一名船舶安全官员,由他或她负责邮轮的安全计划。安全官员一般是一位高级甲板官员,负责时刻监管,其职责包括:制定邮轮安全计划,确保对负责人和员工进行适当的、足够的培训,确保邮轮遵守安全计划,熟知国际法、国内法规、当前的安全威胁、安全问题的形式等。

邮轮安全官员担当着邮轮、相关部门以及公司安全官员之间的联络员的角色。一般来说,此人将参与风险评估、制定战略以及评估薄弱环节。海事安全法将安全状况分为三级:

■ 一级——安全风险最小

■ 二级——发生安全事件风险较高

■ 三级——在限定时间内可能或即将发生安全事件

港口会将威胁级别及时通知到船舶上,因此,船舶会有充足的时间来考虑最佳对策。如果威胁高出了港口所声明的级别,船长可以评估威胁的级别。

根据美国联邦政府的规定,在美国,码头经营者和邮轮公司共同对岸上和船上的乘客安全负首要责任。海岸警卫队检查所有的安全计划,而且可以要求对安全措施进行改进。踏上国际航程的乘客在上船之前,其行李一般会被搜查或者经过检查设备检查。码头经营者和邮轮公司为乘客身份识别和访客管制设定了严格的程序。在启航之前,希望有朋友参观邮轮的乘客要提前跟邮轮公司核对好。所有这些安保措施的目的是防止非法武器和非法人员上船。第十章将有更多这方面的介绍。

六、金融可靠性

美国联邦海事委员会要求，从美国港口出发的、承载50人及其以上的客轮经营者必须具有金融信度，如果航行取消，有能力偿付他们的顾客。委员会还要求提供支付能力的证明，如果乘客受伤或死亡，经营商要承担一定的赔偿责任。委员会没有确保单个顾客的这些金融结算的法律权力。

如果航行取消或者航行中发生受伤事件，消费者需要以个人名义向邮轮公司索赔。很多世界上最大的金融和保险公司为航行提供保险业务，例如，伦敦的劳埃德协会、美国的劳埃德协会及美国海事保险协会等。

七、海事组织

有必要了解海事行业或邮轮业的组织。以下列举并描述了一些这样的组织，其中一些已在前面提到。

国际海事组织(IMO)

国际海事组织(原名为政府间海事协商组织)成立于1948年，是联合国制定国际海事政策和规范航运业的一个机构。其职能是寻找促进政府间进行海上安全和惯例协商的途径。国际海事组织是连接国际航运条约和公约的纽带，负责确保遵守法规，尽管这些规定主要由船旗国或船舶注册地所在国负责实施。“港口国监督法”对船旗国的规定的执行情况是一个很好的补充，即邮轮访问的任何国家的官员都可以检查挂有外国旗帜的邮轮，以确认邮轮是否遵守国际要求。

国际海事组织的标语——“安全、可靠、高效地航行于清洁海域之上”，诠释了该机构的使命。尽管看起来工作量似乎很大，但由于是每个国家各自执法，所以该组织的规模较小。美国海岸警卫队在该国际机构里代表美国。国际海事组织在制定和实施很多重要条约或公约方面发挥了重要作用，包括前面提到的SOLAS公约、防污公约(即MARPOL公约)，以及SOLAS公约里的国际安全管理条例(ISM)和海员培训、发证和值班标准(STCW)。

船级社

船级社的主要职能是对船舶进行定期检查，以确保船舶能够出海并与船级社的规定相符。船级社也检测邮轮是否遵守国际安全条约,包括 SOLAS 公约、STCW 公约以及 MARPOL 公约。主要船级社包括美国船级社、英国劳埃德船级社、挪威船级社、法国船级社和意大利船级社。

国际邮轮协会(CLIA)

国际邮轮协会是一个市场营销和促销组织,其成员包括 23 家邮轮公司和大约 19000 家北美旅行社。该协会成立于 1975 年,专门宣传邮轮旅游的好处。协会还承担培训任务,这符合其宗旨——"培训旅行代理人和提升邮轮度假体验的价值、满意度和支付能力"。国际邮轮协会与国际邮轮理事会于 2001 年合并成立了邮轮公司联盟,负责发布行业信息。

国际邮轮理事会(ICCL)

国际邮轮理事会是一个贸易协会,其成员包括主要邮轮公司以及供应商和行业伙伴等非正式会员。其宗旨是"参与规则和政策制定,确保采取各种措施以提供一个安全、可靠和健康的邮轮航行环境",该理事会在这些方面发挥着重要作用。为了达到这一目标,协会分析和解释国际航运政策,并就许多方面为其会员提供建议,包括安全、公共卫生、环境责任、安全防卫措施、医疗设备、游客保护和法律行为等。为了担当起这一角色,ICCL 与重要的国内和国际监管机构、政策制定者和其他行业伙伴开展密切合作,已成为一个为国际海事组织服务的国际性的非政府咨询机构。

作为一个代表性协会,在其能力范围内,ICCL 的目的是确保实现表 3.5 里列出的目标。

表 3.5 国际邮轮理事会的目的描述(ICCL,2004c)

邮轮产业:
■ 为乘客和员工提供一个安全、卫生、可靠和充满关爱的邮轮环境;
■ 使船舶经营对海洋环境和海洋生物环境的影响最小化;
■ 遵守监管规定并努力引导完善海事政策和程序;
■ 规范环境以促进行业的持续增长;
■ 为各行各业的人们提供一个安心、支付得起的和愉快的邮轮体验。

佛罗里达—加勒比邮轮协会(FCCA)

这是一个贸易组织,成立于 1972 年。当时的目的是为 13 个邮轮品牌提供一个讨论与其相关的经营问题的论坛。该协重点关注立法、旅游开发、港口安全、安全防卫和其他问题,并提出解决方案,这些方案是合作和伙伴关系的成果。FCCA 还进行有针对性的培训,例如港口出租车司机的顾客服务计划,并开展邮轮旅游的影响研究。为发展慈善事业,该协会还成立了一个慈善基金会,旨在改善那些最需要帮助的人的状况。

西北邮轮协会(NWCA)

西北邮轮协会是一个非盈利组织,其成员包括在夏威夷、加拿大、阿拉斯加以及西北太平洋经营的 9 家邮轮公司。协会成立于 1986 年,最初是提供安全服务,后来又在包括法律法规问题在内的政府关系方面发挥了不少作用。另外,为促进环境保护、经济发展及其他与行业相关的事宜,该协会还致力于维持与邮轮目的地社区的积极关系。

归纳与总结

本章概述了邮轮和航运相关的一系列海事问题,强调了国际海事组织的重要性,并评述了当前保障乘客和员工航运安全的大量规章制度。各类组织支持着该行业的发展。有些组织,如 CLIA,在市场营销方面发挥作用,而有些组织是区域性的,如 FCCA 和 NWCA,在特定领域内代表邮轮公司的利益。ICCL 开展与政府和 IMO 的合作,政治色彩较浓。

术语表

公约:代表团成员之间达成的协议或申明。

中立:在冲突中个体不参与任何一方的状态。

法规:所规定的必须遵守的规则。

上层结构:船舶的水上部分。

本章复习题

接下来的很多问题含有行业简称。在回答问题之前,你应该能够说明每个缩写代表什么意思。

1. IMO 是指什么?其主要职能是什么?

2. 解释下列简称:

a. SOLAS

b. MARPOL

c. MARSEC

3. 船舶卫生计划的目的是什么?

4. 比较 ICCL、CLIA、FCCA 和 NWCA。

5. 什么是世界"港口国监督"?

补充阅读及更多信息来源

http://www.imo.org/index.htm: IMO

http://www.iccl.org/: ICCL

http://www.cruising.org/: CLIA

http://www.f-cca.com/: FCCA

http://www.nwcruiseship.org/: NWCA

参考文献

Cruises (2005), Hapag Lloyd Hanseatic cruise ship overview. Retrieved 22 March 2005, from http://cruises.about.com/od/cruiseshipprofiles/ss/hanseatic.htm

Dickinson, R., and Vladimir, A. (1997), *Selling the sea: An inside look at the cruise industry*. New York: Wiley.

Farthing, B., and Brownrigg, M. (1997), *International shipping* (3rd ed.). London: LLP Ltd.

ICCL (2005), International maritime industry — background and facts. Retrieved 22 March 2005, from http://www.iccl.org/faq/imi.cfm

International Council of Cruise Lines (2004), What is the ICCL? Retrieved 8 April 2005, from http://www.iccl.org/whoweare/index.cfm

ISL (2003), Executive summary—SSMR market analysis no. 6. Retrieved 22 March 2005, from http://www.isl.org/productsservices/publications/samples/cruise.shtml.en

Lloyd's register (2004), *World Fleet Statistics* 2003. London: Lloyds.

Louis Cruises (2005), Charters. Retrieved 22 March 2005, from http://www.louiscruises.com/

Panaydes, P. M. (2001), *Professional ship management*. Aldershot: Ashgate Publishing.

US Coast Guard (2004), Cruise ship fact sheet. Retrieved 22 March 2005, from http://www.uscg.mil/hq/g-m/factsheetcruiseship.doc

V Ships (2005), Leisure management. Retrieved 22 March 2005, from http://www.vships.com/

Ward, D. (2005), *Complete guide to cruising and cruise ships 2004*. London: Berlitz Publishing.

第四章　邮轮地理

学习目标

通过本章学习，读者应该能够：

■ 从邮轮业的角度考虑地理

■ 评价第一和第二邮轮区域

■ 知道每个区域的主要邮轮港口

■ 认识到旅游景点及其特色对定义邮轮港口和旅游目的地的重要性

从现实意义来说，邮轮公司把这个世界看成是满足不同市场需求的一系列区域。对于最大型的邮轮品牌来说，这种观点使得公司在配置经营格局时应考虑以下因素：

季节性，天气类型和最佳的邮轮旅游条件

销售和市场营销

邮轮的供应和服务

本章主要介绍地理因素对邮轮业的影响和作用。首先，我们在谈邮轮旅行时不可能不把当时的气候条件考虑进去。当邮轮在一年内的特定时期航行在某个大洋或大海的某一区域时，气候条件对游客的舒适度和安全性将产生直接影响。旅游目的地和滨海活动时也同样受气候条件的影响。

为避免造成游客的潜在不适，邮轮一般会避开那些因为地理、气候和季节变化而引起的航行条件糟糕的海域(Burton，1995)。很多故事都记录了特定海域的恶劣天气，例如比斯坎湾、好望角、孟加拉湾以及北大西洋，都是因为极端恶劣天气而在海员和航海家们心目中相当知名。了解气候类型和记录潮汐变化，能够让邮轮经营者预测哪里的航行安全性较高，可以穿越世界上所有的大洋和大海，可以访问所有的海港(见图 4.1)。

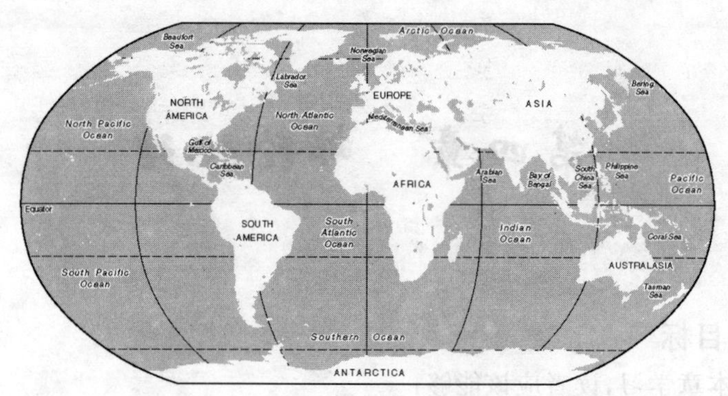

图 4.1 世界:陆地和海洋

天气循环

天气类型复杂,影响因素众多,其中包括太阳辐射、地球旋转轴(从垂直方向倾斜 23.5°,因此产生季节变化)、大陆和海洋、洋流和月球引力(引起潮汐变化)等。一年内南半球和北半球的季节变化刚好相反,正好反映了地球绕太阳旋转时世界的位置(Ree,1992)。

热带地区

赤道是地球离太阳最近的点。北回归线和南回归线分别是与赤道平行的两条纬线——北纬 23.5°和南纬 23.5°,南北回归线之间的区域是热带,赤道以北和以南的地区可能被恶劣天气和风暴影响,尽管此时赤道地区可能风平浪静。风平浪静的赤道区域称为赤道无风带。

热带气旋是由潜在热量、水汽凝结和云层结构所引发的。热带气旋可以被监测,在一定程度上还可以被预测,这样,就可以事先提醒邮轮采取适当措施加以防范。绝大多数现代邮轮(极少数除外)所设计的航线的航海条件良好,因此,整个航程只有一部分受气候类型影响。气旋可能形成每小时超过 120 千米(75 英里)的大风。热带气旋因所在区域不同而有特定的名称(Ree,1992):

大西洋和东太平洋——飓风

西太平洋——台风

菲律宾群岛——热带龙卷风

澳大利亚——畏来风

印度洋——气旋

旅游者和气候

邮轮倾向于在温暖和煦的气候条件和平静的大海里航行。然而,人们对阿拉斯加、南极洲边缘和南美最南部等区域的兴趣以及对冰岛、斯堪的纳维亚和波罗的海等北部区域的兴趣持续升温,这足以证明,邮轮旅游者的选择是多种多样的。

不变的是，旅游者通过考虑多方面的个人情况和收集将要访问的地方的新信息或者凭借先前所知道的信息来判断要访问世界哪个区域(Bansal and Eiselt,2004;Gibson,2004)。旅游者的决策具有高度个性化，并且很可能有学习新事物的愿望、满足个人动机的驱使、发现潜在好奇的需求、远离日常事务和放松的机会、或者是去体验不同气候的需要(Bansal and Eiselt,2004)。

这就需要界定哪种度假环境是游客所渴望的，从而出现了问题——游客认为哪种气候是舒适的。根据 Burton(1995)的观点，可以考虑气候、湿度、风向、降水、云层和阳光等因素，据此判断界定开展不同旅游活动的舒适带(区)。基于世界气候分析，为描述穿衣指数与气候类型的关系，Burton 提出了包含五种类型的模式(表 4.1)。

表 4.1 气温和着衣区域

纬度	温度带和气候类型	相应的着衣
赤道	炎热——赤道、热带和沙漠	尽可能少的和轻便有保护性的衣物
	温和气温——地中海和大陆东部沿海气候	一层衣服
	凉爽气候——沿海和大陆性气候	两层衣服
	寒冷气候	三层衣服
极地	北极和极地气候	尽可能多的衣服

一、首选邮轮旅游区:加勒比海

当前，加勒比海所吸引的游客比世界上任何其他区域都多。根据 Wild and Dearing(2005)的研究，本区域最近的增长是因为北美游客在寻求能够提供某些特点邮轮旅游，其中之一就是希望能离家较近。自“9・11”事件以来的三年里，更加巩固了加勒比海作为世界第一的邮轮旅游区的地位，尽管从那以后增长速度变慢，但仍然表现出上升的趋势。

影响邮轮目的地的游客数量的计算方法是多种多样的，例如，潜在游客接待能力(PPT)——用邮轮数乘以每艘邮轮的载客量所得到一个快速的参考数据；每晚游客(PN)——单个港口的过夜总数。就经营规模而言，世界上最大的邮轮公司——嘉年华公司所经营的邮轮统治着该区域，游客人天数占 54%，而皇家加勒比公司只占 33%(Wild and Dearing,2005)。Wild and Dearing 整理的数据显示，加勒比海西部 2005 年预计会吸引 275 万游客，比本区的东部和南部之和的220万还要多。

Burton(1995)把加勒比地区(见表4.2)描述为“从佛罗里达向西延绵到委内瑞拉海岸共计4000千米的海湾”。本区岛屿的自然特征、气候、可进入性、历史背景和政治背景各有不同。据行业数据,尽管温暖、清澈湛蓝的海水以及棕榈海滩强烈地吸引着游客去放松和游泳,但许多游客访问某些加勒比海岛的另一个重要目的是购物。拿骚港等港口已成为免税购物天堂。

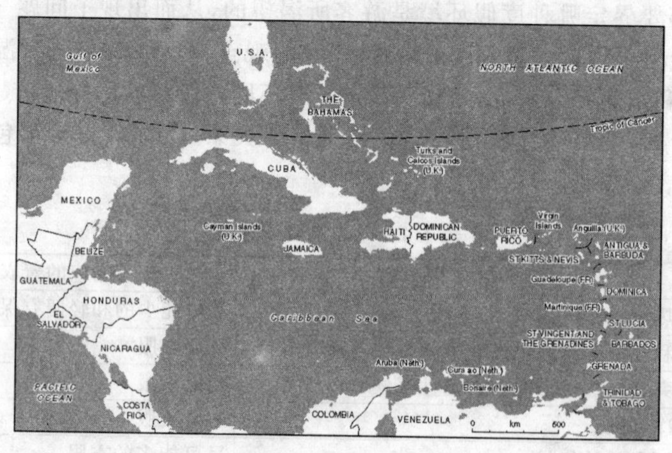

图 4.2　加勒比海地区

邮轮公司在做行程安排时,把风格迥异的岛屿串联成旅游线路。这些行程可以是从佛罗里达州的劳德代尔、埃弗格雷斯港、卡纳维拉尔或迈阿密出发,也可以是从加勒比海的波多黎各或巴巴多斯出发。近年来,加勒比海南部和东部没有西部岛屿做得成功,因为邮轮行程已经从两周缩短到了4天或7天(Burton,1995)。由于游客费用的竞争,许多加勒比海的岛屿的停泊费相对便宜,按每位游客在4~6美元的标准收费。按此计算,可搭乘2500名游客的“钻石公主”号邮轮,要支付约12500美元的停泊费。另外,邮轮公司拥有一些岛屿:皇家加勒比拥有可可礁,荷美邮轮公司拥有半月礁,迪斯尼邮轮公司拥有卡斯达韦礁,挪威邮轮公司拥有大斯特拉普礁,公主邮轮拥有公主礁。拥有这些岛礁的好处主要有,从游客的岸上活动中获得收入,并控制与停靠港相关的费用(岩礁,在美国很常见,是指地势低的岛屿、沙礁或珊瑚礁)。

有些岛屿并非如游客所期待的那样宁静或宜居。古巴是加勒比海地区最大的群岛国家,位于佛罗里达南145千米处,因曾在政治上反对美国政治,不利于来自美国的游客量的增长。从近期看,海地的动荡政局(BBC News,2004)对其岛国经济的发展也造成了不利影响,对邮轮的来访产生了消极影响。然而,从整体上看,大部分“岛屿天堂”的局势还是稳定的。

主要岛屿目的地

国际邮轮协会描述了加勒比海的(CLIA,2005a)三个区域——加勒比海东部和巴哈马群岛、加勒比海西部和加勒比海南部。本节将阐述这一区域的目的地。加勒比旅游组织(2005)是一个许多加勒比岛屿为成员的贸易组织:安圭拉岛、安提瓜和巴布达、阿鲁巴岛、巴哈马群岛、巴巴多斯岛、伯利兹、百慕大群岛、博内尔岛、英属维京群岛、开曼群岛、古巴、库拉索岛、多米尼克、格林纳达、瓜德罗普岛、圣马丁岛、圭亚那、海地、牙买加、马提尼克岛、蒙特萨拉特岛、波多黎各、圣尤斯特歇斯、圣基茨、尼维斯、圣卢西亚、圣马丁、圣文森特和格林纳丁斯、苏里南、特立尼达拉岛、多巴哥、特克斯和凯科斯群岛以及美属维京群岛。其中的有些岛屿吸引了大量邮轮游客来访。例如,阿鲁巴岛,人口 7.5 万(CIA,2005),从 2003 年 10 月到 2004 年 4 月,共吸引了 228 艘邮轮,邮轮游客数量达到 410962 人(Aruba Cuise Tourism,2005)。

二、加勒比海东部:巴哈马群岛

巴哈马群岛靠近加勒比海,但并非它的一部分(Mancini,2000)。巴哈马群岛靠近佛罗里达南部海岸和加勒比海东部,这种区位优势使邮轮航线计划者自然会将其列入航线之中,也就是说,该群岛是加勒比海邮轮旅行时经常性的停靠点。从美国的迈阿密港、埃弗格雷斯港、卡纳维拉尔港以及波多黎各的圣胡安港等进入巴哈马和加勒比海东部相对便捷。然而,由于这一航线距离较长,邮轮旅游的持续时间很可能超过 7 天。本区有各种各样的港口,包括前面提及的那些被邮轮公司私有化的礁岛(加勒比海旅游组织,2005)。下面将介绍一些港口,并以表格形式附带介绍其人口、语言和货币等信息。需要指出的是,在该表格及后面的表格中,港口或岛屿的人口数据是近似的。

表 4.2 东部加勒比海旅游目的地概况

目的地	所在国家	所在地区	流通货币	语言	人口(万人)
拿骚	巴哈马	东加勒比海	巴哈马元	英语	30.2
圣胡安	波多黎各	东加勒比海	美元	英语/西班牙语	391.6
圣托马斯	美属维京群岛	东加勒比海	美元	英语	10.8
圣马丁岛	荷兰/法国	东加勒比海	欧元	荷兰语/英语和法语/英语	7.3
安提瓜岛	安提瓜	东加勒比海	东加勒比海元	英语	6.8

巴哈马群岛

位于新普罗维登斯岛上的拿骚和弗里波特是巴哈马群岛的重要港口。2004年,拿骚接待的到港游客居世界第六位,弗里波特居世界第十六位(Wild and Dearing,2004a)。巴哈马是西班牙词语“Bar Mar”的派生词,意为浅海。这里有近700个小岛,很受欢迎,拥有阳光、海水和沙滩,自称“天堂群岛”。这里的沙滩备受游客推崇和欢迎,除了延绵数英里的白色或粉色的沙滩外,岛上还有很多好玩的地方。该群岛称是世界上第三大珊瑚礁,有包括鲨鱼和海豚在内的丰富多样的海洋生物。巴哈马人口30.2万(其中70%分布在新普罗维登斯岛),旅游从业人口占总就业人口的50%,50%的GDP或国民收入源自旅游业或旅游产品和旅游服务的销售。该群岛与英国有历史渊源,汽车靠左行驶即是例证,尽管很多汽车的驾驶座位于左侧(Bahamas Tourism Office,2005)。游客可在这些岛上进行购物、打高尔夫和赌博等活动(Dervaes,2003)。巴哈马群岛荣获2004年加勒比海地区首要目的地的殊荣(World Travel Awards,2004)。世界旅游奖每年颁发一次,由来自200多个不同国家的旅游代理商投票选出获奖者。

波多黎各

波多黎各的圣胡安既是一个停靠港(或目的地),也是一个基地港。双重角色使其成为世界上第七大到访游客最多的目的地(Wild and Dearing,2004a)。波多黎各被称为“魅力之岛”,拥有众多丰富多彩的吸引物,包括典型的热带海岸风光、多彩多样的自然景观以及丰富的文化遗产。岛上居民的文化背景复杂,其文化受非洲、西班牙、土著和美国等文化的影响。波多黎各的人口在400万以下,流通货币为美元,语言是英语和西班牙语(波多黎各旅游局,2005)。

美属维京群岛的圣托马斯

圣托马斯和岛上的港口夏洛特阿马利亚深受购物者的欢迎。经过几年的发展,该岛已成为主要的免税天堂,加上自然风光和岛屿的魅力,这里对游客产生了强大的吸引力(美属维京群岛旅游局,2005)。该岛已成为世界上排名第八大到访最频繁的港口(Wild and Dearing,2004a)。通往码头附近购物商场的交通很便捷,游客也可以享受诸如浮潜和水肺潜水等水上活动以及岸上活动(Dervaes,2003)。

圣马丁岛

菲利普斯堡是圣马丁岛的港口。该岛一半属荷兰,另一半属法国,因而具有两种国籍和风格。大多数邮轮停靠的菲利普斯堡属于荷兰。根据Wild & Dearing(2004a)的调查,该岛是世界上第九大到访港。游客可以在该岛享受沙滩活动、水上巡游活动以及文化体验(Mancini,2000)。

安提瓜岛

该岛是世界上第十八大到访港(Wild and Dearing,2004a)。安提瓜是一个葱郁的热带岛屿,还拥有引以为豪的历史景点尼尔森船坞以及一个18世纪的英国海军舰队基地(Mancini,2000)。该岛的浮潜和水肺潜水深受游客欢迎。据说还是加勒比海东部群岛中阳光最灿烂的岛屿之一(Antigua Barbuda Tourist Information,2005)。英语是岛上的第一语言。

其他加勒比海东部的港口也是有名的邮轮目的地,如托托拉岛、多米尼克、圣卢西亚、马提尼克岛和圣基茨等。

三、加勒比海西部

邮轮从佛罗里达州或休斯敦、加尔维斯顿和新奥尔良等港口到西加勒比海的交通非常方便(Mancini,2000)。另外,该区的行程安排还可以把墨西哥的一些地方作为目的地,例如,科苏梅尔(世界上第三大到访港)、坎昆、韦拉克鲁斯及坦皮科等地,从而可以设计出形式多样、风格迥异的邮轮航线(Wild and Dearing,2004a)。

基韦斯特

基韦斯特在美国最南端,被誉为"海螺共和国"。基韦斯特因众多艺术家、名流、总统和文学巨匠如恩斯特·海明威等而闻名(佛罗里达群岛和基韦斯特旅游业协会,2005)。佛罗里达群岛和基韦斯特是在20世纪80年代社会经济复苏之后才成为游客的必来之地。该一目的地是世界上第十大到访港(Wild and Dearing,2004a)。基韦斯特的文化旅游点,如恩斯特·海明威和田纳西·威廉姆斯的故居、前总统杜鲁门的"小白宫",都是游客游览的目的地,游客还可以购物,甚至在墨西哥湾深海垂钓。

开曼群岛

乔治城是开曼群岛的主要停靠港,也是世界上第五大到访港(Wild and Dearing,2004a)。该岛因为有机会与刺鳐同游而闻名遐迩,当然,游客还可以参观其他景点和享受其他体验。开曼群岛凭借可以围着珊瑚礁(这里生活着很多海洋生物)潜水而知名。大开曼群岛是世界上第一个海龟养殖场所在地,拥有蔚为壮观的石灰石和珊瑚礁,以及深受欢迎的7英里海滩(开曼群岛旅游局,2005)。

牙买加

牙买加是加勒比海地区第二大群岛国家，港口欧丘里欧在是世界上第十五大到访港(Wild and Dearing,2004a)。牙买加有大量的自然奇观，如邓恩河瀑布。邮轮游客可以攀爬瀑布，在蓝山远足探奇，进行海底或山洞游览(《游览牙买加》,2005)。游客选择的多样性反映了该区自然和文化资源的多样性。以已故的巴布·马里为象征的音乐在牙买加文化中占据重要地位。牙买加还是雷鬼音乐的发祥地，并以丰富的历史遗产为荣。

表 4.3　加勒比海西部旅游目的地概况

目的地	所在国家	所在地区	流通货币	语言	人口(人)
基韦斯特	美国	西加勒比海	美元	英语	24800
开曼群岛	开曼群岛	西加勒比海	开曼元	英语	44200
金斯敦	牙买加	西加勒比海	牙买加元	英语	2731800

四、加勒比海南部

该区的群岛位于与南美洲的委内瑞拉相距很近，其行程通常需要利用该区内的一个母港，如巴巴多斯和阿鲁巴，因而常被认为更具异域风情。许多去加勒比海南部的邮轮都是从东部的圣胡安出发，行程中包括了加勒比海东部和南部的港口。该区的气候是加勒比海最晴朗的。

巴巴多斯

乔治城是巴巴多斯岛上的港口，位于南加勒比海的东端。乡村有温柔而连绵起伏的山景，与一些火山岛形成鲜明对比。巴巴多斯有着很强的英国情结(Barbados Tourism Authority,2005)，以前是英国的殖民地(于 1996 年取得完全独立)。主要景点包括参观朗姆酒场、岛屿观光、水上运动以及美丽海滩。

库拉索岛

库拉索的首府是威廉斯塔德。库拉索岛是荷属安的列斯群岛的主岛。这里的建筑风格带有浓厚的荷兰遗风(Curacao Tourist Board,2005)。该岛的主要旅游活动包括购物、参观水下公园、水族馆或牡蛎养殖场等一系列的活动。

该区还有很多其他岛屿，包括博内尔岛、特立尼达拉岛和多巴哥。行程中可能也包括委内瑞拉的港口，如拉瓜伊拉(去加拉加斯或委内瑞拉)和卡塔赫纳。

表 4.4　南加勒比海旅游目的国概况

目的地	所在国家	所在地区	流通货币	语言	人口(人)
巴巴多斯	美国	南加勒比海	巴巴多斯元	英语	279200
库拉索岛	荷属安的列斯群岛	南加勒比海	荷兰安的列盾	荷兰语/英语	192000

五、欧洲和地中海地区

“9・11”事件发生后，世界邮轮经济发生转型，加勒比海地区从中受益，同时，欧洲和地中海地区(图 4.3)也随着紧张局势的缓和而保持指数增长(Wild and Dearing，2004b)。西班牙的巴塞罗那和帕尔马以及意大利的威尼斯在南欧到访港中名列前茅，这反映出一个趋势，那就是航线安排更加偏向地中海西部或亚得里亚海(Wild and Dearing，2004c)。由 Wild and Dearing(2004c)得知，英国的南安普敦因其明显的区位优势，已经崛起成为北部的主要港口，可以服务于不同航线，各种设施足以满足游客和邮轮的服务需求。

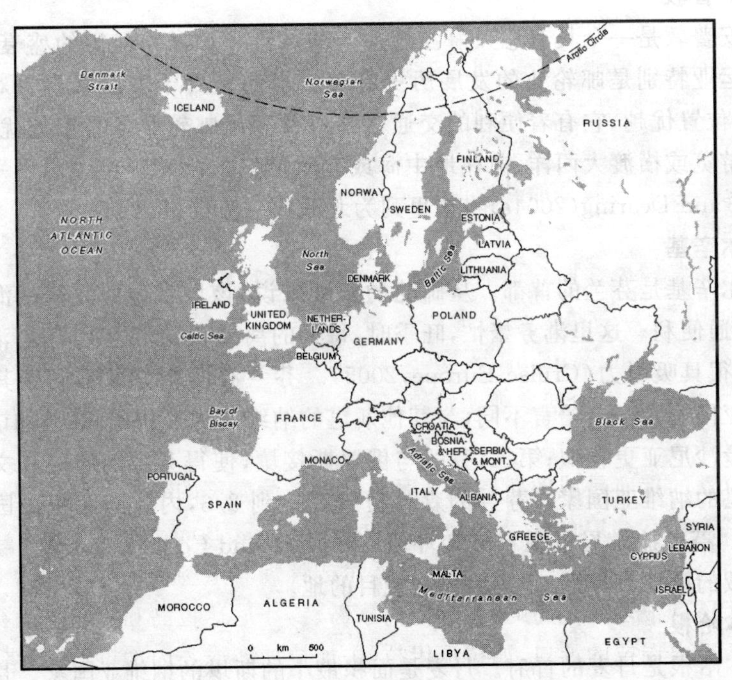

图 4.3　欧洲和地中海

六、北欧

该邮轮区有很多优势。对美国游客来说，他们对这里的主要城市的文化、地理和景区很熟悉(Mancini，2000)；对欧洲游客而言，他们从这里的母港出发很便利；这里的大部分国家和港口设施精良(Cruise Europe，2005)，能够满足最大邮轮的需求；很多邮轮品牌，如南安普敦的丘纳德和 P&O 邮轮，其根就在这里，事实上，从历史上看，英国是邮轮的发源地。

北欧适宜邮轮旅游的季节相对较短，但这里的港口很受欢迎，所以邮轮旅游集中在短暂的巡游季节(Wild and Dearing，2004c)。Wild and Dearing(2004c)指出，参与该区邮轮旅游的主要游客首先是北美游客，其次是英国游客，第三是德国游客。当邮轮公司在北欧开展营销活动时，他们会推出英伦岛、波罗的海、冰岛、北极和挪威北角、挪威峡湾和西欧(Wild and Dearing，2004b:17)。下面描述该区的几个主要目的地。

南安普敦

南安普敦是一个具有悠久海洋性遗产的城市。该城市经历的盛衰起伏，主要与航运业特别是邮轮业的发展历史有关。当前正处于发展状态。对伦敦来说，港口位置优越，它有着便利的交通联系以及满足邮轮服务需求的优良设施。本港为游览或横渡大西洋、前往地中海或北欧港口的邮轮提供了出发平台。因此，Wild and Dearing(2004c)将这里列为北欧的一流港口。

赫尔辛基

赫尔辛基是芬兰的首都。从邮轮的角度来说，该城市地处波罗的海的战略位置，交通便利。这里港务繁忙，旺季时，每天的离港轮渡多达 40 艘。港口靠近市中心，很具吸引力(Cruise Europe，2005)。芬兰有两个方面不同于其他斯堪的纳维亚国家：首先，语言不同，与其他斯堪的纳维亚国家相比，芬兰的语言跟俄罗斯和爱沙尼亚更相似；第二，芬兰与俄罗斯接壤，使得芬兰的历史和文化不同其他斯堪的纳维亚国家。芬兰的森林覆盖率达到 2/3，内陆湖面积占国土面积的 1/10。芬兰旅游局重视自然和环境(Boniface and Cooper，2005)。赫尔辛基是该区域的第二大母港，也是停靠港或目的地。

哥本哈根

哥本哈根是丹麦的首府。丹麦是面积最小的斯堪的纳维亚国家。哥本哈根是北欧第三大到访港，紧随赫尔辛基(Wild and Dearing，2004c)。哥本哈根因其夜总会和酒吧而闻名，也是一个重要的文化旅游目的地(Boniface and Cooper，2005)。嘉士伯啤酒厂位于该市，这里既是一个旅游景点，也是生产中心，还有举世闻名的欧洲最古老的娱乐中心蒂沃利公园。港区的雕像是小美人鱼，安徒生童话里的一个人物形象。哥本哈根在2004年被世界旅游大奖评为欧洲首选邮轮目的地(Cruise Europe，2005)。

圣彼得堡

在过去五年里，俄罗斯的圣彼得堡的邮轮游客数量迅速增长，2003年进港邮轮263艘，2004年预约进港邮轮达到313艘。圣彼得堡被认为是俄罗斯最美丽的城市(Boniface and Cooper，2005)，她既有历史景点也有文化景点，包括冬宫、前沙皇皇宫、马林斯基剧院、基洛夫芭蕾舞团的起源地、位于市郊的沙皇夏宫旧址以及俄罗斯最大的教堂圣以撒大教堂(Cruise Europe，2005)。

塔林

塔林是联合国教科文组织(UNESCO)的遗产名城，是爱沙尼亚的首都，自称是保存最完整的少数古城之一。塔林港的历史可追溯到10世纪，有证据表明，早在3500年前，这里就有人类定居点。这里景点很多，包括公园、历史建筑、宫殿和博物馆等(Cruise Europe，2005)。塔林是北欧第五大到访港口(Wild and Dearing，2004c)。

斯德哥尔摩

斯德哥尔摩是瑞典的首都，是北欧第六大到访港(Wild and Dearing，2004c)。瑞典拥有欧洲最大的未遭破坏的荒野(Boniface and Cooper，2005)。斯德哥尔摩市由一系列相互连接的岛屿组成，位于梅兰湖的一端。该市有很多旅游景点，包括博物馆、皇宫以及历史遗产。斯德哥尔摩市本身对游客也具有吸引力，这里有狭窄的步行街、好的购物商场和餐馆。

北欧的旅游季节很短，因为这里的恶劣天气从晚秋一直持续到次年早春，但是，港口很受欢迎，对游客也很友善。不管邮轮穿越挪威峡湾寻觅"午夜阳光之地"，还是在苏格兰北海岸的阿伯丁等待北极光的出现，乘客总会有很多难忘的时刻。

表4.5 北欧的旅游目的地概况

目的地	所在国家	所在地区	流通货币	语言	人口(人)
南安普敦	英国	北欧	英镑	英语	217500
赫尔辛基	芬兰	北欧	芬兰马克	芬兰语	1163000
哥本哈根	丹麦	北欧	丹麦克朗	丹麦语	1785000
圣彼得堡	俄罗斯	北欧	卢布	俄语	4645000
塔林	爱沙尼亚	北欧	克鲁恩	爱沙尼亚语	430000
斯德哥尔摩	瑞典	北欧	瑞典克朗	瑞典语	1500000

七、南欧

在邮轮旅游方面,该区包含地中海的东部和西部,可以通过许多港口进入多个国家。地中海气候夏季时间长,雨水稀少,阳光明媚,适于度假(Boniface and Cooper,2005)。该区有丰富多样的旅游吸引物,包括历史景点、精致的城市和滨海运动场,而且都在邮轮旅游的范围内(Mancini,2000)。港口和旅游吸引物之间的距离使邮轮旅游计划者在安排该区的航程时,能最好地掌握时间,能使燃油消耗最经济,还可发挥宽口径的供应网络的优势。

地中海地区很受邮轮旅游者的欢迎。美国游客可选择"豪华游"的方式游览欧洲,这里跨越国界方便,语言障碍最小,并能达到预期的舒适度。对美国游客来说,一个不利因素就是需要飞行很长的距离才能登船,虽然他们可以在多个到达机场之间进行选择,而且这些机场到基地港都很便捷。游客的另外一个顾虑就是靠近地中海的国家和地区的政局不稳。游客担忧的是,会通过变更航线而调整目的地——一个有助于提升邮轮旅游的受欢迎程度的因素。

英国和欧洲游客前往地中海相对比较方便。P&O 邮轮、丘纳德邮轮、撒加邮轮以及其他邮轮品牌,经营着多条从英国出发的邮轮航线。从地中海出发的其他邮轮离当地机场通常有 1~2 小时的飞行距离。重新评价地中海地区的季节可以延长平季(在旺季和淡季之间的时间)。

巴塞罗那

巴塞罗那位于地中海西部,是西班牙的一个城市,已成为该区最大的到访港(Wild and Dearing,2004c)。它不仅是一个重要的母港,还拥有很多旅游吸引物,因而城市本身也是一个旅游目的地。市内布满由建筑大师安东尼奥·高迪所设计的特色建筑,很多游客前往参观他未曾完成的教堂——赛格雷达(Sagrada)家族大教堂。兰布拉斯(Ramblas)有一条主要的步行街穿过市中心通往歌德区——巴塞罗那中世纪的核心(Boniface and Cooper,2005)。港口为乘客提供现代化的上下船设施,为邮轮和游客提供现代化码头设施和网络服务(Medcruise,2005)。

马略卡岛的帕尔马

帕尔马也是位于地中海西部的西班牙城市。马略卡岛是巴利阿里群岛的一部分,位于西班牙南部海岸不远的海面。巴利阿里群岛其他主要的岛屿有伊比沙岛和米诺卡岛,它们也是邮轮停靠港。米诺卡岛是著名的度假目的地,近年来，该港口已成为受欢迎的航空一邮轮一逗留旅游产品（Medcruise，2005），该岛为这种产品组合提供各种各样的度假地和住宿服务。帕尔马是马略卡岛的首府，是一个很吸引力的城市，临近海滩，具有典型的西班牙风格，拥有让人印象深刻的大教堂、多样化的购物选择和其他旅游吸引物。

威尼斯

威尼斯实际上位于亚得里亚海，而非地中海。这个意大利北部的城市有着悠久而动荡的历史，并且正在继续与自然和时间的破坏做斗争。然而，威尼斯的环境（setting）很特别，运河众多，没有车辆（car-free）。大级别邮轮漂过圣马克广场，广场傍边的总督宫和长方形的大教堂等古建筑，给人一种不协调的视觉效果。作为一个海上贸易中心，威尼斯有着深厚的海洋文化，并且一直以海为生。其优越的终端设施能为邮轮提供抵达、离开及进入旅游目的地的优质服务（Medcruise，2005）。最近，有人提议修建一个潮水堤坝，以应对由城市地表下沉（100 年内会下降 2 厘米）和上升海潮共同作用引起的洪水问题（BBC News，2003）。

那不勒斯

那不勒斯是一个意大利的城市，恰好处在罗马南面。这座城市被维苏威火山所笼罩。这座休眠火山给那不勒斯提供了一个最美妙的背景，也成就了该区的两个景点——挖掘出来的罗马遗迹——庞贝古城和赫库兰尼姆。从港口很容易通往这个看起来既活跃又混乱的大城市。这里是地中海第四大到访港，次于巴塞罗那、帕尔马和威尼斯（Wild and Dearing，2004c）。

奇维塔韦基亚

这个不太为人知晓的意大利港口是通往罗马的门户。罗马城是前往欧洲的游客"必看"之地。该市有经典废墟——真正的哺乳宙斯的羊角和建筑珍品，包括广场、罗马圆形剧场、梵蒂冈、圣彼得广场等，所有这些都洋溢着现代化都市的气息。尽管镇上也有火车站，提供准时而便捷的交通服务，但从奇维塔韦基亚到罗马，通常是乘坐出租车或巴士。港口所占区域很大，船只可以停靠在离港口门户很远的地方。游客乘坐公共汽车或班车或出租车就可到达市中心。

萨沃纳

萨沃纳位于意大利北部的利古里亚区，是地中海地区第七大到访港。嘉年华邮轮公司旗下的"科斯塔"号邮轮租赁了该市的现代化码头大厦，并充分利用这里的设施进行经营。萨沃纳位于意大利里维埃拉的心脏地带，里维埃拉有美丽的滨海小镇、壮观的海岸线以及很多其他旅游吸引物。

里窝那

里窝那是意大利一个繁忙的大港，通过提供货运、轮渡和邮轮交通来服务托斯卡纳周边地区。邮轮码头距市中心只有大约三分之一英里的距离。然而，对大多数游客来说，这可能是无关紧要的，因为重要的景点佛罗伦萨离该港约 55 英里(88 千米)。从港口也可去海滩、著名的酒厂区(托斯卡纳区以产酒闻名，其中包括我们熟悉的基安蒂红葡萄酒)，还有其他小城，如比萨、卢卡、圣吉米那诺、沃特拉和锡耶纳。

杜布罗夫尼克

杜布罗夫尼克是克罗地亚一个主要港口城市。尽管在 1991 到 1992 年的塞尔维亚－克罗地亚战争中遭受沉重轰炸，这个著名的有古老城墙的城市还是得到了完好的修复，使游客能够享受街区风景的体验。杜布罗夫尼克能给游客带来风格迥异的游览经历。城市本身就很有意思，拥有古老的城墙和堡垒、狭窄的人行道和历史意义的城镇建筑。周围的乡村和海岸线提供了丰富的地理、文化和休闲活动的混合景观。

比雷埃夫斯

比雷埃夫斯是希腊的一个港口，被誉为“雅典的奇维塔韦基亚”。比雷埃夫斯长期作为通往雅典的门户，因此既活跃又繁忙。港湾区域范围很大，能够停靠各种航运工具，如邮轮、货船、轮渡和水翼船等，这些航运工具将雅典和大陆本土与许多希腊边远岛屿连接在一起。2004 年的雅典奥运会使雅典及其周边区域的基础设施建设的投入可观。雅典也是邮轮游客的另一个重要目的地。该市有很多吸引游人的瑰宝，包括雅典卫城、巴台农神庙以及阿格拉或称集市(Boniface and Cooper，2005)。可从比雷埃夫斯坐出租车、公共汽车、旅游巴士和地铁抵达雅典。

圣托里尼岛

圣托里尼岛是一个希腊岛屿，属于爱琴海上基克拉迪岛屿群，离比雷埃夫斯约 130 英里。站在该岛的制高点，可尽揽壮丽景观，新月形的大陆一直延伸到大海。该岛原来是一座火山，火山的一部分崩塌到海底，于是便形成了现在的独特地形。有人称失落之城亚特兰迪斯位于圣托里尼岛。

罗德岛

罗德岛因“玫瑰之岛”而得名，古代历史和现代海滩以及阳光假日相互交织，构成了希腊一道亮丽风景线。罗德也是首府的名字，现在自身是一个与圣·约翰骑士(圣约翰骑士会是个宗教和军事组织，是在公元前 7 世纪为了参加圣岛战争而成立的)有密切历史联系的中世纪古城。

米克诺斯岛

米克诺斯岛是爱琴海上的另一希腊岛屿。这个只有 1.5 万人口的小岛在夏季时会发生变化，夏季有 80 万游客住在酒店、旅馆和其他旅游住宿设施内。米克诺斯的诱人之处在于主城镇的外观，蜿蜒的小街、白色的建筑，还有迷人的海岛风光。

地中海拥有很多特别值得一看的目的地和港口。该区的魅力以及历史和文化价值，对很多邮轮游客产生了巨大的吸引力。有的游客与该区有祖辈上的联系，有些则是来此求学和丰富自身文化内涵的，还有一些是被美丽的风景和乡村所吸引的，或者是喜欢这里的气候。事实上，有很多人来此是为了寻求所有这些特色。

表 4.6　南欧的旅游目的地概况

目的地	所在国家	所在地区	流通货币	语言	人口(人)
巴塞罗那	西班牙	西欧	欧元	西班牙语	1500000
帕尔马	马略卡岛	西欧	欧元	西班牙语	325000
威尼斯	意大利	亚得里亚海	欧元	意大利语	63000(中心)
那不勒斯	意大利	西欧	欧元	意大利语	1000000
奇维塔韦基亚	意大利	西欧	欧元	意大利语	50100
萨沃纳	意大利	西欧	欧元	意大利语	62000
里窝那	意大利	西欧	欧元	意大利语	170000
杜布罗夫尼克	克罗地亚	亚得里亚海	库纳	克罗地亚语	43770
比雷埃夫斯	希腊	东欧	欧元	希腊语	182671
圣托里尼岛	希腊	东欧	欧元	希腊语	10000
罗德岛	希腊	东欧	欧元	希腊语	10000
米克诺斯岛	希腊	东欧	欧元	希腊语	11000

八、北美

北美有很多可供美国游客参加邮轮旅行和海外游客参加航空－邮轮旅游的出发港，在有些情况下，这些港口也是美国邮轮和邮轮公司的母港。此外，为满足游客游览文化和地理景点的需求，邮轮行程也可以从美国和加拿大的港口出发。无论邮轮的旗帜或注册国如何，因为有美国港口卫生官员的行动，从港口卫生的立场出发，对到访美国港口的邮轮进行检查具有重要意义(在其他地方要经过很深入的检查)(见图 4.4)。

北美是世界上最大的邮轮市场。受国外安全问题的影响，从美国港口上邮轮的游客数量显著增加。在世界上排名前五名的邮轮目的地中(Wild and Dearing,2004a),迈阿密和埃弗格雷斯港分别名列第一和第二位,卡纳维拉尔位居第四。这三个港口都在佛罗里达州。通过增强其在美国的经营支持,以及为合并的邮轮品牌提供网络因而产生规模经济,邮轮公司获益不少。此外,邮轮公司在经营中实现横向和纵向的整合:在邮轮产业中,横向整合可以通过在多个细分市场上战略性地使用不同的品牌来实现;纵向整合可以通过平行经营的所有者产生协同作用并获得收益,如整合岸上观光、旅行代理商和码头经营等。下面是一些重要的北美港口的概要介绍。

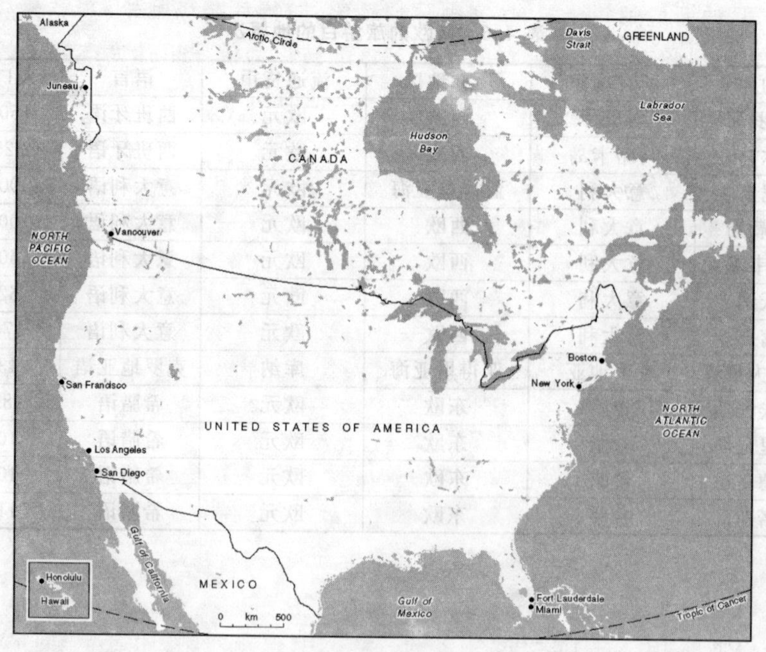

图 4.4 美国

迈阿密

位于道奇岛上的迈阿密是美国最为繁忙的港口。就本身而言,迈阿密是嘉年华邮轮、挪威邮轮、皇家加勒比国际、大洋洲邮轮和风帆水手赤脚邮轮的母港。该港口拥有世界上最先进的设备,不同类型的邮轮可以灵活使用指定的八个停靠码头。除了接待上船的游客,该港口也为抵达迈阿密的游客提供便利,包括多种类型的短程旅游(远足)。也接待那些在迈阿密市逗留一天左右的乘客(Port of Miami,2005)。邮轮可能前往许多地方,但主要是前往加勒比海。

埃弗格雷斯港

埃弗格雷斯港靠近劳德代尔堡机场,对那些先坐飞机再乘邮轮的游客相对比较容易转换，这类游客主要去加勒比海。埃弗格雷斯港是世界上排名第二位的港口，接待过很多邮轮品牌，包括嘉年华、名人、科斯塔、水晶、丘纳德、荷美、帝国皇家、地中海航运、东方、公主号、拉迪森七海、富豪、皇家加勒比国际、皇家奥林匹克、海角和银海等邮轮。港口也提供很多岸上观光活动（见第五章）（Port Everglades，2005）。

卡纳维拉尔港

卡纳维拉尔港有六个邮轮码头，还有两个在建中的码头。该港口是嘉年华邮轮公司、迪斯尼邮轮公司、皇家国际加勒比、斯特林赌场邮轮、圣克鲁兹邮轮，荷美邮轮公司和挪威邮轮公司的本部。该港被称为佛罗里达太空海岸，游客有机会参观肯尼迪航空航天中心或进行很多其他活动。

朱诺

朱诺港为游客提供参观阿拉斯加的季节性的（5～9 月）景点。这里曾是一座淘金热的城市，后来成为阿拉斯加的首府。作为一个邮轮目的地，该市使游客有机会探索该区的采矿遗址，参加户外活动，游览冰川，观看鲸鱼，甚至体验狗拉雪橇。游客可以坐直升机去参加冰川游。该市不仅是一个为了看自然景观而设立的出发港，还以精良的冰川艺术以及优质服务的餐馆为荣。大部分瞄准美国市场的重要邮轮品牌都驶向朱诺。

科奇坎

科奇坎是阿拉斯加最南端的城市。尽管平均降水很多，但仍可开展很多户外消遣活动，包括皮划艇，远足跋涉，参观国家公园、湖泊和森林。该市是本土文化的中心，拥有很多相关的博物馆和旅游景点。

洛杉矶

洛杉矶是 1977 年到 1986 年之间放映的电视系列剧《船之恋》的最初发源地。洛杉矶以其丰富的旅游景点而出名，包括好莱坞、迪士尼乐园和环球影视制作中心。该市的世界邮轮中心能够满足最大的邮轮的到访需求（Cruise the West，2005）。

长滩

长滩的经营规模正在快速接近其临近港洛杉矶港（Wild and Dearing，2004a）。嘉年华公司在这里有一个码头，很多邮轮品牌都把长滩当作出发港和母港。从该港出发的行程包括下加利福尼亚、墨西哥的里维埃拉和阿拉斯加。

坦帕

坦帕接待的游客数量是迈阿密的四分之一（Wild and Dearing，2004a）。位于佛罗里达的坦帕发展迅速，并吸引了很多顶级的邮轮品牌，包括嘉年华邮轮、荷美邮轮、皇家加勒比邮轮和名人邮轮。该港开发良好，很受游客欢迎，滨水中心城区和多种短途旅游丰富了游客的经历。

该区还有其他接待港，包括温哥华、新奥尔良、加尔维斯敦、史凯威(阿拉斯加)、纽约、新泽西、波士顿、旧金山、费城和西雅图等。由于竞争很激烈而且越来越激烈，加上近年的增长趋势，所以很多港口正在进入蓬勃发展期(Mott，2004)。

表 4.7 北美旅游目的地概况

目的地	所在国家	所在地区	流通货币	语言	人口(人)
迈阿密	美国	北美	美元	英语	3876000
埃弗格雷斯港	美国	北美	美元	英语	40000
卡纳维拉尔	美国	北美	美元	英语	15000
朱诺	美国	阿拉斯加	美元	英语	30850
科奇坎	美国	阿拉斯加	美元	英语	8000
洛杉矶	美国	北美	美元	英语	3800000
长滩	美国	北美	美元	英语	461500
坦帕	美国	北美	美元	英语	303500

九、大洋洲和南太平洋

大洋洲是一片宽阔的海路区域，包括澳大拉西亚(澳大利亚、新西兰和亚洲)以及太平洋上的群岛。该邮轮区有多种多样的选择，从充满文化活力和亚洲异域风情的港口，如印度尼西亚、马来西亚、菲律宾、新加坡、泰国、印度、越南、中国、中国香港、日本、斯里兰卡和马尔代夫，到太平洋上的热带岛屿，如塔希提岛、斐济、巴布亚新几内亚、新喀里多尼亚、瓦努阿图、萨摩亚、汤加以及库克群岛。澳大利亚的悉尼、墨尔本和弗里曼特尔等城市以及其独特的海岸、滨海度假地和乡村景观很有魅力(Cruise Down Under，2004)。新西兰还沐浴于《指环王》的光环里，《指环王》已成功拍摄上映了三部。公众对故事片的关注也增加了游客对新西兰的兴趣，这可以从到访奥克兰和惠灵顿的邮轮数量的增长情况明显地看出来。

本区位于南半球，所以其季节与北半球相反。因此，澳大利亚和南太平洋的夏季巡游季节从 11 月持续到次年 4 月(Mancini，2000)。随着中国和印度等新经济体的出现，这片广袤的区域很可能会持续增长，因为新的消费市场和新的相对便利的邮轮航线为这一区域带来了机遇(见图 4.5)。

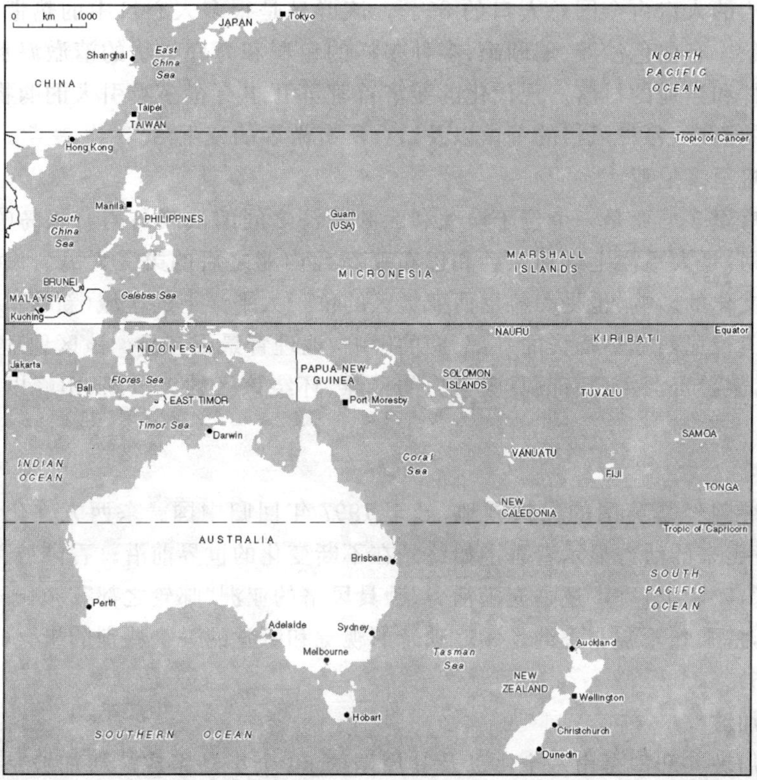

图 4.5　大洋洲和南太平洋

悉尼

悉尼可能是澳大利亚知名度最高的城市，尽管它不是首都（首都是堪培拉）。该市风景如画，拥有港口、悉尼歌剧院、悉尼港大桥，这些都在新千年庆典时通过世界媒体进行了公开而且成功的宣传。悉尼有两个邮轮港——在环形码头的海外游客港和在达令海港 8 号码头的游客港——都很接近该市的旅游景点（悉尼港，2005）。

奥克兰

奥克兰是新西兰北岛最大的城市。它被诗意般的海岛和美丽风光所环绕。该市既是国际化大都市，又很接近大自然，通往火山区、热带雨林、海滩以及城市的旅游景点的交通都很便利。这里包括波利尼西亚文化和毛利文化，体现在居民、地名、历史和该区的遗产上。

斐济

斐济由南太平洋 300 多个岛屿组成，人口约 89.3 万。维提瓦努阿岛这两个最大岛屿的人口占全国总人口的 80%。该群岛是很多人心目中的热带海岛的典型形象。有白色沙滩、珊瑚礁、多种多样的鱼群和海底生物的清澈海水，还有热带雨林和当地的村落。现代化的斐济首都苏瓦也有很多吸引人的购物设施、现代化的酒店、各种风格的餐馆以及适合所有游客的夜生活。

新喀里多尼亚

新喀里多尼亚是一个位于澳大利亚和斐济之间的法属岛屿。该岛（其首府为努美阿）是太平洋上继新西兰和巴布亚新几内亚之后的第三大岛。该区域既受法国文化的影响，也受美拉尼西亚地区的位于太平洋上的区域（新喀里多尼亚群岛是美拉尼西亚岛屿群的一部分）的影响，地理背景很有趣。该区地理充满热带特色，旅游资源主要有颇具吸引力的沙滩、环绕该区的大泄湖、山峰以及热带雨林。

香港

香港曾经是英国的保护领地，已于 1997 年回归中国。东西方文化在此交融，焕发出来的活力显示着香港始终站在不断变化的世界前沿。香港被称为“购物天堂”，实际上，香港还是充满活力、独具风格的亚洲“邮轮之都”。对于西方游客来说，搭乘邮轮游览香港是领略独特的视觉和听觉的一个特别的机会（香港旅游，2005）。

新加坡

新加坡共和国是由一个主岛及其周围的 63 个小岛组成。新加坡是一个经济发展成功的国家，现代化气息、多元文化以及热情友善是新加坡引以为豪的几个方面。游客可以体验花园、摩天大楼、著名的莱佛士酒店（新加坡冷饮的发源地）、强烈的时尚感以及重视技术应用的社区。

表 4.8 大洋洲和南太平洋邮轮目的地概况

目的地	所在国家	所在地区	流通货币	语言	人口(人)
悉尼	澳大利亚	澳洲	澳元	英语	3879400
奥克兰	新西兰	澳洲	新西兰元	英语	367700
斐济	斐济	南太平洋	斐济元	英语	893000
新喀里多尼亚	新喀里多尼亚	南太平洋	法郎	法语	216000
香港	中国	东南亚	港元	汉语(粤语)和英语	6898600
新加坡	新加坡	东南亚	新加坡元	汉语、英语、马来语、闽南话和粤语	4425700

十、其他邮轮目的地

前面是对邮轮旅游区的简要描述，当然，这种描述是存在瑕疵的，因为仅仅是从邮轮航线选择的层面进行描述。毫无疑问，进一步的研究还将会揭示出许多本章未提到的、但在邮轮航线中仍占有一定地位的一些目的地。本章的结尾部分为读者给出了有助于这一项研究的相关链接。

此外，到目前为止，还有一些值得重视的目的地，由于地理原因仍被忽视。比如，关于非洲和非洲近海的岛屿尚未提到，如加那利群岛、毛里求斯和塞舌尔；南美的也被忽略了，尽管这个大陆有明显的吸引力和丰富的旅游吸引物。以下将提到这些区域的一些港口，以提升对这些港口潜力的关注度。

大西洋群岛

一系列重要的火山岛是北半球邮轮航线的一部分。这些岛屿或群岛包括加纳利群岛、马德拉群岛和亚速尔群岛等。尽管加纳利群岛的特尼里弗、兰萨罗特、大加纳利、富埃特文图拉是西班牙管辖的岛屿，但它们在欧盟(EU)的司法管辖权之外，这就意味着在欧盟注册的邮轮在此有机会售卖免税酒。在欧盟注册的邮轮，如果其航线中的目的地或港口属于欧盟成员国，则不能销售免税酒。马德拉群岛和亚速尔群岛是葡萄牙的海岛，其中，加纳利群岛相对靠近北非海岸线，全年气候温和；马德拉群岛的气候与加纳利群岛相似，是颇受邮轮游客欢迎的邮轮目的地，在这里，游客可以享受青翠葱郁的风景和其首府丰沙尔的魅力。亚速尔群岛则具有不同于上述二者的风格，宁静而相对偏远。对于横渡大西洋的邮轮来说，这些岛屿曾经是很便利的停靠点，但是现在由于后勤保障能力的提高，大大降低了对这些岛屿的依赖，因而停靠这些岛屿的频率也降低了不少(Boniface and Cooper，2005)。

里约热内卢

一提到里约热内卢这个巴西的重要城市，就会让人联想到闻名于世的、位于科科瓦多山顶的、俯瞰着整个里约热内卢市的基督像。科帕卡巴纳(Copacabana)沙滩和依帕内玛(Ipanema)沙滩是游客和当地人有名的娱乐场所。里约热内卢是巴西人民热情奔放的代表，这在他们的音乐、舞蹈和节日中展现得淋漓尽致。

布宜诺斯艾利斯

布宜诺斯艾利斯是阿根廷的首府。乐观和自豪的布宜诺斯艾利斯拥有广为人知的历史。布宜诺斯艾利斯的建筑遗迹具有欧洲风格,深受英国、法国、意大利和西班牙的影响。其博物馆、剧院和美术馆则体现了当地文化的影响。这个民族与探戈有深厚的不解之缘,探戈舞富有激情和戏剧色彩(Boniface and Cooper,2005)。

加拉帕戈斯群岛

加拉帕戈斯群岛是太平洋上厄瓜多尔群岛的一部分。尽管大部分都是贫瘠之地,但由于其独特的生态系统,这些小岛是备受欢迎的邮轮目的地。这里的水很冷,但因位于赤道,所以陆地和海洋生物种类繁多。这里没有天然的肉食动物,所以大海龟、海洋鬣蜥、企鹅和海狮等本土动物天生不怕人。这里的生态环境极为脆弱和敏感,要求过往的邮轮和游客极度小心(Boniface and Cooper,2005),从而把对该地环境的影响降至最低。

开普敦

开普敦是南非的首都,位于来自大西洋的暖流和北上的寒流的交汇处。开普敦是天然良港,是一个优秀的目的地,游客在这里有很多选择,包括热情好客的当地居民、风景优美的桌山、有名的当地葡萄园和海滩。

塞舌尔群岛

印度洋上的塞舌尔群岛是风光旖旎的美丽群岛。洁净的沙滩、清澈的海水、高大的棕榈树、花岗岩点缀的海滩,使得塞舌尔成为一个休闲邮轮停靠港。由于远离大陆,这些岛屿上的动植物都很独特。邮轮游客更喜欢去其主岛马希。

巴拿马运河

巴拿马运河本身不是一个游览目的地,但因为它是连接大西洋和太平洋极为重要的通道,对游客来说,也是一次不凡的经历。1914 年,第一批船舶通过这条运河,从那以后,经营权一直被美国所控制,直到 1999 年才归还巴拿马政府。为调整不同海域和运河的水位,巴拿马运河设有三个水闸,通常,船只从运河的一边到另一边需要花 8~10 个小时。运河上航行的船只最宽不能超过 32.3 米,吃水深度不能超过 12 米,船长不能超过 394.1 米(取决于船只的类型)。

苏伊士运河

苏伊士运河于 1869 年开始运营,是连接地中海和印度洋的通道。通过这条捷径,船只可以避免绕道好望角所产生的危险和长距离的航行。自运河开始运营以来,除偶尔战时关闭,该运河已经成为世界上最重要的商道之一(Boniface and Cooper,2005)。运河可通航最高吨级为 15 万 GRT、吃水深度不超过 15 米的船舶,规划到 2010 年吃水深度提高到 20 米。

表 4.9 世界其他的邮轮目的地概况(人口的数据只是大概)

目的地	所在国家	所在地区	流通货币	语言	人口(人)
加纳利	西班牙	大西洋	欧元	西班牙语	1672600
马德拉群岛	葡萄牙	大西洋	欧元	葡萄牙语	245000
亚速尔群岛	葡萄牙	大西洋	欧元	葡萄牙语	237000
里约热内卢	巴西	南美	里亚尔	葡萄牙语	5093000
布宜诺斯艾利斯	阿根廷	南美	阿根廷比索	西班牙语	11928000
加拉帕戈斯群岛	厄瓜多尔	太平洋	美元	西班牙语	18000
开普敦	南非	非洲	兰特	祖鲁语和英语	3092000
塞舌尔	塞舌尔	印度洋	塞舌尔卢布	法语和英语	81100
巴拿马运河	巴拿马	南美	美元	西班牙语和英语	3039000
苏伊士运河	埃及	非洲	埃及镑	阿拉伯语	469500

归纳与总结

本章阐述了主要的邮轮旅游区,并简要介绍了许多邮轮旅游目的地。关于目的地的相关内容非常多,但作为基础类书籍,本书不可能面面俱到地涵盖所有内容,因此建议读者自己去更加深入地研究和探讨邮轮旅游目的地和旅游区的相关内容。这方面的资源很丰富,包括旅游网站、地理教材和旅游指南等。

邮轮业给目的地带来了良好的商机,但也会带来一些代价。这些代价可能是随着前往游览的人数的增加,需要对当地人进行“包装”,这样就破坏了文化体验,并有可能产生污染并对生态环境造成影响。这些问题可以从邮轮业对目的地的积极和消极影响的平衡的角度进行进一步检验。

以下的两个案例研究的目的在于引发讨论和拓宽对旅游目的地的理解。第一个案例是“西南目的地”,讲的是为促进英国西南部邮轮旅游的区域推广活动。第二个案例评析了一些邮轮公司为购买和经营私属岛屿所采取的行动。

案例研究:推销英国西南部

那些希望对蓬勃发展的邮轮业进行投资的度假区可以通过研究“西南目的地”的案例获得收获。这次推广活动是英国西南部八个港口(伊尔弗勒科姆、托贝、达特茅斯、普利茅斯、福韦、法尔茅斯、彭赞斯和锡利群岛)的联合推广活动,得到了欧洲区域发展社会基金和来自郡县及当地委员会的配套基金、国家旅游机构、“伊甸园”项目区等旅游景区、康沃尔郡国家海事博物馆、国民托管组织、不列颠皇家海军学院和港口(总共21个公共和私人合作伙伴)的联合支持。这项基金支持新的旨在发展和扩展来港的邮轮数量的合作关系。

鲍勃·哈里森,一个有30年行业经历的资深教授,负责协调西南目的地海上和岸上的合作。哈里森被任命为邮轮运营总负责人,他运用他的专业知识和关系,与参与航线设计的高级经理沟通,他对邮轮乘客的经历和需求的洞察弥足珍贵。他也意识到,要针对邮轮总经理在设计行程时所面临的困难适当调整他的战略。

这个斥资23万英镑、历时三年的项目于2002年2月启动。西南目的地首先建立了一个含有大量信息的网站 http://www.destinationsouthwest.co.uk。访问者通过点击这个网站上的港口名字可以获得大量信息,包括能确定什么邮轮到港及何时停靠等信息的邮轮日历、航海图、城镇图、岸上观光建议、一些景点的视频短片、供游客登陆的港区的360°全景摄影、港口和旅游景点之间的空间距离及时间距离。这些有利于航线设计者做决策的信息被刻录成DVD,从而为直销提供简单易用的参考信息,并在展销会上赠送。网站和DVD用德文和英文编辑制作,主要针对美国和德国的邮轮旅游客源市场。

有很多问题。纽约恐怖袭击、2003年英国爆发的口蹄疫以及非典(SARS)等突发事件都会影响潜在游客的购买决策。在很多情况下,这些重大事件的真相被误传了。去康沃尔的一个港口的游客无意中听到有人问是不是购买羊毛衫就以为有患口蹄疫的风险。

荷美、公主、丘纳德和海上目的地等邮轮公司都喜欢统一包装的方式。项目结果显示,来该区港口停靠的邮轮已从2001年的10艘增加到2004年的106艘。各方面一致认为,这是一个戏剧性地增长。该区还有些港口提供泊位让船只能够停靠。事实上,最繁忙的港口法尔茅斯就有这种设备。尽管事实上很多邮轮品牌把这种登岸方式包括在整个邮轮体验之内,但哈里森认为,游客希望尽量少采用快艇转运(用快艇把游客从邮轮运送到岸上)的方式,他认为,在一次巡游过程中,超过两次快艇转运就已经太多了,原因包括:游客很反感耽误他们的时间,在海面不平静时可能造成不适,因安保和后勤因素而引起两头排队。西南目的地的经营业务包括21个进出港。一个进出港是指邮轮从此出发和并最后返回来的港口。据报道,达特茅斯有一个进出港,而法尔茅斯经营着20个进出港。"梵高"号邮轮的进出港在法尔茅斯,其航线是前往地中海、加纳利群岛和加勒比海。

哈里森还描述了对爱尔兰北部的科克的游客花费的近期研究。他援引了这一研究结果,因为他相信科克的邮轮和在英国西南部项目的邮轮有很多共同之处。研究表明,每名游客花费197英镑,而船员花费稍微少些。然而在花费水平方面也有不同的观点，因为有的数据表明，有时候船员的花费实际上比一些游客还要多。这可通过港口人员配备类型来解释。为保证邮轮在港口的安全，必须有最低数量的船员留在船上。因此，船员并不是在每次停靠时都能上岸，所以当上岸时，他们会有更大的花费。哈里森估计，邮轮游客在英国西南部的花费为1670万英镑，而船员花费为170万英镑。该项目共创造1840万英镑的收入，28.5万英镑的的财政收入，相当于为当地社区创造了438个就业岗位。当邮轮抵达法尔茅斯港时，当地的百货公司——麦克斯和斯潘塞，会招聘额外的员工。这一项目已吸引了知名度高的邮轮与港口建立合作关系，从而对提升港口形象大有裨益。当"世界"号邮轮访问法尔茅斯时，有2000人站在海岬上目送其驶出港口。

那么，是如何实现如此成功的呢？网站建设很重要。信息质量和使用方便是最基本的。英国西南目的地对邮轮业及其需求十分了解。这项计划采用企业对企业(B2B)的营销模式。决策者的个人联络也是很重要，这包括增进关系和鼓励游客到本区来旅游。积极参加贸易和旅行会议也很关键，因为它是展示西南目的地的机会。《贝立兹巡游指南》一书的作者道格拉斯·沃德，被指定为项目的名誉主席，这个联系也很有用，因为这样可以增强人际网络联系和提升该项目的知名度。这项行动有助于提高邮轮旅游的支持水平、对游客的接待质量以及对游客服务的全面关注。以托贝港为例，该港在商场使用流动购物手推车，市长亲自去欢迎游客的到来。在其他港口，如法尔茅斯和普利茅斯，为游客提供便捷旅游信息展示站以便游客咨询。

当地影响其经营业务的不利因素包括：渡船经营者竞争泊位而引发的冲突、在一定的潮汐期和时间段里因港口水深不够而抑制邮轮的移动和进入。这项计划有助于延长旅游时间，并有助于吸引很多来自美国、欧洲和英国的游客来该区旅游。游轮旅游的发展潜力在持续扩展。客运班轮协会(PSA)表示，2003年到2004年，来英国旅游的游客数量增长了37%，是世界上增长最快的市场。英国西南部的潜力很大。即便是天气通常被一些人认为是很扫兴的事情，但在很多美国游客看来，这是一次很有吸引力的体验和经历。当地政府部门对此项计划很满意，并决定要把期限再延长两年。尽管投资水平很低，但是，争取成员们多投资的努力是持续的。该区从协调行动中受益颇丰。那些竞争中没有行动的港口可以通过合作获利。哈里森认为，邮轮旅游业的发展是每个港口的事情，所面临的挑战是告诉那些没有认识到这一点的港口。

下一个案例研究是阐述一个国家的一个区域是怎样制定计划来发展和保持邮轮旅游业持续增长的。

案例研究问题

1. 思考引起这项行动获得成功的关键措施和重要因素。

2. 这个计划的风险是什么？结合下列因素，考虑他们是如何应对的？

a. 邻港之间的内部竞争

b. 确保港口作为邮轮目的地仍具吸引力

c. 保证计划实施的财力保障

案例研究：私人海滩作为停靠港

私人海滩，例如那些在加勒比海或巴哈马群岛被品牌邮轮所有或租赁的海滩，是附近受欢迎的停靠港的一个不错的选择。通常，私人海滩位于岛礁上，岛礁(Cay)是小岛的当地名，是从单词“Key”派生出来的（如 Key West，凯威斯特）。岩礁是很小、地势很低的岛屿，主要由珊瑚和沙子组成。很多品牌邮轮公司参与这样的投资，如迪斯尼、公主邮轮、挪威邮轮、荷美邮轮、科斯塔邮轮、皇家加勒比（有 2 个岛屿）以及埃德森 7 家邮轮公司。

但是拥有私人海滩港口有哪些利弊呢？大部分岛屿受地理位置和设施的限制，因此需要船停泊在离海岸不远的地方，然后游客坐渡船前往岛屿码头。尽管这种转移会给那些带小孩的乘客或残疾人带来不便，但可以给邮轮旅游增加兴奋因子。私人岩礁或海滩的理念会对游客产生吸引力，或许是由于暗示的浪漫，或者是因为这一理念能给某些游客带有尊贵和独特的利益。

游览这些岛礁的行程安排通常都是早上抵达，傍晚离开。这样可以优化对岩礁的利用，还允许公司建设附加服务设施，如烧烤、水上运动和有组织的游戏和活动。反过来，这些活动和设施还能为公司创造收入。可以安排皮划艇、航海、浮潜、深水潜水以及很多儿童游乐项目。此外，有些公司还安排一些特别的活动，如在私人房间里安排按摩（迪斯尼公司和荷美邮轮公司），科斯塔邮轮则安排了“海鲜牛排套餐”。皇家加勒比公司还造了一艘仿制的西班牙大型帆船，还在占地 140 英亩的巴哈马可可湾水域沉没一架小飞机，供浮潜和深水潜水者游玩。

服务可由邮轮公司提供，或分销给当地雇员或承包商。服务处于邮轮管理的质量保证和控制之下，在有些情况下，船员要到岸边迎接顾客以提供无微不至的服务。除了通过这种方式来开发他们的“产品”外，邮轮公司还在一些热点目的地引入“沙滩俱乐部”，并由邮轮公司直接管理经营或部分承包。

有些观察员批评这种方式(Robertson，2004)，指出，不论是在船上还是游览那些生态脆弱的海岛，游客产生的环境问题和废物量问题都非常重要，亟待进一步的检验。此外,还有观点提出了与加勒比海和巴哈马群岛这些度假地相关的邮轮公司的道德立场问题。邮轮公司在岛上销售产品和服务赚取大量收入,但据称,这样做对加勒比海当地贸易的直接贡献产生了削弱作用(Robertson, 2004)。

案例研究问题

1. 以下不同的利益相关者的主要优势和劣势是什么:油轮公司,当地居民,游客,相关部门?

2. 在一定程度上,这种开发度假地的方式被批评为“飞地旅游”,在这里,通过设置障碍将游客与当地环境隔离,目的是保护游客并使他们有良好的旅游体验(Boniface and Cooper,2005)。为什么这样说,有什么含义?

术语表

群岛:很多岛屿的组合。

免税:拥有在售卖产品时无需收取任何国家税的权利。

DVD:数字视频光盘(Digital Video Disc)。

国内生产总值(GDP):一国生产的产品和服务的总值。

停泊费:进入目的地港口时,向邮轮上每位乘客征收的费用。

非典(SARS):严重急性呼吸综合症。

本章复习题

1. 主要的邮轮区有哪些?

2. 定义邮轮目的地的重要因素是什么?

3. 天气在邮轮目的地发挥什么作用?

4. 次级和新兴的邮轮区有哪些?

补充阅读及更多信息来源

http://www.cruising.org/planyourcruise/resources.cfm—links to tourist organizations

http://www.cybercruises.com/cruiseports.htm—links to port authorities and consortia

http://www.port-of-call.com/Portsofcallv2/default.asp—French ports of call

参考文献

Antigua Barbuda Tourist Information (2005), Antigua and Barbuda. Retrieved 13 April 2005, from http://www.antigua—barbuda.org/

Aruba Cruise Tourism (2005), Aruba Cruise Passengers. Retrieved 2 Aug 2005, from http://www.arubaby cruise.com/stats/index.html

Bahamas Tourism Office (2005), Experience the Bahamas. Retrieved 13 April 2005, from http://www.bahamas.com/bahamas/

Bansal, H., and Eiselt, H. A. (2004), Exploratory research of tourist motivations and planning. *Tourism Management*, 25(3), 387—396.

Barbados Tourism Authority (2005), Barbados. Retrieved 13 April 2005, from http://www.barbados.org/

BBC News (2003), Venice launches antiflood project. Retrieved 2 Aug 2005, from http://news.bbc.co.uk/2/hi/europe/3026275.stm

BBC News (3 March 2004), Crisis in Haiti, from http://news.bbc.co.uk/1/hi/world/americas/3378671.stm

Boniface, B., and Cooper, C. (2005), *Worldwide destinations* (4th ed.). Oxford: Butterworth Heinemann.

Burton, R. (1995), Travel Geography (2nd ed.). London: Pitman.

Caribbean Tourism Organization (2005), Caribbean—everything you want it to be. Retrieved 11 April, 2005, from http://www.doitcaribbean.com/cruising/

Cayman Islands Department of Tourism (2005), Cayman Islands— close to home, far from expected. Retrieved 13 April 2005, from http://www.caymanislands.ky/

CIA (2005), Aruba: World Fact Book. Retrieved 2 Aug 2005, from http://www.cia.gov/cia/ publications/factbook/geos/aa.html#People

CLIA (2005), Bahamas and the Caribbean. Retrieved 11 April 2005, from http://www.cruising.org/ planyourcruise/wwdest/destination.cfm? ID=7

Cruise Down Under (2004), News. Retrieved 27 April 2005, from http://www.cruisedownunder.com

Cruise Europe (2005), Webpage. Retrieved 20 April 2005, from http://www.cruiseeurope.com/

Cruise the West (2005), Cruise partnership. Retrieved 27 April 2005, from http://www. cruisethewest. com

Curaao Tourist Board (2005), Cura. ao. Retrieved 13 April 2005, from http://www. curacao－tourism. com/

Dervaes, C. (2003), *Selling the sea* (2nd ed.). New York: Thomson.

Florida Keys and Key West Tourism Association (2005), Florida Keys and Key West. Retrieved 13 April 2005, from http://www. fla－keys. com/

Gibson, P. (2004), Life and learning in further education: constructing the circumstantial curriculum, *Journal of Further and Higher Education*, (28), 333－346.

Hong Kong Tourism (2005), All about Hong Kong. Retrieved 27 April 2005, from http://www. discover hongkong. com/eng/mustknow/index. jhtml

Mancini, M. (2000), *Cruising: A guide to the cruise line industry*. Albany NY: Delmar.

Medcruise (2005), Cruising in the Mediterranean. Retrieved 23 April 2005, from http://www. medcruise. com

Mott, D. (2004), Home comforts. *Lloyd's Cruise International*, 17－19.

Port Canaveral (2005), Cruising from Port Canaveral. Retrieved 27 April 2005, from http://www. portcanaveral. org/

Port Everglades (2005), For travel professionals. Retrieved 27 April 2005, from http://www. sunny. org/ travelagents/index. cfm

Port of Miami (2005), Cruise. Retrieved 27 April 2005, from http://www. miamidade. gov/ portofmiami/cruise. asp

Puerto Rico Tourist Office (2005), Go to Puerto Rico. Retrieved 13 April 2004, from http://www. gotopuertorico. com

Rees, R. (1992), *Mitchell Beazley's family encyclopedia of nature*. London: Mitchell Beazley.

Robertson, G. (2004), Cruise ship tourism. Retrieved 29 April 2005, from http://www. lighthouse－foundation. org/

Sydney ports (2005), Sydney ports: first port, future port. Retrieved 27April 2005, from http://www. sydneyports. com. au/home. asp

US Virgin Islands Tourism Authority (2005), St. Thomas. Retrieved 13 April 2005, from http://www. usvitourism. vi/en/stthomas/st _ Home. html

Visit Jamaica (2005), Explore Jamaica. Retrieved 13 April 2005, from http://www. visitjamaica. com/ home/Default. aspx

Wild, P., & Dearing, J. (2004a), Caribbean Stronghold. *Lloyd's Cruise International* (69), 27－38.

Wild, P., & Dearing, J. (2004b), Growth culture. *Lloyd's Cruise International*, 17－24.

Wild, P., & Dearing, J. (2004c), Rising stars. *Lloyd's Cruise International*.

Wild, P., & Dearing, J. (2005, December－January 2005), High achievers. *Lloyd's Cruise International*, 19－28.

World Travel Awards (2004), Awards. Retrieved 20 April 2005, from http://www.worldtravelawards.com

第五章　航程设计

学习目的

通过本章学习，读者应该能够：

■ 定义邮轮目的地

■ 指出影响邮轮旅游航程设计的关键因素

■ 检验分析和评估目的地的不同方法

■ 解释为什么港口和目的地的邮轮旅游能够取得成功

■ 思考岸上观光游或岸上旅游的经营和规划

上一章研究了邮轮旅游地理和旅游地理及相关因素(Burton,1995)，如季节性和邮轮旅游的最佳条件；也研究了对航程设计比较重要的一些因素，如销售、营销、邮轮供给和邮轮服务。本章将分析邮轮航线的目的地选择。

一、什么是邮轮目的地？

这个问题回答起来相对复杂。戴维森和梅特兰(1997)提出了一个描述“客源地”和“目的地”之间相互作用的模型：“客源地”是指游客来自的地方，“目的地”是指游客将要去的地方，两者之间通过“中转地”相互连接，“中转地”是指游客在到达目的地之前停留的地方。在这个版本的旅游系统中，客源地的潜在旅游者受到多种“推力”的影响，例如可支配收入、闲暇时间、动机、欲望以及人口变迁。信息从旅游目的地反馈到客源地，加深了对目的地的感知，刺激了进一步的旅游活动。

对于邮轮业来说，值得注意的是，近年来，在大型邮轮建造及其设施改善方面发生了重大变化，邮轮本身就是主要目的地。实际上，邮轮在邮轮旅游系统中占据重要的地位，可以从下面修改过的模型中得出这种观点(图 5.1)。

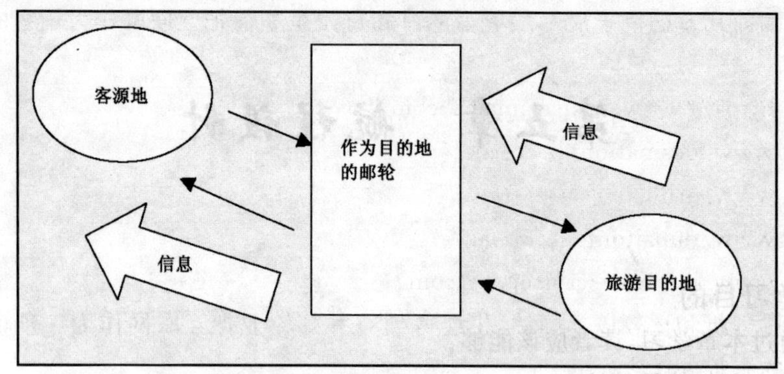

图 5.1 邮轮旅游系统(戴维森、梅兰特,1997)

这一旅游系统的修正版认为,邮轮在连接客源地和最终旅游目的地之中发挥了重要作用。在某种意义上讲,在邮轮旅游期间,邮轮是一个表演中心,是一个安全而熟悉的地带,在这里,可以决定是否选择、体验和参与相关活动。在靠港停留的白天,有些游客喜欢留在邮轮上,为了体验邮轮上的经历而舍弃欣赏岸上的风景。信息从目的地传输到邮轮,然后从邮轮传输到客源地。当然,当考虑到有些邮轮公司不向任何地方出售邮轮旅游产品时,需要进一步理顺这种关系。

二、如何成为一个良好的停靠港?

停靠港或者目的地,总是有各种各样的要素,这些要素组合起来就会产生效能。邮轮业是一个依赖于旅游者满意度的产业。在旅游最后阶段,要通过散发、填写、回收调查问卷的方式获取邮轮旅游者的反馈信息。

游客的反馈表明,港口应当具有趣味性、文化刺激、安全无威胁、友好、可进入性以及用户友好等特点。很难找到一个能具有所有这些特点的理想港口,所以,在现实生活中,采取了折中办法,因此,期望和实际感知的差异往往会激发积极的想法。

停靠港从邮轮中获得了可观的收入,受欢迎的目的地积极推销自己以吸引邮轮旅游者。通过分析在《国际邮轮》(Lloyd's,2003a)上的一篇港口广告可知,具有以下一系列的吸引因子(见表 5.1)。

营销者通过各种各样的营销传播手段(行业杂志,直销)和论坛(商业展览和会议)推销目的港的优势。互联网已越来越成为了一种强有力的沟通工具。以下例子和前几章的例子展示了单个港口和财团是如何把互联网作为销售的辅助手段的。

* http://www.cruisejamaica.com
* www.desinationuk.co.uk
* www.arubabycruise.com
* www.dubaitourism.co.ae
* www.marmariscruiseport.com

通过分析和比较以上网站，将会得到有关邮轮业把互联网作为一种市场营销工具的有趣的学习。

表 5.1　吸引子分析

独特的经历	城市中心
低潮时水深为平均 35 英尺(10.75 米)	购物
深水避风港	巨型邮轮的能力
具有易于进入目的地的通道	便捷的游客通道
港口本身就是吸引物	舒适、有效和安全
免税	两用船舶码头
适于做母港、停靠港货或变位港	入库空间(储存和行李处理)
专业化的服务	全景观念
具有丰富多彩的旅游吸引物的岛屿港口	附近有国际航空港
具有先进设施设备的邮轮码头	一年内的气候条件很好/气候温暖的目的地
观光旅游/岸上观光	文化和历史遗产丰富
令人兴奋的夜生活	水上运动和陆上运动

三、分析与评估

有很多衡量港口潜在价值的分析工具。决策总是复杂的，而且要考虑很多实际因素。对于已经形成的邮轮品牌来说，可通过积累经验和根据众所周知的可靠因素设计航线，会获利颇丰。对于邮轮来说，访问港口的经历可以创建一个有关目的地的知识银行，这有助于确保航程规划的有效性，确保所规划的产品具有较高的质量。对于停靠港来说，访问港口的经历可以使代理商、港口官员、承包商、旅游组织、当地居民与到访邮轮及其游客建立关系。

根据 Lloyd's(2003b)的资料，银海等邮轮公司把利益相关者组成一个大的团体来设计航程。这个团队包括船长、销售小组和游客。对游客进行问卷调查足以表明整个过程就像做世界大事一样。公司采取折中方法设计航程，以反映游客不断发展变化的需求和欲望。因此，设计航程时，不仅要考虑到有飞行恐惧症的人，而且新港口的选择也要确保航程不至于太保守或者缺乏冒险性，同时也要设计一些陆上活动以及航海或停留期间的节目，游客期望的一些细节也要列入方案之中。为满足游客的期望，创造特殊时刻，在路线设计上，银海邮轮公司重点关注奢华市场，安排独特的有声誉的活动，例如在圣彼得堡博物馆进餐，或者在悉尼歌剧院欣赏个人歌剧。据报道，银海邮轮公司为了满足游客的要求，把航海的行程由原来的14～16天缩减为9～12天。

设计航程需要考虑补给船（tendering，用补给船把游客摆渡到岸边）等实际的问题。受各种因素的影响，许多游客不太喜欢这种补给船。有些游客认为，这种方式延长了登陆时间而缩短了岸上游玩时间；有些游客认为，这是一种令人担忧的不受欢迎的运输方式。但从乐观角度说，这种令人兴奋的摆渡方式可以丰富游客的经历。从一个大型邮轮到一个人工补给船，游客有机会从出入港独特的视角体验不同的运输方式。有些停靠港在如何接待到访邮轮方面威望很高。一些船长称，有些港口当局没有提前通知就增加港口费，征收昂贵的登陆税，除不必要的拖船外，还要强制收费。

出于对邮轮航线的重视，对目的地分析的目的最有可能是战略性的，也就是说，关系到公司的长远目标和持续竞争优势的创造，因而，必然涉及目的地对目标市场的战略评估的恰当性，以及为设计一条实用的航线及其构成要素而进行的基础数据调查。分析也会影响战术决策，可以为总体战略的制定提供更多中期参考，例如因出现新问题和风险提高而改变航线。

可以从不同角度进行分析，例如，可以从旅行社、旅游经营商或者邮轮公司等角度评价旅游目的地。在这个意义上，可以把这种分析分为内部分析或外部分析。内部分析反映诸如优势、劣势、核心竞争力（指企业做得最好的独特方面）、有形资源和无形资源（指诸如建筑物或股票、技能和品牌名称等自然实体）以及金融方面。外部分析是对研究区域的外部进行考察，包括机遇和威胁两方面，这也很重要（Evansetal，2003）。

对目的地的全面分析还要考虑经济因素，例如，利润回报率的最大化，或者为深度理解目的地而进行的社会学透视（Framke，2002；Melian-Gonzalez and Garcia-Falcon，2003）。前者更加注重以务实的方式分析企业面临的机遇和挑战，而后者意在挖掘其重要的社会和文化价值，社会和文化价值尽管重要，但从其自身来看，比较难以理解（这些信息只有对具备专业知识的专业人士有用）。

以下提供了一系列适用于航线设计的分析工具。这些工具可以用来观察宏观环境(指能够对整个行业产生广泛影响的环境)和微观环境(指企业周边环境)(Evansetal,2003)。这些工具把旅游目的地作为吸引物,或考虑游客的需求和需要。第一个案例(银海邮轮公司的案例,译者注)提供了一系列适用于多种情境的通用分析方法,此后,还会提供与旅游和目的地密切相关的多种分析工具。

SWOT 分析

SWOT(分别指优势〔S〕、劣势〔W〕、机遇〔O〕和威胁〔T〕,有时称为 TOWS 或 TWOS)分析法是战略评估的原始方法,包括内部优势和劣势分析及外部机遇和威胁分析(Evansetal,2003)。这种方法可以用来分析港口或目的地的内部因素,也是邮轮经营者设计航线时考察港口和目的地的重要分析工具。常用 SWOT 分析方法来分析对过去产生重要影响的历史因素、有可能影响未来走势的现有因素或新生因素以及竞争中与众不同的组织因素。最好的 SWOT 分析需要有逻辑、论点和论据的支持。

PESTLE 分析

PESTLE 分析是一种很常见的分析方法,常被组织用来研究外部宏观环境。这个词是政治、经济、社会、技术、法律和环境的缩写。

这个分析工具的变型包括 PEST 分析法、SPECLE 分析法、STEP 分析法、PEST 分析法、STEEP 分析法、SPECLE 分析法、SCEPTICAL 分析法。这些缩写所代表的含义都可以以下短语中找出,以最后一个分析法为例,依次为社会(Social)、文化(Cultural)、经济(Economic)、自然(Physical)、技术(Technical)、国际(International)、通信设施(Communication and Infrastructure)、行政体制(Administrative and Institutional)、法律(Legal)和政治(Political),这个分析法最先由 Peattie 和 Moutinho 提出,并具体应用于旅游业。这种分析法包括四个步骤:观察,以便确认风险和环境变化的信号;监测,以便认清类型和趋势;预测,以便推测未来的环境变化;评定当前的状况和期望的趋势,以预测影响。

评论家认为,虽然这种工具对确定宏观环境的关键因素是有效的,但是,由于变化速度快或者不能确定复杂的相关因素而导致结果不理想,所以,这种分析工具也存在缺陷。

波特的五力模型

迈克尔·波特(1980)建立了一个用于目的地规划的竞争力模型。他的分析创建了一个框架结构,他的目的在于通过五种竞争力分析,帮助企业制定竞争战略,这五种竞争力是:

■新进入者的威胁

■替代品的威胁

■买者或顾客的势力

■供应商的势力

■企业间的竞争

这种微观环境分析方式产生了一个有趣的分析模型，邮轮公司在竞争环境下规划航线时，可以考虑使用这种分析方法。

波特的钻石分析及相关著作

因为它最初应用于区域和国家竞争力的研究，所以，在一定意义上，20世纪80年代提出的钻石分析方法可以更直接地应用于港口和目的地的研究（Porter，1990）。该模型界定了四个判断目的地竞争力的要素：

■ 因子条件——物质资源、人文资源、资本资源、基础设施、知识资源

■市场结构、组织及战略

■需求条件

■相关产业及支柱产业

Wahab 和 Cooper(2001)评论了由 Smeral 承担的这项工作的发展，并创造了一套准则。利用这些准则重构波特提出的四个因素，使那些与旅游最相关的因素具体化，也就是：

■ 市场结构、组织及战略——负责形象和市场定位、产品研发和推广以及实现增长的愿望。

■ 需求条件——优质设施和服务的开发和有效性，季节的影响，关注旅游者的消费能力，努力吸引回头游客，建立一个旅游综合政策。

■ 政府——调查和了解旅游市场趋势、重视培训的有效性、减少官僚作风、广泛的环保意识、现行管理变革的开放性。

这些分析工具的成功应用不仅取决于现有资料的质量和可靠性，而且取决于对上述因素的相关性质的仔细考虑。

波士顿矩阵(BCG Matrix)

这种分析方法用于考虑产品的组合及逻辑地考虑开发问题（Knowles et al.，2004b）。从战略的角度看，这种方法适用于邮轮旅游目的地的增长率、增长潜力、受欢迎度、发展壁垒和设施的成熟度等方面的分析（图5.2）。

图5.2 波士顿矩阵

TALC——旅游地生命周期理论

波特于1980年提出了旅游地生命周期理论，该理论认为旅游胜地也是产品，有一系列与消费者需求相关的发展阶段（Knowles et al.，2004b）。这些阶段包括：

■ 探索期:旅游地的游客数量少,可进入性差

■ 推出期:旅游者人数增多,基本服务逐步完善,与当地社区的互动增强

■ 成长期:旅游地得到推广,外部力量对旅游地的控制力加大,游客数量加速增加,以至旺季出现当地居民与游客之间的矛盾,设施不断完善

■ 成熟期:旅游业成为当地经济的主要部分,增长趋于稳定,旅游地享有国际声誉

■ 停滞期:旅游地不再时尚,旅游地过份依赖重游游客,出现各种社会和环境问题

下一阶段呈现出两个截然相反的方向:

■ 复苏期:通过公共部门和私人部门的合作、市场营销和加强设施投资和重新定位,旅游地得以复苏

■ 衰退期:旅游地依赖于观光游客而非过夜游客,游客的住宿发生变化

在分析旅游地时,该理论提出了一些有趣的观点,但是,从邮轮旅游在旅游地生命周期中的作用的角度考虑,还有另外一个方面需要考察。

多克塞刺激理论(Doxey's Irridex)

"irridex"这一术语是派生于"irritation"一词,Doxey(1975)研究发现,在面对某些特定的旅游类型时,当地社区的耐心和支持呈衰减趋势。Shaw & Williams(2002)认为,通过分析社区对旅游业这个发展中的行业的反应,这个模型为我们研究旅游业对旅游目的地社区的影响提供了一种有效方法。

Doxey 刺激理论在很多方面与 Bulter(1980)的生命周期阶段论相似。Doxey 刺激理论图解了社区反应的过程——从兴奋到冷漠,然后到厌恶,最后到对抗;而波特的生命周期阶段理论分析的是探索期、参与期、发展期、稳定期、停滞期和衰退期或复苏期。

旅游目的地要素理论

Cooper,Fletcher,Gilbert 和 Wanhill(1995)提出了反应旅游目的地组成部分的四"A",每个 A 所代表的内容如下:

吸引物(Attractions)——包括人造工程(如悉尼歌剧院或埃及吉萨金字塔等)、自然景观(如大峡谷或阿拉斯加冰川等)、赛事活动(如高尔夫球公开赛或奥运会等)。有些吸引物可能包含这些特征的一部分或全部。

可进入性(Access)——包括交通联系,有公路、铁路、机场、港口的船舶航道及其合理整合。Cooper 等(1995:85)认为,旅游目的地创新交通方式是很重要的。创新性的交通方式包括建设步行小径、自行车路线、马车以及乘坐直升飞机。

便利设施——辅助设施和吸引物之间的界限是很难划定的。Cooper 等

(1995)指出,吸引物确实如它的定义一样——具有吸引力——然而,便利设施是用来支撑吸引物的。所以,餐厅、商店、酒吧以及酒店等一般被视为基础设施。对邮轮乘客来说,这是一个有争议的问题,因为购物广场,像新加坡拉弗尔酒店这类知名度高的酒店,以及由著名厨师经营的有声望的餐厅等本身就能吸引乘客。这可能是很好的例子,但这一部分还包括一些重要的本土服务设施的便利性,比如洗手间、游泳池、娱乐设施、理发店、货币兑换处、安保服务和赌场等。

辅助服务——这部分是指协调、开发和营销旅游目的地的机构或主体,如游客咨询处、城市旅游部门、旅游会议中心等。这些机构有助于旅游目的地确立一个可识别的资料和形象。他们还发挥领导职能,增强目的地各利益相关者的凝聚力,同时还可以为旅游者或旅游团体提供信息、服务和建议。

VICE

VICE这个词与旅游环境与可持续发展有关(BAT,2001)。这个缩写词代表重要的指导原则,即游客满意度(Visitor satisfaction)、行业利润(Industry profitability)、社区接纳度(Community acceptance)以及环境保护(Environmental protection)。近年来,由于旅游相关部门力求建立可持续发展战略,这个方法的效能得以发挥。因此,邮轮经营者在思考目的地及其所采取的可持续发展政策和实践时,VICE是一种有用的衡量标准。

在这个方面,也可以采用其他分析方法研究旅游目的地的可持续性,例如遗产(指自然遗产和历史文化遗产——译者注)分析(Heritage Analysis),它强调保存、保护及开发理念(Smith,2003)。还可以通过其他方法来考察旅游和文化遗产之间的可能关系(McKercher and du Cros,2002:16)。利用上述各种分析方法,研究一系列代表目的地特色的相对独立的旅游资源,比如自然景观、人造景点、购物体验、接待资源、餐厅、未被污染的环境、机场、天气、安全性、出租车和地方运输方式以及友善度,然后划分资源等级,从而产生一个可加总的和可对比的分数。在大多数情况下,油轮公司对乘客进行调查研究时才会采用这种方法。但是,如Lockyer(2005)所描述的,这种分析方法会导致误解。尽管这种方法比较容易控制,也相对容易操作,但是直白的回答掩盖了现实的细微之处。现实表明,消费者是在复杂因素的基础上做出判断的,因为个人环境不同,这些因素是很主观的。从这个意义上说,在研究目的地之前,调查消费者或游客是必要的。

目的地分析的最后一部分是研究旅游动机和驱动力,这有助于计划者了解决定旅游目的地的吸引力的特征。A.马斯洛(1908—1970)是研究动机的重要理论家。他的五个层次的需求层次模型显示,人类受未满足的需求的驱使,而且在满足较高层次的需求前,必须满足某些较低层次的需求。该模型的各个需求层次从高到低依次是基本生理需求(食物和饮料)、安全需求、爱或友谊的需求、受尊重的需求以及自我实现的需求。

四、旅游动机

Cohen(1979)建立的旅游者分类模型，确定了以下类型：

■ 有组织的大众旅游者(团队——对当地文化接触较少)

■ 个体大众旅游者(同上，但加入个人选择)

■ 探险型旅游者(舒适而独立——安全前提下的一次独特体验)

■ 漫游型旅游者(沉浸于当地文化中——没有固定的路线)

■ 习惯性旅游者(熟悉度高)

Cohen 的分类得到了 Plog(1987)的进一步发展，他的贡献是划分出旅游者的心理类型，这被许多人认为是一个有创意的研究。在他的研究中，Plog(1987)建立了旅游者处于闭联集的理论。自我中心型处在模型的一个极端，这类人“自我约束、多忧多虑、不爱冒险”，表现出害怕飞行、活动范围小、一般比较焦虑等特征；中间型位于模型的中心位置；而多中心型处在模型的另一个极端，这类人“开朗独立、善于冒险”。Plog 认为，大多数人处于闭联集的中间段。

关于旅行的欲望和追求，Dann(1981)描述了动机的七个方面，内容如下：

■ 旅游是对未实现的欲望的一种反应

■ 目的地的拉动力回应了动机的推动力

■ 动机可以是一种幻想

■ 动机可以被描述成一个可分类的目的

■ 动机类型可分成向往大自然、喜欢漫游等

■ 动机受旅游者经历的影响

■ 动机是一种自定义

这项工作可以同 McIntosh 和 Goeldner(1986)的四种动机分类进行比较：生理动机，与身体和情绪有关，比如减少紧张感；文化动机，比如渴望看到和了解更多的其他文化；人际动机，比如结识新朋友的需求；地位与声望动机，比如希望得到认可和关注，以及个人发展以实现自我满足。

Framke(2002)认为，旅游者通常是在家里做出决定；推动因素比诱使因素显得更有力。Framke 称，从这个意义上讲，研究目的地和进行其他旅游研究，有助于建立吸引游客前往目的地的营销计划。然而，在邮轮业中，还有更为复杂的影响力需要研究。

五、后勤、定位及计划

确定航线就是确定能够满足本章前面提到的游客需求的停靠港:安全或无危险、可进入、有趣、文化上的刺激且每天都有变化、友好以及方便游客使用。从邮轮经营者的角度讲,一条航线旨在实现一系列的实际目标和后勤目标,以确保邮轮旅游者上岸时能获得高质量的旅游体验。

在策划和规划航线时,尽管很多邮轮会打破一般模式,但大部分公司都适合以下模式:

- ■ 航程始于出发港,结束于目的港,这两个港口可能是同一个港口,也可能不是
- ■ 许多邮轮设计的航行时间为 7 天、10 天或 14 天,以便与顾客利益保持一致并达到游客对时间的预期
- ■ 一些邮轮经营者把巡游设计为周期性的(即在一段时间内,一直重复使用这条路线)或者交替循环的(即在一段时间内,两个具有共同地点的航线交替使用)
- ■ 不管大小,为符合标准巡游类型,很多大型邮轮的设计只要求有足够的储备
- ■ 很多航程都安排在早上到达港口,中午至下午离开港口
- ■ 航程要利用各个港口,在那里,船舶要补给燃料(称为燃料库),接收供给、储备(包括食物、饮料、饮用水),卸载垃圾(从垃圾压缩机和垃圾桶中),获得专业的(技术的)支持性服务
- ■ 大多数航程最大化在港口的停留天数,最小化在海上的天数
- ■ 邮轮公司在选择停靠港时会认真考虑停靠费,以确保成本效益比是可接受的
- ■ 选择目的港和出发港时,会考虑接下来的旅行、安全性、码头设施和流程等基础设施

此外,一些邮轮公司在设计航程时利用自身特色。能够区分不同公司的因素如下:

- ■ 航线计划中包括环球游(即绕地球一周)、特色游(即每次巡游都是不同的航线)、短期休假游或“品味”游、无目的地巡游(即把整个船视为旅游目的)、空海游(吸引顾客坐飞机到出发港)、区域旅游(环球游的一部分

或较长距离的旅游）

■ 选择一些独特的港口、不经常到达的港口和出入港问题更复杂的港口

■ 能为游客巡游和旅游度假提供联系和出租契约的港口

在所有这些情况下，经营者都要考虑重要航线的策划问题。其中，最复杂的是边境和护照检查、移民及证明等，本章后面将深入探讨这些问题。乘客和员工的健康也是需要考虑的重要问题。在有些国家，旅游者更容易感染由细菌、蚊子或其他昆虫传染的疾病、由恶劣的卫生条件下污染的食物引起的疾病以及当地供水污染等造成的疾病。在一些情况下，事前准备是很起作用的，例如，免疫可以帮助旅行者免受某些疾病的侵扰，但需要跟乘客和员工说明疾病的危险性，这样他们才会采取适当行动。邮轮公司务必提前警告游客潜在的风险，并建议他们在需要更多信息时联系他们的医生或寻求合理的建议。一般来说，在岸上喝水是不安全的，应该建议游客购买瓶装水，而且不要加冰块，食物在食用之前一定是洗过的。

由于水位浅、到达港口的总体条件出现问题或潮汐变化等原因使船舶不能安全靠岸时，要声明该港口是一个“停靠小船的港口”。在这种情况下，当邮轮在远岸处安全抛锚时，将通过汽艇或快艇将游客输送上岸。由于到岸和离岸的航行时间以及满足乘客立即上岸的要求方面产生了问题，这种小船港口减少了游客在岸上的停留时间。在小船港口，邮轮工作人员在岸上设立和安排一个控制点，从而管理上岸和返回邮轮的流程。

那些定期或经常返回港口的船舶可以从熟悉的港口官员、代理商和承包商等关键人员那里获得很多信息。有关移民的长期经验有助于事务部顺利应对抵达、登岸、乘客过境（离开邮轮前往另一个国家旅行）、再次登船和离港的整个过程。邮轮公司利用港口代理商为其岸上调解员，代表邮轮处理一系列问题，包括官方和移民的要求、供给、下一站旅行、岸上观光、技术支持以及专业服务等。

向游客提供当地条件及上岸预期方面的建议时，熟悉港口也是非常重要的，总之，熟悉港口有助于邮轮员工确保乘客获得一个快乐安全的旅行体验。在一些港口，到达港与城镇中心或主要景点之间有相当长一段距离，邮轮公司可能需要联系班车，及时、安全地把乘客运送到预定地点，到达预定地点后，乘客可以自行选择步行或寻找私人交通方式。通常情况下，岸上观光巴士会停靠在船舶旁边或乘客到达点附近。

如前所述，巡游策划要确保航线能够满足目标市场的需求，同时还要受许多内、外部因素的影响。为深入了巡游策划问题，下一部分将讨论这些内、外部因素。

规划要素

正如 Mountinho(2000)所述，旅游策划具有“整体性”，也就是说，需要采取

多维的和系统的方法从而使策划方案能够长期实施。经营国际邮轮公司不允许推卸任何社会责任，的确，在这个即时沟通的时代，任何一家企业采取不符合伦理的经营方式，最终都会适得其反。

在这一方面，全球的情况很复杂，因为邮轮经营者需要理解其访问国家的政治、环境、社会、技术、法律和经济等方面的观点。每个国家都很可能有影响包括邮轮公司在内的入境旅游经营者的旅游政策（Goeldner and Brent Ritchie，2003）。专家认为，旅游政策应该产生于体现经济价值和社会福利平衡的观点的旅游规划。

就旅游基础设施（开发必要的服务设施、建设高效的运输系统、建立通讯网络和建设商业设施）建设的效果而言，好的旅游规划能给当地人带来长期利益。酒店、餐厅、租车和景点等与游客需求密切相关的旅游上层设施（Goeldner and Brent Ritchie，2003），也能够给当地人带来利益。

与政策制定相关的整体规划，确保目的地管理，战略性地考虑旅游收益最大化，同时减少从中出现的不足。Laws（1997）证实，旅游"包装"导致四个主要结果：为满足需求，度假地作为一种标准模式的同质复制而出现；发展造成环境和生态压力；目的地选择性地以一种过于简化的形式出现，并改变当地人的行为方式；随着就业机会和商业机会的增加，对基础设施的需求更为严峻。

邮轮公司是在这种背景下经营的。从大型邮轮上输出 2000～3000 名乘客，对旅游目的地所产生的潜在影响是很大的。为实现对目的地有效、可持续地管理，旅游规划者必须要考虑这些因素。同样，每一个邮轮经营者应该了解旅游目的地，遵守规章制度和当地法律，确保游客旅游体验质量的最大化。

规章制度

旅游政策在很多方面会影响邮轮经营者。首先要考虑的是复杂的规章制度。规章制度可能与很多因素有关，包括：人员、物品及资本的流动，卫生安全法，环境保护，消费者权益保护，航运，关键设施的所有权，安全。

就人员、物品及资本流动等方面而言（Shaw and Williams，2004），邮轮公司可能会面临应对边境管制的可能。当游客到达目的地或从目的地离开时，会产生一些问题，涉及护照和签证管制、海关、货币兑换、邮轮游客通行许可等。

到达国外港口的船舶需要进行抵达报关，之后乘客才能登陆上岸。因为所实行的规定以及船舶的注册国不同，这一常规手续也有所不同。报关可能是港口当局收到一份有关乘客、员工和货物的声明以及与船舶行程相关的信息。货物和乘客在港口上下船也被列为该程序的一部分。在一些国家，港口卫生官员检查船舶的环境卫生和个人卫生，然后发表声明确认船舶上不存在卫生问题或船上没有安全危险（ICCL，2004b）。

近期由 SARS、诺劳病毒、恐怖主义威胁等造成的健康问题，改变了国际上港口当局管理邮轮和乘客旅游的方式。安全等级的提高，强化了高度戒备状态。美国港口的邮轮安全机制包括以下安全措施（参考国际邮轮委员会〔ICCL〕，2004b）：

所有旅客的行李、随身物品都要经过100%的检查；

严格检查乘客名单和乘客身份；

限制进入任何敏感的船舶或码头区域；

采取严格措施阻止未经授权的进入和非法活动；

进入美国港口前，提前96个小时通知美国海岸警卫队，乘客和员工的身份认证信息要提交给联邦机构；

海岸警卫队在邮轮周围设立安全区。

1985年，欧洲的15个成员国签订"申根协定"，以促进成员国之间或协约国人民的自由通行（Eurovisa，2001）。该协定对邮轮的影响要视乘客的国籍而定，因为从理论上讲，来自申根协定成员国的乘客是不需要进行边境检查的。由于申根协定成员国和非申根协定成员的签证要求不同，就会引起很多麻烦，比如，非欧盟船员必须在短时间内被遣返。

由 Eurovisa（2001）得知，"申根"这个名字源于卢森堡的一个小镇。1985年6月，七个欧洲国家签订协定以撤销内部的检查站和边境检查。随着时间的推移，更多的国家加入了这个协定，到目前为止，共有15个申根成员国，都是欧洲国家：奥地利、比利时、丹麦、芬兰、法国、德国、冰岛、意大利、希腊、卢森堡、荷兰、挪威、葡萄牙、西班牙和瑞典。除挪威和冰岛外，其余的国家都是欧盟成员国。

如前所述，根据港口卫生法规，港口卫生官员可以对船舶进行检查，他们将检查船舶的任何一部分，以确保船舶运营是安全卫生的。船上的厨房常是检查的重点，因为这里关系到供消费的食物的存储和准备。大部分大型船舶都雇佣一名环境安全员，负责确保船舶符合规定并达到最低标准。

营销和需求

前面的章节已经提到了被邮轮业强调的一个特征：它是最安全的旅行方式（ICCL，2004b）。根据 Goeldner 和 Brent Ritchie（2003）的观点，这就等于抓住了个人的心理或动机的核心："一个人拥有两种强烈的驱动力——安全和探索——他/她需要减少这种冲突"。ICCL 尽管承认这种冲突，但突出了行业安全记录，并把船舶看成一个"类似于有24小时保安守卫的安全建筑"（ICCL，2004b），他们旨在展示规章制度实际上是如何增强游客潜在的度假享受程度的。

越来越多的邮轮公司采用一种称之为"心理特征"的方式进行市场细分

(Goeldner and Brent Ritchie,2003)。市场细分就是把特定人群划分为具体特定特征的群体,从而达到营销活动潜力的最大化。从传统意义上来讲,市场细分所需要考虑的因素包括地理因素(个人生活的地方)、人口学特征(年龄、性别、家庭状况)、社会经济因素(职业、社会地位、收入)、心理特征因素(价值观、动机、个性)。因此,邮轮度假可以作为一种"生活方式"的机会而被售卖。从规划的角度也可以得知,目的地和船上的产品和服务是否满足了游客的心理需求和旅游偏好。

后勤

后勤规划有很多形式。这种类型的规划重点在于供给和服务(燃料、食物或消费品)、设计时间表(连同燃料消耗)或容量管理(接待大量游客时实现效率最大化)。邮轮能够以每小时 25 节的速度航行,在这个速度下行驶,船舶燃料消耗较大,尽管可以行驶更远的距离。邮轮航线规划的目的在于船舶舒适地航行于港口之间,并确保:

■ 燃油消耗量符合一定的节约优化比率
■ 到港时间和离港时间要符合每一个日程安排表
■ 平衡目的地的组合以满足消费者需求
■ 符合相关法规

邮轮公司常在为期 7 天的行程中停靠 4～5 个港口,为期 14 天的行程停靠 8～10 个港口(Laws,1997)。渐渐地,随着行业的扩张,需要确定一些离岸港以确保进入新市场(Goeldner and Brent Ritchie,2003)。

六、岸上观光

邮轮公司因多种原因提供岸上观光或旅游。很明显,这些活动能给邮轮公司带来收入,对公司的盈亏底线做出重要的贡献,但一些旅游供给也成了邮轮度假的组合套餐。对于很多游客来说,这种旅游持续提供了一种安全且无质量问题的度假模式。这种旅游是不同文化背景下的相对安全、便于组织和管理的旅游活动,或者说,这是体验一项活动的机会。由于有陪同或指导,这种旅游体验很受散客欢迎。

岸上观光完全是任选项目,因此,销售和营销是增加收入的重要手段。甚至在乘客登船之前就开始销售。大多数情况下,消费者或潜在消费者是通过邮轮宣传册来了解岸上观光的,宣传册上有很多主要旅游景点的简介。岸上观光是打发在岸上时间的最好选择，而且登岸游览也是邮轮和目的地之间的一个重要链接。乘客面临的选择包括：是独立达到港口，还是离开团体去完成随后的岸上体验。

对于邮轮公司来说，销售旅游能获得最好的经济利益，然而，跟一般意义上的对邮轮乘客的营销一样，销售旅游需要特别关注情境的敏感性。高压销售技巧在这种社区背景下是不能达到预期目的的，因为在这种环境下，游客彼此之间是协调的，会分享各自的经历。通过巧妙的销售方式，岸上观光销售更有可能获得成功(见表 5.2)。

表 5.2　销售选择

邮轮宣传册	网站	促销	口口相传
旅游宣传册	船上电视	直销	港口讲解员

促销

宣传册是介绍岸上观光理念的最初的营销方式，考察宣传册对营销的作用很有意思。行程安排重视岸上体验的重要特色或活动。通常，岸上体验是特色旅游的重要组成部分。有些邮轮宣传册向谨慎小心的邮轮旅行者传递这样的信息，即岸上观光是离到访港一定距离内最好的探险方式。在所有岸上活动中，岸上观光的开支是最主要的，在登船之前就有清晰的预订指南。通常，预订指南信息中包含一些引人注目的促销，能满足尽可能早地预订的需求。

岸上观光宣传册等信息资料会连同船票一起分发给乘客。这是出发前的主要促销方式或离港之后船上促销的主要手段。为了与读者保持明智的联系、建立合适的沟通方式、体现真实性、避免与相关法律相抵触，销售宣传手册所使用的语言是经过仔细考虑的。

实际上，所有公司都使用自己的网站向所有访问者在线展示他们的产品。网络的出现使营销发生了变革，也出现了一种新的分销形式。潜在的和现实的顾客可通过访问网站找到更多信息，并进行比较、预定、与邮轮公司沟通以及(在某些情况下)与其他乘客沟通。在市场已经进入网络时代的情况下，邮轮公司的网站将是促销岸上观光的极好工具。

航程和经营方面，例如，为确认安排而设定的停止销售的最后期限，会影响船上的销售。邮轮上报纸和电视节目(如果有的话)上的广告、旅游办公室附近的促销和直销、港口讲解员的宣传等，都是营销计划的组成部分。同样重要的是，在航程中，如果在第一个停靠港获得成功，则可以通过口头传播的形式增加销售。

考虑旅游时间也是有趣的。船舶可能在上午八点到达港口，下午五点离开港口,这取决于航程和停靠港的安排。在这段时期内,就有机会销售半天或全天游览。很多游客认识到,这种游览方式是参观和体验停靠港的最好的、最有效的方式。还有一个安全因素,那就是绝大多数知名的邮轮公司都会保证会照顾游客,如果旅游延迟就延迟起航,如果这还行不通的话,则保证他们在下一个可能的停靠港登船。

销售驱动力

■ 稀缺价值

■ 安全方面

■ 最佳机会促销

■ 自然的选择机会

良好的岸上观光的构成

回答这个问题要视乘客和邮轮公司而定。正如邮轮宣传册中所描述的,选择停靠港或目的地的原因是多种多样的,其中最重要的是目的地对游客的吸引度。邮轮公司提供游览活动从而吸引乘客。在这里,乘客的人口学特征发挥了作用:根据游客类型设计旅游活动。通过这种方式,家庭、老年游客、活跃的夫妇、年轻的单身以及其他可识别的细分市场都会获得满足。

邮轮公司开发能提升邮轮旅游和邮轮品牌形象的产品。游览活动必须提供一份符合邮轮时间表的行程。港口的旅行经营商确定的后勤服务必须要与邮轮和乘客的要求相协调。同时,旅行经营商也必须要保证健康和安全。

邮轮公司的专业知识或经历很可能产生影响。先前的经验对于与旅行经营商建立关系,了解游览结束时游客期望从码头周边得到的东西,识别哪种游览为游客所喜欢且能得到乘客最好的评价,是很重要的。

游览活动策划

邮轮公司及其代理商与港口的旅行经营商之间的沟通质量是极为重要的。尽管很多邮轮公司和旅行经营商之间保持着直接的和频繁的沟通,但其代理商承担推进者的角色。最初,邮轮公司根据燃料和旅行时间等后勤因素设计行程——一个能够销售出去的平衡的巡航计划。旅行经营商与岸上旅游部门合作,设计岸上观光计划,编制旅游手册,规划资源。

制定计划时要考虑的因素包括:邮轮乘客的数量和类型,在港口的停留时间,长途汽车、海船或河船、火车及直升飞机或轻型飞机等交通方式的便利性和质量。训练有素的导游也是很重要的。在很多港口,邮轮旅游这种度假形式的发展引起了交通量的扩大。结果,数艘邮轮可能会在同一天到达港口,因此,削弱了岸上观光资源的可利用性,提高了拥挤程度。达到港口的时间可能是利用资源、避免拥挤的重要因素。但是,如果存在过度拥挤和质量控制等问题,邮轮公司不太可能将这样的港口列入行程中。

大多数旅游宣传册都包含可靠的为游客所喜好的选择，既有为期半天的，也有为期全天的。为游客所喜好的选择中包括一些“银行家”地方——主要原因是一个吸引物就是一个景点。很难想象，如果邮轮停靠在赛德港或亚历山大港，游客不去参观开罗的金字塔。全天游览通常包括午餐。总的来说，上午游览比下午游览更受欢迎，因为预订上午游览的游客通常喜欢在下午自由活动。一些邮轮公司还提供轿车或小型巴士（见图 5.3），以满足那些喜欢与其他游客分开活动的个人、夫妇或小团体。在岛屿目的地，“宴会”旅游非常受年轻人欢迎，包括音乐、跳舞、饮料和食物。文化旅游很受那些喜欢探索和学习的游客的欢迎。还应指出，主题类的邮轮旅游能引起特定旅游类型的游客的兴趣：比如，去新西兰参观葡萄园可能适合于那种对美食主题巡游感兴趣的人，去意大利看歌剧比较适合音乐爱好者。

图 5.3　旅游车返回邮轮途中

到达之前

要控制游览的最少人数和最多人数。在离开港口时，岸上观光办公室将会了解实际销售量和剩余的可供销售的数量。岸上观光团队将听取游览内容、订购过多的游览活动、最佳选择、任何特色以及适合特定类型的乘客（如行走困难的乘客）的旅游等方面的简介。许多游客喜欢与岸上观光团队成员交谈，以此获得旅游感觉，正因为如此，团队成员体验尽可能多的旅游活动对他们是有帮助的，这样他们就可以与其他游客分享他们的经历。

正如前面提到的，港口讲解员在销售环节应发挥重要作用。许多港口讲解员与岸上观光团队协调工作，帮助岸上观光团队把游览内容告知游客，帮助游客做出最好的娱乐选择。港口讲解员也作为伴游陪同游客，并是一个附加的质量控制点，他们将自己和游客的印象反馈给岸上观光管理者。

大约在到达前一天，岸上观光经理将联系旅游经营者，给出最终人数。旅行经营商在邮轮起航之前就应该知道人数，并大概估计出实际的资源需求。如果数量允许，旅行商就会通知邮轮增加销售量。岸上观光经理会决定是否接待接近最低人数的旅游团，旅行商也应得到相应补偿。这个决定常常涉及成本收益分析，例如，为满足顾客需求，接待这个团和失去一定收入的收益会比取消这个团并引起游客不满的成本更高吗？如果是这样，尽管并没有达到最低数量，岸上游览也不会取消，预期的损失可能会在最后的销售中得到补偿。

岸上和船上销售都要向乘客出具票据。在有些情况下，根据乘客的姓名出具票据，万一票据丢失，就可以另外提供票据。特殊情况的建议，如饮食规定、穿步行鞋的要求、参观特定宗教建筑时的穿着要求等，在销售之时就要讲清楚。

到达

船舶快要到达港口之前有一系列的行动，这些行动包括正式清洗到港的船舶，按照港口当局的要求执行各种程序，完成规定的所有行政工作。港口当局清理到港邮轮时，邮轮要泊在码头边，或者停靠在指定的位置。

通常，岸上观光负责人是第一批上岸的人，他们与旅行商见面，检查安排是否有序，以及游客能够参加各自的游览活动(见图 5.4)。上岸流程需要仔细计划，以确保正确的乘客在正确的时间到达正确的游览集合地点。

图 5.4 参加游览活动

通常要求乘客在离他们登陆地点很近的地方集合，游客要领取带有彩色编码的徽章。船上工作人员通过无线电进行沟通，协调游客下船进程并指引游客到相关旅游集合点集合。许多邮轮公司鼓励员工陪同伴游。这样，邮轮就有一个代表与乘客一起游览，在必要时，他可以代表公司采取行动，并在乘客返回船上后对旅游质量进行评价。陪同人员一般要听取岸上观光团队的全面介绍，并填写核对表。用简单编码标识旅游团，这个编码是跟游客佩戴的徽章是一致的。

观光负责人负责登记返回邮轮的乘客，迎接回来的团队。旅行商和岸上观光经理共同确认参加旅游的游客数，达成一致后，邮轮公司就可以向旅行商支付费用。

其他职责

除了旅游销售外，岸上观光办公室还是一个旅游信息咨询处和旅行社。作为旅游信息咨询处，工作人员要经常提供停靠港的信息，包括从船到城镇的距离等基本信息，或有关风俗习惯的较复杂的信息。大多数岸上观光办公室都有数据文件，这些文件可以帮助工作人员回答相关问题，回答相关问题在很大程度上也依靠工作人员知识和经验的积累。

作为旅行社，工作人员要安排酒店，或者预订下一站的旅行活动，如预订机票、火车票、安排出租车或轮渡等。这一方面的业务通过销售委托也创造收入。一些邮轮公司在岸上拥有自己独立的旅游公司，因而可以满足乘客这方面的需求。

导游

好的游览要靠好的导游(见图 5.5)。导游和游客之间的互相联系是岸上观光或游览成功的基本因素(Collins,2000)。导游根据游客的需求接待、通知和安排游客。随着邮轮业规模的不断扩大，对高质量旅游和高素质导游的需求也在增加。

图 5.5 在 Kusadasi 的旅游团

一般来说，导游拥有很多很深入的专业知识，而且沟通能力很强。沟通才能包括流利的语言、协调谨慎的幽默感以及与广大乘客产生情感交流的能力。通常，导游还要具有急救的能力以及必要时维护自己权利的能力。

很多旅游组织推行导游资格认证制度以确保导游是合格的。通常，导游素质高、在该领域里水平高，几乎是这一行的专家。导游工作使导游变得更加成熟，丰富的生活经历使他们更适合这类工作，因此，导游也可从导游工作中获益。另外，由于工作艰苦，所有的导游都必须身体健康。

旅游景点、旅游经营商、汽车公司以及其他旅游场所都能雇佣导游。有些导游是自由职业者或个体户。导游常见于徒步旅行、汽车旅行、著名的建筑和场所（如艺术馆、教堂或城堡），其工作性质是引路者、体育导游或翻译等。对于很多邮轮，可能有一些特别受欢迎的旅游，导游需要与旅游经理一起探讨如何精心策划游览活动，如何实现游客旅游享受的最大化。

导游可能与协调岸上观光供给的旅游经理以及汽车司机一起工作。另外，常常还与他们参观的重要景区、景点的工作人员保持良好的工作关系。导游还需要认识每一个陪同人员（通常是邮轮公司的员工），见表 5.3。

表 5.3 良好实践的要点：导游

良好的实践指南：

1. 确保掌握所有联络资料和应急电话号码（以防万一）。
2. 与旅游巴士司机建立良好的关系，仔细检查旅游行程，找出那些没有预见到可能出现的问题（如道路施工）。
3. 确保了解所有与行程有关的细节，包括进入景点的付款方式等。
4. 检查话筒——以确保话筒能正常工作，在巴士的任何位置都可以听到。
5. 练习使用话筒；许多人都把话筒轻轻的放在下巴的前方，因为话筒要放在离嘴巴适当距离的地方。
6. 确保有导游座位或前排座位，检查座椅安全带。
7. 检查汽车内部和外部的卫生条件和一般条件。这是巴士司机的职责，但是导游应该亲自检查以确保巴士一切良好（无破损窗口，轮胎良好，清洁，无破损的面板，灯和空调能正常工作等）。
8. 跟顾客打招呼，微笑！
9. 出发之前，做好统计工作。
10. 引擎启动前，自我介绍并指出安全方面的指示。
11. 在开始解说前坐好。
12. 检查游客状态是否良好，回眸一下以确认大家都在听。
13. 不要说太多，要使用适当的语速和语调讲解。
14. 开始时，要介绍这次旅游的情况，包括途中的停靠点、适当的休息和吃饭休息时间等。
15. 约定返回旅游车的准确时间；重复强调这些时间，通过旅游车的外观、车牌号和停车位置来帮助游客辨认车辆。
16. 如果旅游车要重新停车，必须了解清楚旅游车是否在停车和乘客下车之后需要重新停车。
17. 吃饭时，导游最好与司机在一起进餐，除非有另外的安排。
18. 乘客很可能期望在洗手间或纪念品店停留。

续表

19. 指引时，应该这样说，“在右边，你会看到”，而且一定要确认不要谈论一个特别有意思的风景。
20. 不要忘记给游客留出照相留念的时间。
21. 确认清楚——伞、上衣、帽子——一些容易记住且容易看见的东西。
22. 警惕不可预测的危险。路面不平、低云天气等。
23. 了解游客：了解他们的一些特点，在谈话中可以谈论这些（如果合适的话）。
24. 说话简洁，乐意回答问题。多注意后面的游客，他们可能听不清问题，在回答问题之前重复一下问题。
25. 关注所有年龄段的人，旨在对旅行的每个人提供解说。
26. 向游客解释当地的习惯风俗，使他们明白事情为什么是这样的。
27. 在关键时候要清点和检查人数（比如上下车时）。
28. 保持游客集中但又要保持行人道路畅通。
29. 主动避免问题发生。
30. 使用积极的肢体语言和保持眼神交流。
31. 开发一个结束时的固定剧目，以标志旅游活动的结束。

归纳与总结

本章主要考查了如何才能使旅游目的地成为一个有魅力的停靠港。所以，介绍了很多分析、评估目的地和旅游动机的理论方法。为确保合适的理论适合当前的任务，要仔细考虑这些方法。为了做出判断，建议读者进一步查看文献资料来深入了解这些理论。本章最后描述了邮轮公司经营的岸上观光。本章还包括对旅游规划和旅游管理的评论。

术语表

停泊处：港口或码头的一部分，在这里，船舶得到补给，乘客在这里上下船。

环球航行：绕世界航行一周。

人口统计学：关于人口的统计研究，特别涉及人口规模、密度、分布及重要统计数据。

客源地：邮轮乘客的来源地。

产品组合：各种各样的产品和服务组合共同形成产品系列，并向消费者出售。

利益相关者:在投资上有利益关系的团体或个人。

战略:为了完成整体计划。

策略:为了实现目标。

本章复习题

1. 什么是目的地?
2. 如何分析目的地?
3. 什么因素促成一个好的邮轮目的地?
4. 什么是申根协定?
5. 大型邮轮是如何为游客安排岸上观光的?考虑以下因素:

a. 销售和营销

b. 组织和计划

c. 到达港口,参加旅游

d. 评估和质量控制

其他来源

Cruise companies and shore excursions

http://www.cunard.co.uk/Destinations/default.asp?Region=12&sub=se

http://www.princess.com/planner/shorex/index.jsp

http://www.pocruises.com/shoreEx/home.htm

https://shorex.rccl.com/

http://www.crystalcruises.com/onboard.aspx?ID=9#id44

http://www.ncl.com/shorex/index.htm

http://shorex.celebrity.com/cc/home.asp

Third-party sources

http://www.shoretrips.com/default.asp

http://www.cruisedirect.com/act_shoremain.shtml

http://www.cruisecritic.com/tips/tipsarticle.cfm?ID=25

Port consortia or general information

http://www.medcruise.com/page.asp?p=1516&l=1

http://www.port-of-call.com/Ports_of_call_v2/default.asp

http://www.soulofamerica.com/cruises/american_ports.html

http://www.econres.com/documents/Cruise.html

http://goflorida.about.com/od/cruiseports/

参考文献

BTA (2001), The Sustainable Growth of Tourism to Britain. London: British Tourist Authority.

Burton, R. (1995), *Travel geography* (2nd ed.). London: Pitman.

Butler, R. (1980), The concept of a tourist area cycle of evolution, *Canadian Geographer* (24).

Cohen, E. (1979c), Rethinking the Sociology of Tourism, *Annals of Tourism Research*, 6(1), 18-35.

Collins, V. R. (2000), *Becoming a tour guide*. London: Continuum.

Cooper, C., Fletcher, J., Gilbert, D., and Wanhill, S. (1995), *Tourism principles and practices*. Harrow: Longman.

Dann, G. (1981), Tourist Motivation: An Appraisal, *Annals of Tourism Research*, 8, 187-219.

Davidson, R., and Maitland, R. (1997), Tourism destinations. London: Hodder and Stoughton.

Doxey, G. V. (1975), A causation theory of visitor-resident irritants: Methodology and research inferences, Paper presented at the Travel and Tourism Research Associations Sixth Annual Conference Proceedings, San Diego.

Eurovisa (2001), Free movement of people. Retrieved 11 October, 2004, from http://www.eurovisa.info/ SchengenCountries.htm

Evans, N., Campbell, D., and Stonehouse, G. (2003), *Strategic management for travel and tourism*. Oxford: Butterworth Heinemann.

Framke, W. (2002), The destination as a concept, *Scandinavian Journal of Hospitality and Tourism*, 2(2), 92-108.

Gibson, P. (2002), The GNVQ in leisure and tourism: investigating student perspectives. In B. Vokonic and N. Cavlek (Eds.), Rethinking of education and training for tourism. Zagreb: Graduate School of Economics and Business, University of Zagreb, Croatia.

Goeldner, C., and Brent Ritchie, J. R. (2003), *Tourism: principles, practices and philosophies*. New Jersey: John Wiley and Sons.

International Council of Cruise Lines (2004), The safest way to travel: cruise ship security. Retrieved 11 October 2004 from www. iccl. org

Knowles, T., Diamantis, D., and El—Mourhabi, J. B. (2004), *The globalisation of tourism and hospitality: A strategic perspective* (2nd ed.). London: Thomson.

Laws, E. (1997), *Managing Packaged Tourism*. London: International Thomson Business Press. Lloyd's. (2003a, April/May), 'Cruise International.'

Lloyd's. (2003b, January), 'Silverseas.' Lloyd's Cruise International.

Lockyer, T. (2005), Understanding the hotel accommodation purchase decision, Paper presented at the CHME Conference, Bournemouth.

Maslow, A. (1970), *Motivation and personality* (2nd ed.). New York: Harper & Row.

McIntosh, R., and Goeldner, C. (1986), *Tourism principles, practices, philosophies*. New York: Wiley.

McKercher, R., and du Cros, H. (2002), *Cultural tourism: The partnership between tourism and cultural heritage management*. New York: Hayworth Hospitality Press.

Melian—Gonzalez, A., and Garcia—Falcon, J. M. (2003), Competitive potential of tourism in destinations, *Annals of Tourism Research*, 30(3), 720—740.

Moutinho, L. (Ed.), (2000), Strategic management in tourism. Wallingford: CABI Publishing.

Peattie, K., and Moutinho, L. (2000), The marketing environment for travel and tourism. In L. Moutinho (Ed.), *Strategic management in tourism*. Wallingford: CABI.

Plog, S. C. (1987), Understanding Psychographics in Tourism Research. In J. R. B. Ritchie and C. Goeldner (Eds.), *Travel tourism and hospitality research* (pp. 203—214). New York: Wiley.

Porter, M. E. (1980), *Competitive strategy: Techniques for analyzing industries and competitors*. New York: Free Press.

Porter, M. E. (1990), *The competitive advantage of nations*. New York: Free Press.

Shaw, G., and Williams, A. M. (2004), *Tourism and tourism spaces*. London: Sage.

Smeral, E. (1996), Globalisation and changes in the competitiveness of tourism destinations in Peter Keller (Ed.), *Globalisation and Tourism*, *46th AIEST Conference*, Rotorua, New Zealand. St. Gallen, Switzerland.

Smith, M. K. (2003), *Issues in cultural tourism studies*. London: Routledge.

Wahab, S., & Cooper, C. (2001), Tourism globalisation and the competitive advantage of nations. In S. Wahab and C. Cooper (Eds.), *Tourism in the age of globalization*. London: Routledge.

第六章 船上工作

学习目标

完成本章学习，读者应该能够：

■ 了解邮轮上的岗位及其职责、人员结构、合约以及与邮轮有关的组织

■ 明确事务部的岗位及其重要性，以及邮轮和航运业的酒店服务

■ 反思船上文化和管理具有多元文化背景的员工所面临的挑战

本章主要讲述船上人员配备和人员组织结构，以及相应的岗位和职责。分析事务长这一职务以及介绍酒店服务部门是为了帮助读者理解船上职权的划分和人力资源关系。人员招聘对邮轮经营者来说是一项复杂的问题，要特别注意酒店人员的管理、人员发展，以及酒店服务部门的熟练工、半熟练工和非熟练工的招聘等工作机制。研究这种敏感的职业问题的组织常为员工的基本职业需求进行辩护，为国际化员工提供帮助和支持(Garrison,2005)。

描述事务长这一角色以及船上酒店服务部门，是介绍向乘客和员工所提供的产品和服务的范围的铺垫。接下来，介绍独特的经营领域——酒店服务，包括顾客服务、吧台、休息室、餐厅、小餐馆以及住宿设施。另外，还讨论了与顾客娱乐活动相关的服务，如商店、赌场、娱乐演员以及港口讲解员等。

邮轮可能很混杂，也就是说，员工来自不同国家，有着不同的年龄、背景、学习经历、个人需求和抱负。本章的后一部分提出如何管理来自不同国家的员工的问题，并就员工对船上生活的看法进行案例研究。

一、邮轮上的岗位及职责

绝大多数大型邮轮拥有大规模的设施和活动，这就需要雇佣大量员工以确保邮轮这一“度假胜地”能够满足游客的需要。通常，邮轮需要要招聘管理人员

和一般员工(非管理人员),这些人员在等级制度内负责邮轮的安全行驶和商业活动。这种等级制度是以轮流"值班"为基础的,并由此派生出了一个术语——"值班员"。在很多船舶上,自动化改变了这种严格的24小时值班模式,但对于任何船舶来说,仍有必要保持经营的效率、安全和可靠。值班任务一般持续4小时:08:00～12:00、12:00～16:00、16:00～20:00、20:00～24:00、24:00～04:00和04:00～08:00。一般来说,甲板部人员或工程部人员会在一个24小时内值2次4小时的班。

在邮轮上,也存在同样的等级制度,后面再解释原因。但是,与油轮或货轮不同的是,大部分工作人员都是为游客提供服务。在现代邮轮业中,雇员分为管理者、乘务员和一般职员(Bow,2002)。管理者是指具有特定权利的雇员,他们分布在四个部门内:甲板部、工程部、广播部以及酒店服务部。服务人员也相应地分配在这四个部门,但数量是最多的。最后一个群体——"一般职员",包括商店经理、理发师、美容师、表演人员、赌场工作人员、摄像师,其中有很多是与特许经营者签约而在船上工作的。图6.1里的组织结构图是管理大型邮轮的一个例子。

由此形成的"轮船公司"是一个庞大而多元化的社区,因规模大且情况复杂,要求细心管理和协调。根据Branch(1996)的观点,邮轮总长在邮轮上具有绝对的权威,这种权威可以代替船舶所有者,万一船舶、员工、顾客或船舶的相关方面出现问题,他有权采取相应措施。第三章海事法律对邮轮总管开展了进一步概述。尽管邮轮总长和邮轮船长的级别相同,而且通常邮轮船长会担任邮轮总长的职务,但二者还是存在微小区别。邮轮上的其他高级职员也可以拥有船长的级别,例如负责机组人员、一般职员和乘客工作的人员部主任。

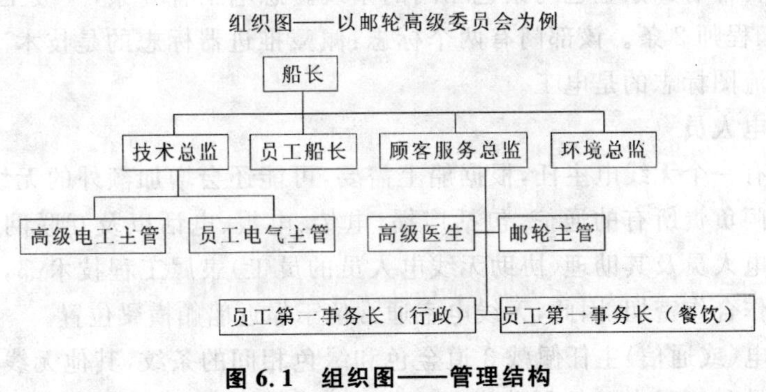

图6.1　组织图——管理结构

甲板部

邮轮总长不仅负责整个船只,也监管航行和甲板部。甲板部主任或大副负责甲板部的日常工作。船舶越大，甲板管理者越多，分别称为二副、三副或四副（确切数量根据船舶大小而定）。该部门负责航行和船舶的保养，甲板部的一位高级职员也要担任安全员的职务。学员是甲板管理者的候补人。

机组人员职位包括军士长（甲板部）和军士（甲板部）（他们在甲板部管理者的领导下负责监管甲板部工作）、甲板木匠（负责停泊和离港）、舵手（负责掌舵）、初级水手、2 级水手和 1 级水手（后两职位与甲板部管理者共同负责放哨和驾驶任务）、水手长（甲板手的总队长）、负责日常工作的员工。甲板部雇佣的所有水手中，不属于管理者的，就划分到普通水手（OS）之列（非熟练工）或身体健壮的水手（AB）（熟练工）。甲板部还包括特殊职位，如安全防卫。

甲板管理者可以通过他们所佩戴的纯金色的条纹来辨别。总长和船长 4 条，甲板部主任 3 条，大副 2 条半，二副 2 条，三副 1 条半，四副 1 条，学员一般有 1 条或半条。甲板部的标志是钻石。安保人员可通过他们所佩戴的棕色条纹和标志（大写字母“S”）来分辨。大多数邮轮都有一位环保人员，他向船长报告，容易辨认，因为他/她穿着绿色制服，佩戴金色条纹。

轮机部

机房是总工程师管辖的范围，总工程师主要负责船舶的动力、转向和一些电力辅助系统，如供暖、通风、空调、照明及制冷。总工程师还负责燃料、维护和修理。依照船舶的规模和动力系统的类型，邮轮可能需要额外的工程人员和学员，包括电气工程师。

轮机部的工作人员包括军士长（轮机员）和军士（轮机员）（他们在工程师的指导下监管机房）、初级轮机员、2 级轮机员和以及轮机员。一些船舶上还有一些特殊岗位，如电工。

总工程师有 4 条金色与紫色相间的条纹。总电工有 3 条，一级工程师 2 条半，二级工程师 2 条。该部门有两个标志：佩戴推进器标志的是技术工程人员，而佩戴电流图标志的是电工。

无线电人员

通常有一个无线电主任，根据船上需要，可能还会增加额外的无线电人员。无线电部门负责所有的通信，包括广播、电传、电报、电话以及互联网和卫星通讯。无线电人员及其助理（协助无线电人员的员工）隶属工程技术部，但他们与导航员工作合作密切，因此，无线电室通常位于靠近船舶横梁位置。

无线电（或通信）主任佩戴 3 道金色和绿色相间的条纹，其他无线电人员与甲板部人员和工程人员的划分类型一样。无线电或通信部的标志是无线电信号。这个职位正在快速消失。在电子化时代，技术类职位可以由一位电子人员承担。

医疗部

毫无疑问，由于邮轮上有一个特定规模的社区，邮轮上需要医疗队。主任医生（PMO）在众多医务人员或医生的支持下领导这个部门。根据船舶和客户的需要，可能还要安排一个或二个甚至更多的护士（一般是有官级的）。一些船舶还雇佣勤杂工，他们通常是普通员工。非常大的邮轮还会雇佣药剂师、理疗师和牙医。一些船上还有太平间。

医务人员通常有 3 条金色和红色的条纹。该部门的标志是 MERCURY 的手杖（二蛇盘绕，为医术的标志——译者注）。在船上提供医疗服务对船上社区的健康是必要的。医疗队通过提供专家服务也创造收益，正因为如此，一些邮轮公司将医疗队安排在酒店服务部。

娱乐部

邮轮主任通常是一位娱乐界的资深专业人士，他领导娱乐部。娱乐部负责安排邮轮游客（和船员）的所有娱乐活动，因此，雇佣的人员众多，包括音乐师、舞者、喜剧演员、演员、歌手、社交主持、音响和灯光工作人员、舞台技术人员、客座讲师、港口讲解员、保健人员、保健和运动指导、负责儿童的工作人员和专家等。

副主任经常协助邮轮主任。邮轮主任通常跟 3 道条杠的长官是同等级别的，并与酒店服务部门的相类似。

酒店部

酒店服务人员在员工数量上占主导地位，这取决于经营规模。负责这个部门的人通常称为酒店经理、酒店服务主管、顾客服务主管（PSD）或执行事务长。传统意义上讲，“purser”这个术语是指事务长，是“purse”的派生词，但是，不同的邮轮公司的使用方式不同。负责酒店服务部的高级官员有 4 条金色和白色杠。行政总厨、餐饮经理和副事务长有 3 道条杠。高级助理事务长、助理餐饮经理、酒吧经理和客房经理有 2 条半。第二事务长有 2 道条杠。该部门的标志是三叶草叶。

根据邮轮公司的不同以及所关注的核心价值、顾客类型和提供的产品的不同，酒店服务部可能是较传统的，也可能是较现代的，犹如岸上现代酒店一样。因为该部门是本书的重点，该部门的各类职位将在以下部分得到更加深入的描述。

二、酒店服务管理

邮轮上与酒店服务管理相关的每一件事都反映船舶的规模、劳动密度及与之相关的产品和服务质量。另外，作为一个航海企业，如果邮轮及与其发展有关的传统被认为是有价值的营销重点，那么执行事务长很可能领导酒店服务人员，否则，高层职位就可能是顾客服务主管或酒店主管。酒店服务由2～3名高层管理者直线管理，这些高层管理者相当于副事务长。这些副手主要负责餐饮、顾客服务（包括住宿）和财务。每位副手将负责一个团队，包括：

餐饮团队：行政总厨和厨师，包括以下几个方面：客房送餐服务厨房的厨师；酒吧经理、酒吧主管、酒吧服务员、酒吧助理服务员；总管、餐厅经理、服务员领班、侍酒师领班、助理侍酒师，服务员和助理服务员；员工和管理人员的食堂的厨师；以及伙食管理员和杂务工。

顾客服务团队：客房经理，客房行政人员，住宿服务人员，监督人员，公共场所监管人员（甲板），公共场所监管人员（休息室），勤杂人员，客房服务员，管家，洗衣房经理，洗衣房助理经理和洗衣房助理。

行政人员：行政部经理/前厅部助理事务长，行政部助理经理，初级助理事务长/初级助理前厅经理，接待人员，机组人员助理事务长，岸上观光经理，岸上观光助理事务长和初级助理事务长。

其他领域：购物商场、花店、打印店、行政商店、艺术品拍卖会、通信中心、美容院，摄影部也可能在这个领域。

各种邮轮根据自己的战略需要经营酒店服务。例如，公主邮轮招聘了一队初级事务长助理，并委任他们承担特定的责任，包括接待、岸上观光、艺术品拍卖会、餐饮和机组办公室。他们向助理事务长（即船上的部门副经理）报告。在有些情况下，如果有经营需要，助理事务长要向高级助理事务长报告。

根据人力资源的需求安排餐饮和住宿服务人员。任何邮轮的有效行为都是以包括服务员、客房服务员、斟酒服务员、公共服务人员在内的服务人员所提供的服务质量为基础的。人员对邮轮公司是一个很严峻的挑战。在增长阶段，邮轮公司面临着看上去难以置信的人力资源需求。新的大型邮轮需要大约1000名新员工。为了配备员工，必须考虑合同安排和合同类型。这些员工需要培训、监督和管理。抽调有经验的人承担培训任务，或者为投入使用的新邮轮配备有经验的人，会削减一艘具有良好声誉的邮轮的技能基础。达到最低标准的挑战是不会间断的。图 6.2 是一个事务部组织结构图的例子。要注意,很多公司在经营酒店部门时,使用不同的职位名称。

在船上,通常用各种较传统的方法来配置“酒店经营者”风格的厨师团队。这项工作由行政总厨负责,由一队负责电炉(在有些船上称为热压机)的初级厨师配合,电炉是厨房提供服务的地方。这些初级厨师也会在卫星餐厅提供服务,这取决于产品的风格和食物服务的预期标准。厨房里的各个部门由厨师主管管理,例如负责烹饪各种肉类的厨师、屠夫、调味品厨师、烧烤厨师、做鱼的厨师和糕点师,他们与其助理一起工作。另外,还有早餐厨师和客房送餐厨师,后者制作客房服务所需的食物,一般位于靠近客房或特等客房的配餐室。最后一点很重要,那就是要认识到,管理人员、员工和机组人员也需要餐饮服务,这是负责员工和管理层集体用餐的厨师的工作(其区域称为船上工作人员用餐区),这是一项复杂而必须的任务。

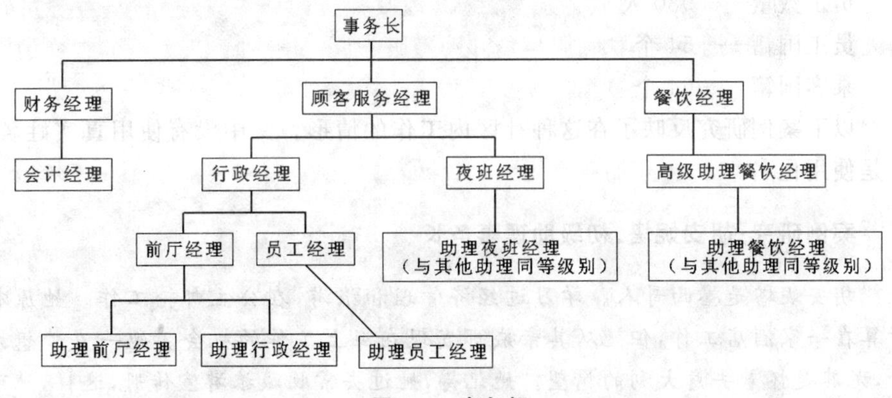

图 6.2　事务部

大型邮轮上的餐厅配有一名监督总管,来协调餐厅经理们的工作。每个餐厅都聘请一个迎宾员来欢迎客人并引导他们进入餐厅和就座。大型餐厅(每个区通常多达 300 桌)的各个位置都有服务员领班,这样,领班就可以监督服务员及助理服务员或勤杂工的工作,每个领班一般负责 16～18 桌。这类型大型餐厅一般会雇佣一名侍酒师领班和一组助理侍酒师来负责饮料和酒店服务。大多数巨型邮轮还包括自助餐服务区以及快餐店,如披萨店和汉堡店,这类餐厅是在服务员领班或助理服务员领班的监督下,由一些助理自助餐服务员承担相应的工作。

船上的酒吧经理负责多种吧台,包括负责餐厅饮料销售的独立的吧台、表演吧、鸡尾酒吧、休闲吧、甲板和泳池酒吧、香槟和鱼子酱酒吧和员工酒吧,有时候还有管理人员酒吧。这些酒吧由酒吧主管负责协调,酒吧主管和每个酒吧的服务员及其助理一起工作。

餐饮经理与助理经理/事务长及各个经理协调工作。商店经理接收、存储并向厨房、酒吧、餐厅或需求点的相关人员分配货物。

三、船上文化:管理多元文化背景下的员工

巨型邮轮上的工作人员的国籍和文化背景很可能是多元化的。对于能容纳 2000 名乘客的邮轮来说,应配有 900~1000 工作人员。公主邮轮公司的一艘初夏在地中海地区的邮轮上的人员构成如下:

乘客数量——2054 人

员工数量——980 人

员工国籍——54 个

乘客国籍——64 个

以下案例研究反映了在这种社区内工作的情形。文中没有使用真实姓名,而是使用化名。

案例研究:胡安妮塔,初级助理事务长

胡安妮塔是墨西哥人。学习过经济管理和旅游,在公主邮轮工作。她原本打算在一家酒店工作,但她从其亲戚那发现在海上工作的机会。她一直梦想旅行,尤其是怀着去意大利的愿望。她记得,她过去常收藏旅游宣传册,这样,她可以想象世界上不同地方的样子,她甚至还单独收集了公主邮轮的宣传册。最初,她是一名助理自助餐服务员,但最后,她成为初级助理事务长。她非常喜欢在海上的生活,这在她看来是单身女性的美好经历,她有信心晋升到管理层。她喜欢这份工作的原因之一是实行岗位轮换,这就意味着她可以根据合同在不同部门工作,例如岸上观光部或者机组办公室。

胡安妮塔可以说流利的英语和西班牙语(她的母语)。她注意到,船上有来自不同国家、说着不同母语的工作人员,还对船上员工的交往方式感到很惊奇。她对所有国家的人都很友好,并认为,这种国际场合下的一个关键因素就是大脑里没有一种语言,所有的员工都一起工作。尽管职别很可能会产生一些距离,但一般来说,工作人员都相处得非常好。

接待处的工作要求很高且富有挑战性。乘客遇到问题时会去接待处,也会去接待处查询信息。胡安妮塔相信,接待处工作人员既要坚强,又要有爱心,说

话以“我能为你做些什么?”开头。必须解决问题,帮助乘客,尽管结果通常是好的,但过程却是艰难的。胡安妮塔在港口时会放假休息,因为办公室人员很多,可以彼此相互照应,并维持合理的人员配备水平,但并不是每次都能上岸。胡安妮塔开始意识到,这项工作有利于学习语言和培养以人为本的观念。对这类工作而言,与自己一起工作的人也是自己的社交对象,这就意味着,你们很快就会成为朋友,在合同期末,你就有去拜访来自世界各地的他们。在公主邮轮工作的这段时间,胡安妮塔已经周游世界,最近,她第一次去了意大利。

案例研究:约翰,员工事务长

约翰的工作经历始于英国一家酒店,在P&O邮轮和公主邮轮合并组建公司时上邮轮工作。他可以选择加入南汉普顿外的P&O邮轮或者公主邮轮,他选择了后者,因为他发现,美式服务有吸引力。他现任一名高级经理,有信心在不久的将来晋升为客服总监(PSD)。他是从接待处的助理事务长(AP)开始干的,然后逐步晋升,直至现在的职位。现在他替补顾服总监(PSD)一职。直到五年前,他还认为这个公司靠能力晋升的速度很慢,现在情况变了,晋升是以完善的评估系统测评出的业绩为基础的。这一变化意味着,公司有大批很活跃且非常有才华的在职人员。在岸上的办公室内,有很多人习惯于以前较传统的P&O邮轮事务长模式;P&O邮轮已经变革了管理这个部门的方法。约翰说,大多数经理在人员管理方面是很有经验的。他说,职责要求高,薪酬就会颇丰。因此,经理们不会允许影响经营效率和质量的任何干扰。

员工按照一定的点数收小费(乘客每天的账户中涵盖小费奖金),餐饮部占65%,客房部占35%。客房经理和主管负责分配小费。基本工资比以前要少,但约翰说,奖金弥补了这一变化。尽管有乘客认为这种情形缺乏激励,但约翰认为事实并非如此。饮料销售提取15%的服务费,这对促进饮料销售的影响是显而易见的,这也是员工寻求更多培训的原因。公主邮轮的经营有一个信条,即一组第一个字母缩写成的CRUISE,分别代表顾客(Customer)、尊重(Respect)、始终如一的卓越服务(Unfailing In Service Excellence)。从提出这一信条至今,已有八个年头,所有员工都意识到这一信条,乘客满意度攀升,从过去的82%跃升到现在90%以上,如果低于90%,公司就会不高兴。

约翰认为,目前邮轮业发展前景越来越好,原因是多方面的,包括航程的原因、没有诺沃克病毒的爆发或引擎故障等不可预见的问题。邮轮上经理们所关注的重点可根据对需要的认知来预知。最好是事先能够预测并阻止问题的发生,而不是事后去面对所产生的不良影响。他的工作的权限范围宽广,包括酒店关键系统(安保)、评估、一线管理高级助理经理、礼品沙龙、艺术经理、船上销售、行政管理、酒店商场、花店、日用织品、摄影、室内装潢商、地毯、商店管理、审查采购清单、演出标准、住宿、规章执行、订货、准备驶进干船坞、离港与进港物流(与港口官员交涉)、安全形势、招标工作、船上报纸(公主号)、整体印刷、机组办公室、停泊以及船员的福利。

邮轮经理们可能比以前具有更多的自主权,但船舶并非脱离公司总部的独立经营的孤岛。现代技术使岸上的经理们能清楚地了解船上的境况和事件,因此,在岸上发现的重大问题就会被及时传到船上。这种响应模式之所以会出现,部分原因是一些人认为,这是回应所出现的问题的最合适的形式。这种回应也是有保障的,因为邮轮必须服从审查和监督,而审查和监督是在公海进行的,并会影响声誉。

约翰是很多委员会的成员。执行委员会(以前的PSD会议)、船长协商会及工作影响力会议都与收入有关。此外,还有很多会议,如诺沃克病毒行动委员会会议、事务长办公室会议(SAP)、初级助理事务长会议、酒店商场的每月例会(重点考虑成本和应对任何可能导致过度浪费的情况)以及邮轮会议(涉及所有部门,曾经为船舶委员会会议)。邮轮是一个具有活力的社区。那些工作出色的人会被重视,并获得丰厚的奖金。

这些案例注意到酒店服务部门的工作需求,强调初级助理事务长和员工第一事务长两个职位之间的工作和责任的不同。值得进一步考虑的要素还包括,能够展现船上活力和氛围的方面、职业精神、团队理念,以及长期职业生涯的机会优势。

四、在船上工作:实证

加入邮轮的新职员起初会被环境所征服。邮轮的规模、生活方式、支持和通知船员的结构以及海上工作纪律等可能都是不同的,需要一段时间去适应。人们之所以选择在邮轮上工作,一般的认为是因为他们可以旅行,但也有其他优势,如前面已经提到的工作的类型、薪酬水平、晋升机会和就业环境等。这些都离不开这样的事实——这是一份独特的工作,需要长期工作,要签订长期合约。接待业接待的通常是那些在工作时间之外进行社交活动或购买服务的人,而且在非社交时间也会有些具有接待性质的工作,这也并不是什么新鲜事。这种观点忽视了接待工作的社交性和好处,即当很多人在玩耍时,我们在工作;他们在工作时,我们在玩耍(Douglas and Douglas,2004)。邮轮上的这种设置摆脱了那种被很多人认为重复而无聊的刻板的工作方式。

尽管船上的条件取决于雇主，但最好是提供良好的员工设备，实行与船上人员配备相符的管理制度。一艘成功的邮轮会与员工的和谐产生共鸣，员工为现在的工作感到骄傲，并且做得不错，也很享受他们所作的一切。就餐设备要考虑员工和管理人员，员工和管理人员的餐饮通常由主厨房提供，由一个专门的副厨师长和团队专门为员工和管理人员提供能满足来自不同文化背景和不同地区的员工所需要的饭菜。为员工提供饮食是一项规模大、24 小时营业的任务。满足员工餐饮需要很重要，只有这样，员工才会获得饮食带来的乐趣。有些管理人员可能会跟乘客一起进餐，这是他们公关任务的一部分。

上岸要看经营条件。在团队成员能够完成值班任务时，就会安排某一小组或部门的全体成员休假。如果设施停用，而且员工没有其他任务，就可以休假。例如，所有商店在船泊靠岸时必须停业，此时，一般来说，商店员工就会放假并上岸。如果值班任务繁重，员工可能就不能上岸。按照海事法规的规定，出于安全和保障的原因，船舶必须保持最低的人员配备。

如果船上一名在编人员生病了，他/她就要去船上医生那里接受适当的治疗。如果病情严重，就会上岸治疗，并可能被送回国内，如果病情不严重，康复后就会返回工作岗位。在大多数情形下，健康和安全法规会禁止不健康的员工为游客提供餐饮服务。

一般来说，乘务员住在船上的集体宿舍（船舱），职别较高的人会住较大的船舱，超过一定职别就会单独住套间。任何邮轮上的空间都是有限的，因此建议员工要照看好自己带上船的物品。员工的住宿标准和规格因邮轮公司及船舶而异。跟餐饮一样，要尽可能提供最高标准的住宿，以确保员工对船上住宿感到满意，这是邮轮公司的分内之事。

社交生活通常是船上的一个亮点。与同事亲密无间地工作和生活在一起肯定会加深友谊。员工们在员工酒吧、办公室或社交场所一起度过时光。一般来说，员工酒吧的饮料价格比乘客区要低很多。大多数邮轮上有一个员工俱乐部代表，他/她通过与委员会商榷，为员工组织一些特殊活动。员工也可以使用特定设施，包括泳池、热水澡桶、健身房和电影院。船长和高级管理人员负责纪律。当一名员工加入邮轮工作时，她/他就会签字确认她/他会遵守规章制度。严重违反纪律的员工意味着会被立即解雇。

五、招聘工作

要想在邮轮上找一份工作就要做调查。有些公司充当中介机构的角色,它们为申请者提供接近潜在雇主的机会,并向申请者收费;有些公司则是真正的代理机构,是招聘中介机构,它们通常在雇员目标国或靠近区域设有办事处;有些代理机构事实上是邮轮公司为招聘员工而设立的下属机构;最后,有些邮轮公司直接招聘人员。涉及航运航海业或接待餐饮业的贸易期刊是有效的信息来源,因为主要雇主都会通过这些期刊来与更专业和有经验的申请者取得联系。事务部的经理人员应具有本科或研究生水平的受教育水平,其专业背景可以是经济学、接待业或旅游业。另外,很多雇主认可那些有接待业工作和管理经验的、但没有正式学历的专业人士。

英国普利茅斯大学设置了邮轮经营管理本科专业,学制为 3 年(4 年,包找工作),授理学学士(荣誉)学位,这一专业可以帮助那些想从事邮轮酒店管理工作的人做好准备并具备相应的工作能力(University of Plymouth,2005)。申请者在花钱获得在邮轮上找工作的介绍或帮助之前要三思。对很多具有申请资格人来说,最好直接与邮轮公司联系。

最后,申请者应记住,邮轮上的工作和生活方式并不一定适合所有人。例如,由于在邮轮上工作的经验和准备不足,有些潜在的员工不能适应新环境或者工作不顺利,一开始就不得不离开,或者被遣返回国。严重的人力资源保留问题不符合邮轮公司的利益最大化原则,因为保留多余的人力资源可能会对其他员工制造潜在的困扰,从而影响服务质量,而且从选拔、招聘和培训的角度来看,还会增加成本。Klein(2002)从一个有趣的角度研究邮轮上的人员问题,他的研究代表消极立场,他在书里提出的许多观点是对反对全球化和交通的资本主义化的观点的典型评论,并通过质疑邮轮业能否成为社会和环境可持续的实业来强调他的立场。Klein 假定,在这个行业内,雇主时常有压迫或剥削倾向。Klein 的著作是一本有趣的读物,他构建了一系列辩论,应该让那些想在邮轮业工作的人读一下,这样他们就会考虑这些批判,并反思在当代邮轮公司的生活和工作。后面章节将出现的培训方面的观点与 Klein 的观点是相矛盾的。

归纳与总结

邮轮上的环境就是一个社会的缩影。该社会的一个明确目的就是邮轮经营。然而，跟任何社会遇到的情况一样，多样化的个体之间存在细微而微妙的联系，要达到平衡就需要管理。本章所描述的管理结构为实现持续经营管理提供了一个框架。根据这些框架，经理们可以利用船上所制定的工作规范来领导团队。本章还提出了一些问题，将在第十一章和第十二章进一步论述。

术语表

送餐备餐室：为客房提供送餐服务的场所。

管家：一位负责接待的专业人士，专门提供高质量、个性化的服务。

等级制度：取决于不同水平的级别和责任的规则。

多元文化的：来自不同的文化背景。

管理员食堂：管理员用餐的区域。

斟酒服务员：葡萄酒服务生。

副厨师长：厨房内具有第二发号施令权的人。

本章复习题

1. 邮轮上的主要部门是哪些？
2. 每个部门的功能是什么？
3. 适合就业的选择是什么？

补充阅读及更多信息来源

http://www. british － shipping. org/training/index. htm：UK Chamber of Shipping

http://www. knowships. org/：US Chamber of Shipping

http://directory. fairplay. co. uk/showarea. asp? area＝Ship＋Owner：Directory

参考文献

Bow，S. (2002)，*Working on cruise ships*. Oxford：Vacation Work Publishing.

Branch, A. E. (1996), *Elements of shipping* (7th ed.). Cheltenham: Nelson Thornes.

Douglas, N., and Douglas, N. (2004), *The cruise experience: Global and regional issues in cruising*. Frenchs Forest, Australia: Pearson Education.

Garrison, L. (2005), Finding a job in the cruise industry. Retrieved 2 May 2005, from http://cruises.about.com/cs/cruisejobs/a/cruisejobs.htm

Klein, R. A. (2002), *Cruise ship blues*. Gabriola Island: New Society Publishers.

University of Plymouth (2005), BSc (Hons) Cruise Operations Management, from www.plymouth.ac.uk

第七章　顾客服务

学习目标

完成本章学习，读者应该能够：

■ 理解经营和管理在顾客服务中的重要性

■ 描述顾客服务的类型

■ 对比和比照影响顾客服务的内、外因素

■ 检查邮轮航线的顾客服务系统

■ 讨论邮轮顾客的资料和特殊需求

■ 思考人口学特征及其细分

一、服务和质量

本章内容涉及顾客服务以及质量这一难以捉摸的问题。质量这一术语很复杂，最初的基本理念认为它是乌托邦式的美好形式的一种（Tse，1996），例如，从邮轮上的经营管理者的角度考虑，质量意味着什么？Harris（1989）注意到，质量与声誉、赞赏、豪华和价格等声望相关联。例如，可以对比银海邮轮和伊兹邮轮，或者可以对比顾客对其接受的服务的看法及服务提供者所提供的服务。有些学者认为，质量只与最终顾客满意度有关。

有些作者认为，质量是指可靠的、符合市场需求的、费用最低的综合性产品或服务。有些专家则认为，质量更多地与顾客对满足其需求的产品和服务的感知相关（Juran，1980）。还有一些人认为，质量与创造“零缺陷”和第一次就把事情做对相关（Crosby，1996）。

这种争论提示经理们，要注意弄清他们自己头脑中所认为的质量是什么，这样，他们才能树立目标。对经营的启示是，关键要达到预期的服务水平以及在预算内达到产品的适当标准。一直追求完美的、依赖员工和顾客关系的服务企业，会出现有趣的经营两难境况。例如，成本控制和持续追求完美即是企业的两难境况。把这比作能理解顾客所需并设计出达到甚至超越顾客所需的服务的一个企业(Harrington & Lenehan，1998)。Wright(2001：186)表示，如果一个组织声称它的服务或产品是高质量的，那就暗示着，除基本服务或产品标准外，还有所谓的“较高水平的利益”，例如注重细节、高水平的礼节以及那些不同于商业活动的小事(有时候也不是小事)。

W. Edwards Deming、Philip Crosby 和 Joseph Juran 是提升质量管理地位的关键人物，他们的工作，包括其他人的工作，促进了质量研究理念、服务质量是差异化竞争的关键的理念、质量感知评估理念以及质量改进理念的形成过程(Tse，1996)。尽管他们关于经营质量的观点存在细微差别(见表 7.1)，但也存在共性：经理们能够在质量改进方面发挥作用；只有利益相关者(如供应商)参与时，质量改进才会成功；质量改进不是一件容易的事情；质量改进是一个持续的过程(Harrington & Lenehan，1998)。

表 7.1　质量管理

质量问题的理论家	Crosby	Juran	Deming
关键词(句)	零缺陷，第一次就做对	符合目的	低成本下一致性和可靠性的可预测程度，且符合市场需求
重点	质量是指产品或服务很符合顾客需要	可通过阐述目标来设立质量标准，然后完成这些目标	质量应该是持续的、可靠的和可接受的。质量是每个人的工作
含义	时间和资源不能花在纠错上	团队、群体和个人要经过适当组织和培训	顾客需求是明确的，需求得不到满足，就会去其他地方
管理措施	确认谁是顾客，他们如何定义质量。高级经理们负责保证质量	经理们要清楚目的以及实现该目的的措施	经理们要减少滞后、失误和有缺陷的工作，要理解市场及其变化路径

Dale(1999)认为，全面质量管理(TQM)，或全面质量控制(TQC)，其目的是持续改善质量，是 Deming 等美国专家顾问首先提出的。Deming 对 19 世纪五六十年代日本经济复苏做出过贡献。他们实现不断改进的途径是：识别最佳实践，确保它是最佳实践，训练员工以达到最佳实践。Tse(1996)将 TQM 的实施过程绘成一幅图，将其作为管理(和员工)理念，先在产品生产企业应用，后又应用于服务企业。她列出了 5 条指导原则：“致力于质量管理，重视顾客满意，评价

组织文化，授权于员工和团队，衡量质量成果”（Tse，1996：303）。其运用具有深远意义，因为这种方法引发文化变革，对于一些公司来说，这种变革可能太慢，结果不可能立即显现出来（Wright，2001）。然而，全面质量管理能够为经理们建立一套很合适服务机构的特殊方法。

全面质量管理的支持者强调，对所有企业来说，变革是不可避免的，通过变革来努力实现持续改善是所有企业所期望的。“Kaizen”是一个日语词汇，表示毫不动摇地一天一天地改善，是对不断开发的过程的命名。这个词语已进入成功企业的法典，他们已将 kaizen 方法运用到正常经营活动中（Wright，2001）。

分析质量差的原因也是有用的。Harris（1989）列出了一些因质量差而遭索赔的共性因素：

- 企业内部对质量关注不够
- 企业忽视质量驱动元素
- 对产品、服务和过程的规范不完整或不适用
- 经营方式设计不当
- 监督和管理不当导致纪律和控制过多或过少
- 监督和管理不当导致情绪低落
- 人员培训不到位或者未经培训
- 工作环境恶劣
- 岗位说明不明确
- 设备和工具维护不够
- 原料不符合规范
- 无效的审核或检查
- 高层管理控制差
- 缺乏奖励和激励措施

这个明细表明，质量是很复杂的，质量成为争论焦点的环境是很独特的。另外，与质量输出有关的变量是，要做好就需要保证一贯性和专业性。

二、产品和服务的质量

行业观察员表示，产品和服务之间有着本质的区别，这对设计标准和设置质量门槛时很重要（Harrington & Lenehan，1998）。事实上，它们可以做如下描述（见表 7.2）。

表 7.2 定义产品和服务

产品	服务
一件东西/物体/设备	一项需求/表现/努力
有形的	无形的
独立存在的	需要人的参与
顾客不参与	顾客完全或部分参与
标准的	多样化的——每次都不一样
可以储存	不可储存
在销售前可测验	在销售前不能监测
生产常与消费或使用分离	生产与消费常同时进行
产品购买有很多思考的机会	服务接触是片刻的

正如本章前面提到的，确定质量的关键是要理解顾客的需求和愿望。然而，一直以来，寻求这种理解的主体是服务的提供者，这就暗示着可能存在误解。于是就会产生问题，因为参与服务的人员或过程会发生变化，这样就会损害实际的服务质量和对顾客需求的理解。全面质量管理的方法强调，要不断地对这两方面进行评估，加强培训投入，以确保持续一致的质量管理。利用这种方法，邮轮公司要重视发现顾客所想，然后在有限的预算内，达到这个目标。

三、经营与管理

在确保回头客人和赢得新的商机方面，邮轮公司的成功与其声誉直接相关。过去和现在的顾客及其对服务和产品的质量的感知直接反映声誉。如前所述，关于服务质量、顾客感知和质量理念方面的著作已有很多(Dale，1999；Peters，1987；William & Buswell，2003；Wyckov，1982)，企业必须始终如一地追求持续的质量改善。服务水平的高低最终取决于顾客的评判。

因此，重视满足甚至超越顾客对产品和服务质量预期的公司在保持现有顾客和吸引潜在顾客方面具有较强的优势。公司投入时间和金钱的目的是为了优化顾客服务计划，从而使员工和顾客都认识到做好顾客服务的重要性。但是，在提升顾客服务主动性和传递有效顾客服务之间会产生分歧，而且提供持续的、高质量水平的服务确实不是一件容易的事情。员工闹情绪、行程改变等意外事件的发生以及产品问题导致服务输送中断等，都属于对服务质量产生潜在威胁的因素。

一艘成功邮轮的规则是必须的。把一切做好和超越预期意味着高级职员、经理人员、乘务员和一般员工是训练有素的，发自内心地以乘客为中心，在出现问题时能够主动为乘客提供帮助，能够意识到所需求的质量标准并有能力超越这些标准。所有这些必须在预算范围内持续地做下去。一个已在船上完成9个月合约的员工必须保持跟新员工一样的饱满精神。

由于一系列原因，顾客服务是对海上经理们很大的挑战。员工与顾客比会很高（在豪华邮轮上，差不多是1:1），这就要确保与乘客接触的所有员工能够做到以顾客为中心。大型邮轮上的乘客来自很多国家，这就意味着，乘客对服务质量的预期将各不相同。现代邮轮的乘客要求很高，一部分原因是因为生活在邮轮上的是一个中等富裕的社会，他们强调顾客权利，并主张通过投诉以获得补偿利益。

然而，我们也应认识到，由于在海上，有很多顾客服务优势。员工通过签订合约为很多邮轮效力。这样，他们就不能轻易辞职，他们的表现也不能避开监管人员的视线。邮轮上的交际关系很复杂。顾客和员工很多天生活在一起，结下友谊。在这种情况下，只要顾客服务不间断，乘务人员就很可能有很多机会提供服务，从而使乘客的普通度假变得意义非凡。

还有另外一个值得考虑的因素。邮轮上不同活动对劳动强度的要求也不同。例如，与岸上同等酒店相比，邮轮上的食品服务和食品加工的劳动强度要高，岸上酒店的员工顾客比一直在缩小。之所以如此，一方面要区分和维持较高的“服务质量”，另一方面邮轮乘务员的数量受重要法规和安全问题的制约。

邮轮上的酒店服务经营管理的目的是维持最优的服务接触策略以满足服务质量的要求。做出确保服务接触的决策是必要的，是为了适时地利用其他方法（Lovelock，1992）。例如，在上船前，可以通过网络或旅行商预定特殊服务或岸上观光项目，这样就减少了船上人员的接触频率。这种管理举措可以减少排队，避免拥挤，同时提高顾客满意度和员工的岗位满意度。

另外，要考虑邮轮上乘客可能与乘务人员接触的一些活动项目。这些活动可能对高频度接触到低频度接触都有要求。在提高服务质量或者服务质量不受影响的情况下，可以考虑减少接触的策略。例如，利用客舱的屏幕显示账目记录来减少乘客前往接待处收集和索求（在某些情况下）发票的次数。在其他时候，像船长鸡尾酒会或欢迎仪式等这样的一些精心组织的活动可能产生高频度接触的感觉，且不会必然地影响经营需求。Lovelock（1992）认为，只要按下列方式思考服务接触，所有的服务机构都能实现经营改善：必要时拆分服务场所；尽可能通过适当的战略减少接触（见表7.3）；在接触不可避免的地方，则要增强接触，使各方受益；对低频度接触的区域进行检查，从而不断提高效率和质量。

表 7.3 接触战略

接触减少策略	接触改进战略
努力采用电话、邮件或其他形式的联络方式	使用发号码牌系统
引进预留和预约系统	培训联络人员，使之能很好地应对他们可能遇到的所有情况
创造二次信息点，以减缓主要设备的压力	维持始终如一的经营时间
在下客点收集乘客信息	将后台办公与前台接待分开
将服务带给乘客	利用标语牌引导排队
通过巡回接待员来控制、分享和提供信息	
谨慎使用标识	

邮轮上接触的水平和类型各不相同。接触类型包括乘客在餐厅所接受的个人化服务所发生的接触，客房服务员和乘客在客房或特等客房遇见时所发生的接触，管理人员在餐厅与乘客一起就餐(并不是所有邮轮都如此)所发生的接触，还有晚上在酒吧和夜总会遇见高层时所发生的接触。大多数乘客认为，这些形式的接触，包括很多以上没有描述到的接触，对实现乘客体验最大化是很重要的(Douglas & Douglas，2004)。乘务人员、一般员工和高级职员需要充电，既要以乘客为中心，又要给乘客足够的自由时间，认识到这些也是很重要的。

四、管理顾客服务

表 7.4 列出了能满足美国市场需求的、一艘典型的大级别邮轮上的典型服务，这些服务是邮轮游客可能体验的服务。这个列表不很全面，只是一个引导。随着邮轮业的继续发展和目标市场的细分，相应地将不断创新产品和服务，因此，这个列表并不详尽。

表 7.4 船上服务

上船	管家服务
欢迎仪式	娱乐服务
情况介绍和引导	运动和消遣服务
安全和救生船演习	美容和健身
餐饮服务	娱乐活动
商店和精品店	赌场
医疗服务	夜总会和迪斯科
口岸讲解员和信息服务	岸上观光
住宿服务	上岸服务

信息

在载有大量乘客的船舶上,信息必须准确、有效且及时。大多数邮轮都有一个为乘客提供信息服务的中心——事务长办公室或接待处。在上船后的初期,乘客有一个熟悉邮轮环境的适应期。为达到这一目标,需要提供信息服务——将信息寄到乘客的家庭住址,在客房内放置信息包裹,如在邮轮上各关键位置放置邮轮“新闻”等印刷版的信息材料。毫无疑问,有些乘客会前往接待处问询,有些则用电话联系,还有些则不管遇到谁,会停下来直接询问。

从顾客服务的角度看,通过预测顾客需求可以获得很多信息。尽管预测邮轮乘客的需求很重要,但有证据表明,第一印象和最后印象对形成服务感知印象及服务体验感知印象是很重要的(Office of Quality Management,2005)。乘客需求预测有助于建立一套既定常规,从而使接待处的人员配备、对提供登船询问服务的人员的培训以及印刷材料的生产量达到最佳效果。在乘客服务中,如果信息处理不当就会产生一些负面影响,例如,在接待处等信息咨询处会出现游客不满、拥挤和排队等现象,也会导致超负荷的电话咨询,从而产生无应答或应答迟缓、不称职、缺乏关怀和不专业等不良影响。

顾客服务的影响因素:小费

不管是服务生、客房服务员、公共区域服务员还是酒吧服务员,直接与顾客接触的服务员都有可能得到小费。纵观历史,小费制已是一种惯例,但有时也会使顾客和服务员的关系变得很尴尬。在欧洲的酒店和餐厅,实行“tronc(小费)”制,这种做法为小费的分配提供了一个范式,并被所有接待行业所效仿。这个制度以职别点数来分配小费,职别点数取决于服务人员的职别。职别点数高的人,如主管或餐厅经理等,分到的小费也就较多。这个制度依赖于那些收到小费并将钱上交到中心的人。

不同邮轮公司的小费制度也各不相同。部分原因是乘客的文化差异,但也有其他原因,如公司或品牌对小费制的立场和态度。一个公司可能称邮轮是无小费区,如“海洋村”号,而另一家公司,如公主邮轮,每日向每位游客收取10美元服务费,同时,会自动向顾客加收酒吧账单的15%作为服务费,后者可归属于小费偏好类型。服务费是可选的,如果乘客认为不合适,就可以拒绝付服务费。P&O邮轮给潜在的顾客提供了一份小费收取指南,目的是鼓励乘客按惯例给特定员工一定数量的小费。

考虑小费制的利益相关者很有用,各方对小费制及其意义有着不同的看法。

利益相关者之一——乘客

不同乘客对小费的反应也各不相同。如果一位顾客习惯了付小费,那么这个习惯差不多会变成第二天性。如果一位顾客习惯于把付小费作为一种一般的退出策略，那么就可以认为是对额外的特殊服务支付奖金。或许有时候，给小费是因为服务者在某种程度上报酬很低，这样，付小费就可以纠正这种偏差。有些乘客把付小费当做一种进入策略，这就向服务者传达一个讯息，会有更多的小费等着拿。一些客人找准一位重要人员，如领班，作为进入策略的重点。乘客通常会很乐意每天支付一定数额作为服务费用，在酒吧账单上，也会支付一定比例的费用。但不可避免地，一些人会谢绝支付服务费，因为他们认为，这对他们不公平，或者这不是他们想做的。

利益相关者之二——服务者

钱就是钱，而且在服务性工作中，小费是一笔不少的收入，因而会使得工作收入很可观。有时候，收到小费是一种真实的奖励，感谢你使得(游客的)假期变得很有意义；有时候，一些乘客将小费装在信封里，以掩盖只有很少一点钱的事实。给小费会出现不公平的情况，有时候要看顾客是谁，如果运气好会遇到"慷慨女士"，运气不好可能会遇到"吝啬先生"。乘客似乎并没有理解小费对服务者来说真正意味着什么。一些人感觉不自在甚至窘迫，好像这是不好的行为，但这不会让服务者觉得难堪——这一点太重要了。采用固定日薪的管理制度是好的，尤其是对监管人员来说，但也有额外的收益，除了征收之外，顾客仍然可能会给小费。

利益相关者之三——雇主

给小费是邮轮体验的一个基本组成部分。可以这样来理解，雇主支付最低的费用水平，但实际收入是雇员可以接受的。如果收入不能接受，员工将不会再续他们的合约。那是说这就意味着，如果管理不善，小费是产生分歧和不和谐的一个原因。员工会注意同事所收到的小费，有时候，如果服务者没有收到期望的小费，他们就会不高兴。虽然一个有效的小费管理系统会克服这个问题，如利用比例指标和固定工资来分配小费，但一些乘客仍会给小费，这也是显而易见的，这就意味着，不公平的问题只会缩小但不能消除。

从另外一个角度来看，为解决乘客和员工对小费的负面反应的潜在问题，不付小费是一个有用的方法。要申明，不要指望小费，事实上，也不会拒绝小费。还要传递这样的信息，在某种程度上，小费是不公平的，一些顾客对小费感到很不舒服，他们会把精力置于这些不重要的事情上。而且，经营者似乎在建议他们的员工不要要求给小费(大概他们通过工资就能获得奖励)，员工也很满意这种情况，好的服务是不用单独掏钱来购买的——它已经包含在产品组合里了。

五、服务质量的人性面

顾客服务会受到与船上生活相关的个人因素的影响。邮轮采用固定期限的雇佣合约形式，在有些情况下，合约为期 6 个月、8 个月或者 10 个月，员工每天按合约持续有效地工作。一些邮轮公司因为与其竞争对手相比采取了更“开明的”雇佣政策而著称。那些声誉较好的邮轮公司能确保有一个公平和公开的方法来安排离岸时间，包括因生病或不可避免的原因而离开工作区域以及为船上所有人保持良好的社会环境。

不管什么原因引起的服务员闹情绪，都会使顾客服务处于危险状态，此时就有必要中断服务。邮轮上社区的本质就是，它是一个开心的和近乎受庇护的环境，在这里，人们都是朋友和同事，在一起工作，相互支持。如果在安排上出现什么问题，就会觉得不舒服，况且，无论是在社交时间还是在工作时间，员工不开心都不符合公司的利益。

很多邮轮公司都会由全体员工选举或委派一名社交俱乐部负责人，与获得薪水的雇员一起工作，来指导安排各种事件和活动。尽管签订长期合约明显是单调无味的，但每个员工的实际情况不一样。旅行及员工所参观的地方的吸引力，以及食物套餐、廉价饮料、娱乐、活跃的社交生活、可通过电话和互联网来保持联系，这些都意味着，与在家中相比，在邮轮上生活更具吸引力。很多员工爆料，在家待一个月后，他们就盼着回到邮轮上去工作。

邮轮公司的顾客服务系统

顾客服务战略常被用来从整体上指引品牌以及明晰品牌对顾客的愿景和使命。例子如下：

CRUISE——“公主邮轮计划”(代表礼貌、尊重、始终如一的卓越服务)感谢并奖励船上工作人员去发展稳定的顾客关系，去主动地、积极地、不厌其烦地用微笑满足顾客需要(Princess Cruises，2005)。P&O 邮轮和 Swan Hellenica 邮轮也使用这个简称。

金锚服务——(Royal Caribbean Cruise Lines，2005)提出如下的理念：

什么是金锚服务？它是我们如何使您的邮轮体验变得更加难忘。使我们的顾客一次又一次地回来的是我们的友好的和个性化的服务。可能是记住您女儿玩具熊名字的一个服务人员，或是记得额外加放橄榄的调酒师，或是提醒您晚餐预订时间的一个客房服务员。我们独特的服务风格会加深您的邮轮体验的方方面面的印象。不管您在哪里——泳池、餐厅、水疗中心或是您的房间——时刻准备欢呼！而且，我们 24 小时提供服务。这是超越正常服务的方法。这就是金锚服务。

此外，银海邮轮追求的是超出所有预料：

银海邮轮的服务几乎是世界上最好的。它是一种理念，一种态度——汇集独特的欧式风格和我们本身所固有的特质，取悦您们、看到您们的笑容的愿望驱使我们追求完美。它始于您们踏上邮轮那一刻，我们以热烈的欢迎和香槟招待您们，接着是贯穿于整个航程的心照不宣的需求预期。在银海公司舒适的邮轮上航行就像是参观朋友的家一样；他们会用名字来跟您打招呼，且您的个人偏好会一直被记住(Silver Cruise，2005)。

人口学特征、邮轮顾客的信息、特殊需求

邮轮顾客受直接且有针对性的营销所吸引。专门针对特定人群设计产品，邮轮品牌也会非常关注他们的销售对象。这个策略会使对可能参加邮轮旅游的人的了解达到很高的水平，但在典型信息中，可能是一系列的内容丰富的特殊需求。游客的大多数需求可以预见且能够获得满足，但还是会有一些不能预见的情况——一些顾客有新的需求或要求，这就加大经营管理的挑战。

邮轮游客的人口学特征每年都在发生变化，年龄较低的群体和更为多样化的顾客类型开始产生更大的影响。在过去，常规的邮轮游客是退休人员和女性。年龄较大的游客、有残疾的游客、有特殊偏好(在餐饮、床上娱乐以及特殊停靠港和岸边活动)的游客会得到理解，他们的需求也会被标记并获得满足。例如，上船时以及从船上转移到码头周边时，那些行走不便或是坐在轮椅上的顾客常会遇到困难。人口学特征的变化意味着有新的需求。例如，为了适应人口学特征的变化，提供的产品和服务包括体操房、儿童保姆、计算机游戏、体育运动、更轻松的就餐环境以及更大的夜总会等。

表 7.5 给出了每位顾客的可能需求种类。

表 7.5 游客需求

资料
40 多岁的已婚夫妇，双方都工作，活跃的生活方式，享受生活中美好的东西。社交老练，有抱负。喜欢新地方，喜欢遇见新朋友。
快 30 岁的年轻夫妇(儿子 6 岁，女儿 4 岁)。丈夫是一个信息技术专业人才，妻子兼职做电话调查员。希望获得放松，孩子们开开心心。
单身女性，已退休，72 岁。健壮，健康，活跃。喜欢跳舞和结识朋友。她是一位资深的邮轮乘客。

由国际邮轮协会(CLIA，2005)得知，“人格面貌”或个性范围宽广，每一类

型都具有独特的心理特征(Williams,2002)。这些人与参加邮轮游客的类型是相类似的。在各种个性类型中,包括以下几种类型:焦躁型占全部邮轮游客的33%,这一类游客认为,费用是他们尝试不同度假的一个障碍;热情型占全部邮轮游客的20%,这一类游客一般有生活压力,并寻找机会逃离生活压力;追求奢华型占全部邮轮游客的14%,这一类游客花费最高;完美购物型占全部邮轮游客的16%,这一类游客追求最好的价值;"探险者"占全部邮轮游客的11%,这一类游客受过良好的教育;还有6%的"船迷"或对邮轮很感兴趣的游客,他们懂得很多邮轮知识。最后一类也是最资深、最高级的群体。

六、提供顾客服务

顾客服务是邮轮体验的一个必要的组成部分。餐厅里热情且个性化的服务、客房服务员表现出的关心和共鸣、助理事务长用友好的态度成功化解潜在的问题等,都是重要且令人难忘的。完美的顾客服务的效果是产生忠实的顾客。然而,也会出现相反的情况——不好的顾客服务会赶走顾客。实质上,顾客服务是一种直接与顾客打交道的公关(PR)形式(Kudrle & Sandler,1995)。顾客服务需要高水准的沟通以及认识顾客需求的能力。

Johns(1994)认为,企业要赢得他们应该得到的顾客;换句话说,失去顾客的企业应该从自身内部查找原因。所有员工都应该实践顾客服务,尤其是一线员工应该接受培训以展现和实施能产生差异的关键技能。邮轮公司以高品质的顾客服务为基础建立自己的品牌,从而支撑邮轮产品的有形要素。顾客服务本身也是建立在某些关键要素基础之上的,如沟通的能力、产品和服务的知识、以及交往技能等;最简单的单个要素,看似在顾客服务过程中发挥着不相称的作用,就是每个员工在恰当的时候保持微笑的能力(Clark,1995),Clark 认为这是普遍的人类行为,它传递着积极的信息,也表明愿意以友好的方式进行接触。

好的顾客服务实践是什么

顾客服务具有主观性,且顾客以个人的独特方式来理解顾客服务。就其本质而言,顾客服务是高度个性化的,而且会出现错误或问题。一位有经验的一线工作人员会适应他或她知道的每一项个性化的顾客服务事项,以产生符合顾客和公司利益的最好结果。

通常很难记住与前台员工没有言语冲突的不满意的顾客。带有消极情绪的、不易相处的顾客通常不会为实现最好的产出创造最好的条件,而且不易相处的顾客也是比较常见的。人们通过观察和实践学会抱怨。我们的媒体驱动型社会也为人们练习这些技能创造了很多机会，甚至有人陶醉于将该技能转化为艺术的机会（Williams，1996）。如果不能妥善处理消极顾客的问题，消极因素就会扩散（据研究，可多达5人）。妥善处理好投诉事件，会使不满意的顾客变得满意，产生积极的公关效应，促进销售增长，有助于改善许多员工沿途的工作生活。

七、顾客服务指南

树立正确的态度

好的一线员工知道什么时候说话，什么时候倾听。倾听技巧包括：注意力集中和良好的眼神交流（注意），谨慎使用点头和手势以及采用偶尔探问或解释（紧跟），并归纳或确认理解了（反应）（Clark，1995）。此外，处理任何冲突前，采用正确的态度并保持心胸宽广是很重要的。之所以重要，是因为最好要让客户能够毫无顾虑地表达自己，而且能够倾听和包容潜在的令人烦恼的情况。这样做可以双重保护顾客和公司的形象和声誉。

让顾客说话

最好总是设想顾客是值得信任的，不会从其他顾客的经历中去查找瑕疵或漏洞。投诉是一种解决问题的争论，而不是一场战斗，记住这一点很重要。顾客总会坚信自己是正确的，而且有时候这个立场可能看似不可动摇。通过交谈，顾客可以将问题传达给应该接收信息的人。所以，员工收集信息的能力很重要，它能帮助顾客冷静下来。这可以缓和情绪并为下一步协商创造了一个平台。

情感共鸣

如果员工能够表达出对顾客感受的理解，他/她在面对抱怨时就没必要感到内疚。通过使用表示关切的语言和语调，员工稳定情绪并主动表达与顾客一起处理问题的愿望。在这一阶段，工作人员应该查明不清晰的事实，并系统地理解顾客所说的情况。

解决问题

在解决问题时，不要说"不"。正确的做法是弄清顾客所需。向顾客说明选择方案，并调查和探究解决方案，以确保最终方案是双方可接受的。要根据公司的政策提供可供选择的处理问题的方案。要对有理的投诉做出表态，要承认问题的存在并予以一定形式的补偿。补偿的回旋余地取决于政策，例如，可能是领班给顾客免费赠送一瓶酒以表示对严重的服务迟缓的歉意，也可能是高级助理事务长向顾客提供100美元的信用，作为对顾客个人财产损坏的补偿。

绝大多数公司不允许在船上退款，他们希望将顾客的资料送到岸上的相关部门，并根据这些资料适当考虑理赔。船上的消费品或花费会与事实不符，即由于销售价格没有实现，按实值计算的损失只是潜在销售量的成本而已。

继续跟踪

投诉似乎会伤害员工，但要记住，投诉可能对顾客产生同等的、甚至更大的伤害。此外，投诉会使公司重视可能出现更大问题的征兆。从这方面说，公司应欢迎所有的投诉，一线员工应怀着感激之心来面对顾客。要对所采取的任何行动进行立即跟踪。即使没有跟踪联系的要求，这仍不失为保持与顾客联系的好的做法，通过跟踪，告知顾客你们所做的一切，并且一切正常。

行动和解决方案

这一步包括，记录问题和创建描述问题是如何解决的事件日志。在更宽泛的范围内公开问题的细节很重要，这样，相关同事就会了解并更加密切地监督这个情况。可能会出现得不到广泛理解的情形，而很多问题的起因在于缺乏沟通，因此，绝大多数建议是更好地练习沟通。最好是预防问题的出现，而不是出现问题后再去弥补(Crosby,1996)。

重要的例外

如果客户的行为举止不合理，出现言语或行为上的辱骂和威胁，就要按规定采取措施。如果出现这种情况，要找高级领导或立即求助。应该没有员工感到他/她受到侮辱，员工在从事工作时，应该感到安全和安心。幸运的是，这类事情很少发生。

与顾客交谈时，工作人员要注意不要使用一些煽动性言语。根据情况的不同，煽动性言语包括：

- 你肯定是弄错了
- 我帮不了你，或我不知道
- 冷静，或别喊
- 那种情况之前从来没发生过
- 不是我
- 对不起，那不是我的问题

如果顾客服务人员中的成员看起来很厌烦，或在受理投诉过程中被同事分心，或者用高人一等的声调说话，这些情形也具有煽动性。工作人员应该致力于给出现实的承诺，并及时识别更坏的情形。服务改进会使顾客印象深刻，加深顾客印象是永恒不变的目标。少承诺和超额兑现是一种好的做法。

归纳与总结

本章搜集了大量有关服务质量的理论，并将这些理论应用到邮轮管理中。尽管好的管理者能使服务质量提升，但巨型邮轮的环境是如此复杂，以至于在航行中会出现大量毛病或问题。邮轮公司的增长是正的、令人振奋的和值得肯定的，但是，当新员工培训不够或准备不足、有经验的员工需要做更多工作以及公司规划者忽视增长中出现的运作紧张时，关键的质量环节就会受到威胁。

术语表

审计：执行独立的对系统记录和行为的观察和检查，从而检测其适当性和效率

生育高峰期出生的人：是指出生于 1946 年至 1964 年之间的出生率提高阶段的人

共鸣：能够换位思考从而理解感觉是什么

赔偿：作为支付或修理而给予或收到的一些东西(如钱)

岗前培训：对即将走上工作岗位的新员工的培训

排队：人们站成队伍以便按顺序行进

指南(邮轮旅游开始时)：确定每样事物的位置，从而使游客不会走失

人格面貌(市场营销术语)：顾客类型的心理学术语

规格：为产品或服务确定最低和最高标准以及参数的设计和样板

有形的：可感觉的，尤其是可触觉的

本章复习题

1. 质量是指什么？
2. 产品和服务之间有什么差别？
3. 什么是 TQM？
4. 管理小费的方法有哪些？
5. 描述处理顾客投诉的主要阶段。

补充阅读及更多信息来源

http://www.mazur.net/tqm/tqmterms.htm: Dictionary of TQM terms

International Journal of Service Industry Management
Journal of Retailing and Consumer Services
Managing Service Quality Journal
The Service Industries Journal
The TQM Magazine

参考文献

Clark, M. (1995), *Interpersonal skills for hospitality management*. London: Chapman and Hall.

Crosby, P. (1996), *Quality is still free making: Quality certain in uncertain times*. New York: McGraw—Hill.

Dale, B. G. (1999), *Managing quality*, (2nd ed.). Hemel Hempstead: Prentice Hall.

Deming, W. E. (2000), *Out of the crisis*. Cambridge, Mass.; London: MIT Press.

Douglas, N., and Douglas, N. (2004), *The cruise experience: Global and regional issues in cruising*. Frenchs Forest, Australia: Pearson Education.

Harrington, D., and Lenehan, T. (1998), *Managing quality in tourism: Theory and practice*. Dublin: Oak Tree Press.

Harris, N. D. (1989), *Service operations management*. London: Cassell.

Johns, T. (1994), *Perfect customer care*. London: Arrow Business Books.

Juran, J. M. (1980), *Quality planning and analysis: From product development through use* (F. M. Gryna, Trans. 2nd ed.). New York: McGraw—Hill.

Kudrle, A. E., and Sandler, M. (1995), *Public relations for hospitality managers*. New York: John Wiley and Sons.

Lovelock, C. H. (1992), *Managing services*. New Jersey: Prentice Hall.

Office of Quality Management (2005), Quality Bytes: managing perception points to make service per—ceptions last, 4 Aug 2005, from http://www.nus. edu. sg/oqm/news/qbytes/archive/issue0013/ Peters, T. (1987), *Thriving on chaos*. London: Pan.

Tse, E. C. (1996), Towards a strategic total quality framework for hospitality firms (M. D. Olsen, Trans.). In M. D. Olsen, R. Tear, and E. Gummesson (Eds.), *Service quality in hospitality organizations* (pp. 316).

London: Cassell.

Williams, A. (2002), *Understanding the hospitality consumer*. Oxford: Butterworth Heinemann.

Williams, C., and Buswell, J. (2003), *Service quality in leisure and tourism*. Wallingford: CABI Publishing.

Williams, T. (1996), *Dealing with customer complaints*. Aldershot: Gower.

Wright, J. N. (2001), *The management of service operations*. London: Continuum.

Wyckov, D. D. (1982), New tools for achieving service quality. In C. H. Lovelock (Ed.), *Managing services: Marketing, operations and human resources* (2nd ed.). Hemel Hempstead: Prentice Hall.

第八章　餐饮经营管理

学习目标

通过本章学习，读者应该掌握：

■ 认识邮轮上如何管理邮轮餐饮经营

■ 考虑有关仓储与供应的问题

■ 理解餐饮管理的系统方法

■ 思考邮轮上的组织问题

很少有比在高规格现代邮轮上更复杂或要求更高的餐饮经营管理了。然而，岸上的经营局限在削减成本、非技术化和集中生产的环境中竭力实现最高标准的产出，相比之下，邮轮上的餐饮供给水平是名副其实的优秀榜样。

Kirk 和 Laffin(2000)描述了那些涉足“旅行餐饮”的人们面临的独特问题，更具体来讲，是在邮轮餐饮遇到的问题。下面是他们概括的一些要点：

■ 船上食物的质量是邮轮成功经营的关键，然而食物不是人们选择这类度假形式的主要原因

■ 邮轮度假的价格里包含食物和饮料(有时候)的供应

■ 邮轮上经营各种类型的餐厅以满足不同乘客的需求

■ 在建立供应链时，可能会存在复杂的物流问题

■ 就餐设施的管理要达到最高可能的标准

■ 乘客和员工之间的比例要低，这样服务水平才可能会高

■ 员工有时在好几个月里都要每周工作 7 天

■ 由于小费、免税工资以及旅行机会，使得员工获得的回报很高

Kirk 和 Laffin(2000)提到，船上厨房的布局常类似于岸上较常规的厨房。他们进一步指出，与其他类型的旅行相比，例如航空旅行，空间是不成问题的。然而，在一定程度上，新一代邮轮经营者在厨房设计方面取得了进展，这样，与岸上的经营者相比，他们显得比较反常。邮轮上厨房的构建就是为了有效满足食品生产的特殊需求，即安全、高效、持续地制作大批量、高水准的食物。

在某些方面,海上邮轮餐饮经营的限制带来某些令人感叹的优势。船上的人员配备水平(船上全体员工)要达到法律法规的要求以及满足满员时经营的需求。人员配备不能突然减少或增加。最佳的人员配置就是要能够满足各种情况的需求。计划需要考虑到任何可能影响邮轮行程的应急问题。如果船舶没有得到适当的维修以及没有足够的消费品,这就会带来严重的影响。如果这样,为邮轮提供储备的后勤工作会受到影响,这就需要确保经营不会受到意外事件的困扰,如技术性延迟、行程变更或恶劣天气等。

一、供给与服务

世界著名的跨越大西洋的邮轮都是功能完备的实体。邮轮离开母港后在海上航行的时间长,因此,从实际效用来说,邮轮不仅是货轮,而且是客轮。邮轮通常要停靠某些港口购买本土货物,然后储藏起来,再带回母港分配给船队的其他邮轮。例如,停靠奥特兰港购买新西兰羔羊的邮轮。船上储藏间能满足冷藏、冷冻和干货区的需要,干货区位于靠近进料台的底层甲板。

现代的邮轮跟过去有很大不同,其设计理念具有一定的特征。通常,它们不会在条件恶劣的海域航行,并且为乘客区提供最大空间,从而能从客舱或特等舱、酒吧以及其他能带来收入的区域创造尽可能多的收入。邮轮的首要目的是为公司创造收益。因此,在设计邮轮时,就要注意保证空间的合理分配。如果邮轮是按照 10 天的航程来设计的,那么仓库就要做相应的设计。出发前,储藏量达到最大化,而在航行结束时,储藏量将会最小化。

船上的餐饮供应管理具有高度技术性和专业性。对于邮轮公司来说,这一管理过程是从总部开始的,同时,还要与船上和岸上的专业众多人士磋商。制定餐饮供应计划需要考虑的因素包括之前的消费类型、预期的工作变动、为不同类型的乘客和行程设计菜谱以及预测的需求量。合同的基本要素包括供应能力、质量和价格等。由于合同的规模很大,且交易利润高,吸引力强,因此,巨大的经营规模必然导致一些供应商也无法达到合同投标的要求。

仓库管理由仓库管理组长或仓库经理负责,通常配备一名助理和一名行政人员协助他们工作。另外,船上还常雇佣一位负责酒水的酒窖总管。所有这些雇员都向餐饮部经理或同等职位的管理人员负责,并与厨师长或酒吧经理紧密合作。一般来说,邮轮到达出发港后就开始例行的接收和存储货物的工作。这里所说的出发港可能是母港,也可能是所挑选的可以允许游客上下船的港口。

码头上的货物装在由供应商密封好的集装箱内，并在船舶到达之前就已经通过海关检查。船舶停泊好并经过海关或港口官员检查后，才可以装载货物。尽管船上通常使用传送带系统，但货物装载通常使用叉车和托盘。多数大型船舶在码头区的出入口装载货物。这些出入口通常被称为"枪端口"——一个古代航海术语。在承包商的监督下，码头工人将货物搬运到船上，同时调派船上的一般助理负责监督各种供应物资是否正确存放。仓库经理负责核实物资的准确性和质量。如果质量不符合规格要求，就可以退货。

大多数邮轮公司使用计算机操作的库存管理系统，从而能准确地支配货物。可以从厨师长办公室或酒吧经理办公室获得电子版的采购单，然后，对照采购单采购和检查库存。利用库存管理系统，对照记录，工作人员很容易检查仓库、酒窖以及酒吧的存货情况，从而确保不会出现偏差。

仓库经理负责仓库的安全和精确度管理。为了安全地完成任务，仓库助理及任何参与货物处理的人员必须经过培训。大量物料的上船可能对以下几方面产生压力：一是要求尽快储存好物料；二是从健康和安全的角度考虑不伤害搬运重物的工作人员；三是以一个适当的、安全和卫生的方式来处理物料。货物必须安全地堆放或存储，才能确保船舶突然移动或存储条件不完备的情况下，货物不会受损或引起意外事故。必须轮换易腐烂的货物，从而把浪费降到最低，并提供最高质量的产品。

鱼子酱及陈年葡萄酒等存储品因其声望价值而需要仔细处理，需要更加安全地存放。为了备用，也要储存其他物品，如新鲜蔬菜。在提供给供应商的采购清单中，要列出期望的产品要求，例如新鲜产品的成熟状态。货物从仓库调出后就进入流程的下一个阶段：饮品流入酒吧或餐厅的独立酒吧，食品类进入厨房、客房送餐服务厨房或主厨房的备餐室。

二、食品生产和服务的传递系统

据 Ball，Jones，Kirt 和 Lockwood（2003a）的研究，接待机构为系统运作理论（该理论有助于解释复杂情形）的应用提供了很好的案例（Kirk，1995）。系统可以划分为"硬"件和"软"件，前者以技术为基础，后者与人有关。Ball 等（2003a）将系统描述为"一组要素及其相互关系，在自身环境下，组合在一起实现一组预期产出"。研究系统能使管理者在考虑计划、结构以及相关性时，解构和改进系统运作过程，或引入新系统。

学者们在思考系统理论时，提出了很多他们认为有价值的原则（Ball 等，2003a）。

■ 系统在变革期最有可能存在危险，因为感觉上是变革通常会遭到抵制
■ 系统和交互作用的系统是复杂的，有些系统要素似乎更具风险倾向或“发散的”，而其他的则是稳定的或“收敛的”。保持系统平衡对于确保发散的要素不会干扰甚至破坏系统是很重要的
■ 为了维持凝聚力和平衡，系统必须与环境保持相同的变化速度。学者们建议，在系统间相互影响的复杂环境下，当这种相互影响涉及数量众多、类型多样的系统时，就会出现较高程度的稳定性
■ 就多样性而言，系统具有局限性，因环境而异
■ 集团内的系统并非完全标准化的，但在各自环境下具有稳定性和独特性
■ 互联系统似乎经历了一个循环进程：产生系统多样性→出现占优势的系统→抑制系统多样性→打破占优势的系统→重现系统多样性

最终，系统理论发展了一套合符逻辑的方法，对邮轮上的餐饮经营管理来说，可描述为食品生产系统（涉及食品配备、生产、存储及传送）和餐饮服务系统（涉及饮食服务和就餐、清扫、清洗碗碟以及酒吧）。据 Davis，Lockwood 及 Stone（Davis 等，1999）研究，食品生产是将原料、半成品以及事先准备好的材料转变为可供消费的食物的过程。系统的有效性和效率既体现在投入和产出的关系上——浪费量、能源效率、劳动力效率，也体现在服务传递因素上——消费者满意度、品质感及服务问题（Bell 等，2003a）。

邮轮上的生产系统包括三个关键要素：与饮食相关的策略（各种销路，影响需求的因素，餐饮经营类型，服务的时效性）；菜谱（风味和品质因素，点菜或套餐菜对生产的影响，菜肴的数目、种类和标准，准备食品时要注意标准化的食谱、容量、服务要求以及分量控制）；厨房设计。

第一眼看去，现代邮轮厨房似乎就是大面积的不锈钢区域，里面布满着身穿白色工作服的厨师，他们在制作烹饪艺术品，就像是用魔术变出来的。大多数邮轮上的食品生产系统是从传统法国聚餐制演变和发展而来的，餐前准备是相对独立进行的，只有在服务时间才会以精心策划的方式凑到一起。邮轮上的派对很少用法国烹饪术语，例如，“garde manger”（食物贮藏室）用“larder”代替，“saucier”（调味料）用“soups and sauces”来表示，但是区分仍然是有效的，主要是在菜谱类型上使用术语（如鱼、糕点、黄油、汤以及意大利面）。在邮轮上，食品生产系统是很难见得到的，因为，为防止污染并维持高水平的卫生状况，要在封闭区域进行备餐。

设计主厨房时，要使准备食品的流水线比较合理，这样，服务员就可以有效

地为顾客提供餐饮服务，且不会导致食物外观、温度或口味方面质量下降。厨房的位置对保证食物的质量是很重要的，最好的位置是靠近备餐室及其所服务的餐厅附近。最理想的是把备餐室和餐厅设在同一层，否则就要用电梯把备餐室的食物运送到船上的卫星餐厅——小酒馆或特色餐厅的厨房。如果这样，电梯就要优先用于运送食品，并做相应的处理。这种位置分布也适于员工餐厅以及清洗和存储区的布局。

船上厨房需要良好有效的通风设备，以确保工作条件舒适、冷凝作用最小及控制烹调气味(Ball 等，2003a)。另外，厨房也需要用于饮用、烹饪和清洗餐具的冷水供应和其他用途的热水供应。厨房必须有足够的排水系统以及安全、便于使用、耐用及卫生的地板，光线充足，也必须有卫生、安全、易用的工作台。

餐饮服务系统是向顾客传送食物和饮品的系统(Davis 等，1999)。在使顾客满意方面，以及展示食品服务与食物制作具有不可分离性方面，餐饮服务系统的效率当然是至关重要的。事实上，在有些邮轮上，这两个过程是很模糊，正如在“QM2”的烧烤间所看到的，食物的烹饪是在餐桌上以夸张的方式完成的。邮轮上的安全设备阻止在桌上使用气体燃料进行烹饪，而是使用大功率的电器设备。

图 8.1 “伊丽莎白女王 2”号上的餐桌摆设

饮食服务系统要考虑很多因素，包括：时间安排(顾客何时需要服务或安排的服务何时提供)、地点(餐厅、自助服务、客房服务)、顾客需求(全银服务、半银服务、瓷器服务以及员工与顾客之间的社交程度)。服务系统的类型通常是历史上曾经出现过的服务方法的混合版本。因此，在正式就餐区，服务员和助理服务员可用瓷器或半银器将食物送到餐桌。在非正式就餐的自助餐厅，可能使用餐桌服务和自助服务相结合的服务方式。混合式服务也是一种服务方式，这是为了适应顾客需求而产生的，并形成了一项服务惯例。

图 8.2 “伊丽莎白女王 2”号上的餐厅

服务过程包含准备的过程——此时要准备好并彻底清洁就餐房间，摆放好餐桌，擦亮餐具和玻璃器皿，叠好餐巾，装满调味瓶，以及仔细检查餐具摆设情况，确定它们是否达到一致，是否具有吸引力以及准备是否得当（见图 8.1 和 8.2）。服务员和助理服务员的工作是从餐具柜开始的，餐具柜里包含服务过程中必需的所有物品，包括水、玻璃器皿、备用餐具、面包卷、各种调味汁以及胡椒碾磨器。服务开始前需要把这些东西准备好。酒侍要准备一些可能用到的物品，如倾倒沉渣（并不常见）的酒壶、备用玻璃杯、酒水推车以及冰桶。自助餐厅也要做好准备工作，确保餐桌、自助餐区、饮料点和清扫区做好接待准备工作。

要按照客人的要求确定服务类型（不管是分批就餐还是灵活就餐）。管理人员会根据经验预测用餐时期内的乘客流量。通常，如果船舶在码头且准备下午晚些时候离开或如果安排了一场有意思的演出，乘客就会很早去吃饭。大多数邮轮上的膳食是包含在价格里的，因此，员工很难满足乘客提出的来第三只龙虾的要求，尽管乘客在提这种要求时眼都不会眨一下。邮轮上的有些餐厅拥有特定的优良标志或声望价值，例如，在“QM2”上，根据船舱等级提供类似等级的菜谱和服务。其他一些餐厅可以做出补充以示特色。菜谱可能是由著名厨师设计的并冠以该厨师的品牌，或者餐厅可能在某些方面独具风格。

酒吧服务系统是“为了分配和消费酒精饮料与非酒精饮料的目的”而设计的（Ball 等，2003a）。大多数载有美国客人的邮轮控制酒吧区，以保持与美国的许可政策一致。因此，任何不满 21 岁的人不能购买和消费酒精饮料。同样的规定不适于那些主要载有意大利、西班牙、澳大利亚、德国或英国等国客人的邮轮，在上述国家，年满18岁便可享受此项服务。酒精存在潜在危险，酒吧员工要接受培训，遵守公司有关酒类销售的政策，以保护乘客的利益。

饮品的销售在吧台进行。酒吧后台用来展示各种可购饮料，而吧台下面的区域储藏着物品和设备，如玻璃器皿、备料区、制冷装置、储冰容器、鸡尾酒制作设备和洗涤槽。基本原则是，功能性物品应隐藏起来不被看见，而待售商品应放在很醒目的位置。不同类型的酒吧具有不同的使用目的。与香槟酒吧相比，运动型酒吧可能会销售更大量的生啤。鸡尾酒酒吧可能比池畔吧提供更多的饭后鸡尾酒。坐席和布局也各有特色。通常的设计是，在酒吧里可以看到船的前边或后边（通常命名为"瞭望"吧、"望台"吧、"海洋"吧），采用分层设计的方法使座位数最大化并使"端点处"的桌子最多。一些酒吧设有亲密区，另一些有"对视"区。邮轮常常喜欢采用桌边服务（而不是吧台服务），从而实现销售最大化，确保顾客享受被照顾的感觉，并使拥挤或排队最小化。

与厨房和餐厅相同，酒吧服务系统也需要做准备工作，包括准备饮料、玻璃杯、陈列品、调味品、装饰物等。酒吧区的一般准备包括：把桌子及柜台表面擦干净，在桌上放置适当的物品（各种酒吧清单、促销桌卡和饮品杯垫），酒吧（展示区）和吧台。酒吧是焦点，而且在促进销售方面发挥重要作用。销售策略可包括溢价产品的精心放置、促销展示、吧台后升高的区域（其目的是突出酒吧员工的作用，使顾客增强对交易区域的关注）以及酒吧后面的亮光（其目的是增加这一区域的影响力和可视性）。

三、人、产品、过程、场所和设备的组织

餐饮管理的作用（Davis 等，1999）是协调团队组织，监督和观察产品的生产和服务，按照标准操作程序执行和评估过程，了解经营场所的经营概况，从而获得效益和效率。

餐饮人员以团队形式开展工作（见图8.3）。餐饮区需要的行动是，通过团队合作达到较高的工作满意度和生产效率（Ball 等，2003a）——即更少的重复（如果共同完成任务，那么工作区就存在较高程度的联系和沟通，团队中的个体可以相互支持），更高的效率（如果人们一起工作，生产系统和服务惯例会创造更高的单位产出，在开放的团队环境中，要更加有效地管理和监督卫生和安全问题），更大的效益（质量控制在团队中是公开的，且前面提到的支持能产生更高水平的能力，可以分享好的实践经验）。相应地，团队建设能确保工作关系最大化，

并实现企业目标。

图 8.3 厨房里的食品准备

在监督与观察产品的生产和服务的过程中，餐饮部经理担当质量仲裁者的角色：带头提高质量标准；向同事、主管和操作人员阐明目的和重点；作为团队中的重要角色，保持较高的现身度。具有多个经营点及连续的、经常性的大量产品和服务性的日常工作的复杂的餐饮经营，需要持续给予关注以确保维持高标准。在这个意义上，该部门的经理在确保质量方面发挥着关键作用。经理是一位领导者——对经营的组成部分忠诚、关怀和敏感；是一位资深的沟通者——具有激励团队和个体的能力，但对高质量的要求及遵守卫生安全规定等方面不会做出让步。

系统在环境中发生演变，在许多情况下，这种演变是积极的。与重要同事一起协商评估过程并解决潜在问题是餐饮经理的职责。因为餐饮系统经常需要整合且依赖团队工作，餐饮部经理必须勤于观察经营中的日常工作，找出工作中出现的或内在的缺陷或风险。处在这一职位上的经理需要凭借这个职位的权力、经验和知识做出补救问题的决策。标准的操作程序为餐饮部经理提供一个框架，这个框架指导并帮助餐饮部经理建立最低标准，但这是一个需要责任心的人类活动。

餐饮部这个组织主要是在独特的、精心设计的环境中工作，这个环境包括为工作区和娱乐区提供服务的服务区以及具有潜在危险和高辛烷的生产区。餐饮服务跟剧院有类似之处。员工就是与观众融合的演员，表演是他们的任务，如果成功的话，会给顾客带来满意。保持背景的戏剧性这一需求使环境管理变得复杂化。生产过程和大部分与服务有关的工作都要避开顾客的视线，目的是为顾客提供一次他们所期望和喜欢的体验。经理负责保障环境不会因为恶劣行为、场地或设备的老化而大打折扣。有效的设备管理对防止损坏和不必要的损失是至关重要的。经理承担的这方面工作称之为资产保护(Verginis & Wood, 1999)。

四、顾客需要和经营能力

如果问及餐饮经理是如何知道顾客的需要的，不变的回答会是"多年的经验积累"之类的话。但是，随着船上新的人口统计学特征和当今盛行的外出就餐的趋势，餐饮经验也会发生相应变化。在邮轮品牌开拓新的目标市场的同时，产品设计者面临着满足顾客需求和期望的不同挑战。

Roy Wood(2000a)对接待业了解多少当今人们的饮食需求表示怀疑。但邮轮业似乎了解。不同的品牌开发含富有品牌特色元素的产品。一些英国船舶仿效较传统的餐厅类型，食物类型就如在一流餐厅或较正式的餐厅看到的那样(如丘纳德邮轮)。一些总部在美国的船舶采用休闲式的仿意大利的就餐方式，一种友好的和非正式的用餐方式(如公主邮轮)。"产品"的起源看起来是有迹可循的。在丘纳德邮轮上，"英伦特色"的就餐体验的确是邮轮早期吸引英国和美国乘客的独特的销售主张(USP)。传统一旦建立起来，就应该很好地保护，这样才能建立和维护公司的品牌或身份。

对公主邮轮也可做出同样的分析。公主邮轮公司在其重要的发展时期兼并了意大利品牌"Sitmar"。意大利员工的融入及其加入新的"公主"品牌，使意—美式食物和菜谱成为开发重点。接下来的发展来自公司内部——技艺高超且资深的餐饮部经理的推销巩固了将餐饮服务作为品牌的一部分的战略目标。

对很多品牌来讲，产品及产品设计具有演化发展过程。在成为品牌之前，新想法要在船上测试。文化元素包含航程中的港口、主要员工的国籍、现有的和新的主要乘客的国籍，都对环境变化和激发新想法发挥作用，从而促进待售的餐饮产品的开发。对顾客服务进行问卷调查以及乘客和员工之间具有高度互动性，这就意味着，如果要了解乘客对产品的感知确实需要丰富的经验。

经营能力与餐饮是品牌的构建要素这一基本概念密切相关。经营能力取决于服务风格、服务技能的获得、知识和学习以及按照标准和预算提供餐饮服务。既定时间内为乘客提供服务的人数会根据服务惯例和产品规格做相应的调整。

如果餐饮计划发生变更，就会出现几种类型的管理问题。例如，建立一个“露天”就餐区似乎为乘客创造了一个很好的选择，不仅利用了甲板的露天区域，而且也为乘客提供了一种就餐选择。然而，一般来说，需要测量终端厨房（食物通过该厨房就直接送往餐桌——译者注）和餐厅之间的距离，以确保食物能按标准安全地送到。

五、餐饮经营的控制行为

根据 Davis 等(1999)的研究，在提供餐饮服务的过程中，需要系统的质量管理，包括检查、分析、以团队为中心以质量为导向的方法以及防范问题的系统设计。质量控制源自团队把握关键要素的方法，把握了这些关键要素，公司就能在预算范围内安全地生产和提供饮食，从而满足或超越顾客的期望。对酒吧服务员来说，质量可能反映在产品的口味和外观上，以及房间的氛围和将产品送给顾客的服务技能。如果分量不对，盈利能力降低，质量可能就会大大降低。

邮轮上的平衡就是在没有浪费的情况下生产食物。这种平衡表现为，根据历史数据生产食物，以满足合理的预期为目标向顾客提供产品。盘子上食物份额的设计既要看上去赏心悦目，也要满足顾客期望。一些顾客可能吃得比其他人多，可以通过传送可接受的分量来处理这一问题，如果必要的话，也可以按要求增加分量。

食品安全和卫生及消费者权益保障

如果安全性和卫生条件差，饮食的生产和服务就会受到影响。因此，邮轮非常重视促进最好的饮食管理实践。另外，港口卫生当局要对邮轮的卫生状况进行检查，这种检查具有高度透明性，而且对邮轮的声誉也很重要。在美国，疾病控制与预防中心(CDC)负责船舶卫生计划(VSP)将近 35 年。该政府机构每半年对运载 13 名及以上乘客的船舶进行一次检查，检查内容包括水、食物、水疗中心、游泳池、员工个人卫生以及总体清洁状况，并按百分制进行评分。此外，CDC 提供一个称之为“绿皮书”的年度总结，以强调存在的问题并提出整改建议。

CDC检查饮用水的供应，以确保引用水的存储和输送设备是干净的，同时也要对饮用水进行微生物分析以确保饮用水的消费安全。要检查泳池和按摩浴池以确保它们是安全的并且维护良好。对员工的检查主要侧重于传染病、卫生管理、员工卫生知识以及食品安全的监督。此外，也要对安全卫生工作及培训计划方面的建议的执行情况进行检查。

要对食品进行监测，还要检测食品存储或保存的温度，记录解冻工作，检查交叉污染，监督食品保护与储存等常规工作以及贴标签和食品分配等工作。诸如接触食物表面的设备、生产设备、清洁设备以及器皿之类的都要经过检查。要检查厨师和食品处理人员的制服、抹布或毛巾，同时，对洗手设施也要仔细检查。检查要相当细致深入，甚至连舱壁和舱顶板都要进行检查。医疗记录也是需要检查的部分。任何得分低于86分的邮轮都不能通过检查。

六、设计酒单

葡萄酒是用餐时非常理想的附带品或组成部分。喝葡萄酒似乎比喝啤酒或烈酒更容易被社交场所所接受，因为葡萄酒蕴含了知识和鉴赏力方面的内涵(Ravenscroft & Van Westering，2001)。因此，葡萄酒的销售收益颇丰，葡萄酒既可以是社交时的饮料，也可以是餐饮的组成部分。

很多人害怕喝酒。Prial(1990)认为，一些人因为害怕喝酒而引起的后果而不喝酒。作为一个主题，喝酒蕴含内涵，对从事酒水销售生意的人来说，在设计酒单和销售酒水时要注意很多重要的方面。邮轮品牌具有销售大量酒水的潜力，作为一种产品，种类繁多的酒水为提供适合不同环境的酒和满足不同顾客的需求创造了可能。接下来的部分与船上出售酒水选择有关，旨在提供一些相关指导。

邮轮品牌处于优势地位，因为他们的员工在选择酒水储藏和销售方面有着长期的知识积累。然而，就像食物一样，各种各样的因素会影响葡萄酒类型的流行性和接受度。这些因素包括乘客类型和邮轮方面的可变因素，例如年龄等人口统计特征、社会经济背景、酒水知识以及社会文化环境。

每艘邮轮都要在一开始就好好考虑酒单编制的合理性和实用性。这样可以确保产品是适合的和满足预期需求的，从而提高销售量。也可以提供尽可能多的酒水种类，从而满足宽泛的市场需求。酒水种类的选取受多种因素的限制，包括存储空间的可用性、过剩或产品变质的可能性、供应的可行性和持续性、船上酒窖管理的复杂性以及大批量供应所引起的投资费用。

这一争议的逻辑过程表明，拥有确定消费群体的现代邮轮品牌可以研发一份标准的酒水清单，如果需要的话，可以对其做出调整。酒水清单构成了补给清单（对特定餐厅而言）或报价（当天酒水）的基础，它是邮轮品牌的采购团队与认可的酒水供应商之间密切协商的产物。如果酒水购买量大，就会符合某些普遍性规律。供应的连续性取决于生产量。整个船队都使用的酒水清单上的葡萄酒将由批量生产葡萄酒的生产商供给。这就意味着，一般不会考虑规模较小的生产商，尽管他们的产品品质享有较高声誉。

选择葡萄酒时通常根据以下因素——颜色（红色、白色或玫瑰红）、生产工艺（蒸馏、发泡或加酒精）、瓶身（深色到浅色）以及酸度和糖分（干到甜）。选择不同的葡萄酒有助于在种类上满足顾客的需求和期望。有些邮轮品牌可能需要收藏具有较高品牌价值的葡萄酒，这就需要收藏年份香槟酒，昂贵的法国勃艮第酒，来自加利福尼亚的受人崇拜的葡萄酒，或澳大利亚的知名葡萄酒。从销售情况看，大多数邮轮品牌的库存中的廉价葡萄酒很少。

设计酒单时，应注意以下几点：

■ 酒单要具有逻辑性，易于顾客理解。首先要区分白葡萄酒和红葡萄酒，然后标明生产国家或地区。也可以使用更加传统的方法，就是从“船上促销”的角度，按重要性列出生产国。酒单越简短就越容易理解，但是，如果酒单太过拘泥，就可能缺乏冲击力或想象力

■ 要选择品质始终如一的葡萄酒。品质可以通过标签信息加以说明，标签信息随葡萄酒本身和及其生产国家而不同，标签信息能够确定和保证原料来源。品质是主观的，所以品尝酒样有助于消费者做出关键决策。向批量供应商采购时，要定期评估质量，从而确保标准是始终如一的，这一做法是有效的

■ 年份（葡萄收获的年份）对大多数葡萄酒来说是重要的。年份可以表明可能的保存期，也是对“出售截止”日期的提醒。一些葡萄酒，主要是红酒和一些发泡葡萄酒会老化，例如年份香槟酒，由于它们的酿造方法，它们会在瓶里变熟。其他葡萄酒，主要是白葡萄酒和有些清淡型红葡萄酒，最好在装瓶 1～2 年内饮用

■ 葡萄酒行家和新手喜欢熟悉的葡萄酒。这些葡萄酒可以作为一个参考，使新手品尝起来更为舒适，也使行家更加信任。酒单可以包含这些熟悉的名字与其他可以信赖的品牌。葡萄酒可以用葡萄品种来命名，例如雷司令、白索维农、夏敦诶、比诺格里斯、维欧尼、黑比诺、西拉以及卡勃耐（以上仅举几例）。这是一种常见的方法，能使消费者感觉可以通过它们

的品种性质来鉴别葡萄酒。其他葡萄酒则以品牌或产地来命名。例如博若莱(法国勃艮第的一个小镇)、桑赛尔(法国卢瓦尔的一个小镇)、古威纳巴(一个加利福尼亚纳巴山谷的品牌)、巴罗洛(意大利皮埃蒙特的一个小镇)以及维拉玛利亚(一个新西兰品牌)

■ 销售价格(SP)很重要。有些顾客可能不受价格的约束,然而在大多数情况下,顾客会考虑价值与销售价格之间的关系。与食物相比,服务似乎对提升葡萄酒的价值影响不大。对有些人来说,这可能意味着,如果产品价格远远超过其零售价格,那么就不值得消费。一些邮轮游客会感觉到,以前的邮轮旅游价格包含了在船上的饮料,这样就降低了利润,因为以前的基本邮轮旅游价格与现在的情况相比,利润空间要大。葡萄酒具有较高的利润回报率,但要注意玻璃器皿、设备以及员工方面的投资

■ 酒单设计要综合考虑葡萄酒的类型、产地(注意与航程的关系)、价格幅度以及顾客类型,还要提供各种选择,例如,半瓶酒(对那些不想喝整瓶酒的人)、按杯计量的酒以及低酒精含量或不含酒精的葡萄酒。通常也有这样的做法,即乘客不是按杯或半瓶购买,而是订购一瓶葡萄酒,然后把喝剩下的送回保管

最后,那些与葡萄酒打交道的员工的技能与知识是值得探讨的。一个优秀的葡萄酒侍者或调酒师积累了多年的知识和经验。尽管这一主题很沉重,但公众对葡萄酒这一话题仍很感兴趣。为了满足船上可能的需求和确保有效地销售葡萄酒,需要在葡萄酒知识和技能培训方面进行投资。需要更加关注有些葡萄酒。有趣的是,这些葡萄酒往往是邮轮可能努力提供的——一个稳定的酒窖。尽管更常见的做法是储藏无需滗酒(过滤老化的葡萄酒内的沉积物)等处理过程的葡萄酒,但还是有可能储藏需要这种处理过程的葡萄酒。

七、案例研究:行政总厨与菜谱设计

在“星公主”号邮轮上,设计菜谱和食物是一项系统化的工作。对本案例的邮轮来说,有一个为期12天的循环菜谱。公司拥有一些菜谱可以满足为期横跨3～30天不等的航程。菜谱的设计要充分考虑乘客的国籍,以便满足他们的偏好。“星公主”号邮轮上的主要餐厅提供的都是完全一样的食物,因此,在为期12天的航程中,菜谱含有12顿早餐、12顿中餐以及12顿晚餐。实际菜谱也完全以同样的方法来设计,这样乘客在一开始就不会感到困惑,而且很快就会熟悉

这种安排。

在午餐菜谱上，第一页给出饮品建议，包括鸡尾酒、杯装葡萄酒、啤酒以及矿泉水。接着是开胃菜和汤类，再接着是沙拉和“即食”食物，如汉堡和奶酪汉堡包。第二页包含两款意大利面款式的“最爱”，紧接着是一系列的主菜，包括一份鱼、一份肉、一份禽肉、一份主菜沙拉以及一份素菜。紧接着是餐后甜点，三个冰淇淋、两份冷冻酸奶、果冻以及奶酪。

晚餐菜谱与午餐不同。首页展示的是三个完整的健康菜谱。这份菜谱要表明，所推荐是脂肪含量较低的菜品。接着是六个完整的素食菜谱。还列出了一直出现在菜谱上的标准菜肴，例如经典凯撒沙拉和家常烤鱼、鸡肉以及牛肉。第二页开始先列出开胃菜或饭前点心，包括三种食物，可能是鱼、肉、蔬菜或水果。汤和沙拉部分包括三种汤（一种奶油汤、一种清炖肉汤、一种冻汤）和一碟沙拉。然后是意大利面主食和一系列主菜，包括鱼、贝类、可供选择的肉类（例如牛仔肉、猪肉或羊肉）、一份红肉以及一份家禽肉。甜品列在一份单独的清单上，包括可供选择的冰淇淋、糕点、水果、热甜点以及奶酪。

员工同样也必须吃好。为了满足他们的需求，行政总厨设计了一份使用30天的菜谱。菜谱的制定融入了营养学家和员工代表的意见，这就确保能适当满足员工的需要，因为他们来自不同国家，具体不同的文化背景和宗教信仰，会有特殊的偏好或者饮食习惯。员工的晚餐菜谱包括一个标准汉堡、一份素菜、冷盘、汤、米饭、意大利面以及两道主菜（肉或家禽肉）。在午餐时间，提供水果、乳酪以及冰淇淋，晚餐时，会提供其他的甜点来代替冰淇淋。

案例研究问题

1. 为什么要制作循环菜谱？

2. 下列两方面中提到了哪些重要问题

a. 在乘客菜谱的设计方面？

b. 在员工菜谱设计方面？

归纳与总结

对于一次巡航来说，餐饮是至关重要的要素。从问卷调查的反馈以及在向亲朋好友讲述巡游体验等方面了解到，乘客特别重视餐饮的供应和感知质量（有时为数量）。这是一个不能外包（如岸上旅游经营的情况）的供应。它需要很高的人员配备水平(大部分员工在这一部门工作),同时要应对大量的工作(最大的船舶上要每天至少三次提供超过 4000 人的餐饮)。这类经营必须系统化,像军营一样精心策划,需要持续监控以确保一切在掌控之下。

管理餐饮是一项非常专业的工作,要求兼具技能与知识。这样的人应该有一种对艺术以及餐饮生产的科学的欣赏水平。餐饮经理就像是剧院导演,确保人员、计划以及各种条件一切就绪,为的是上演一场达到或超过观众期望的完美谐调的演出。最后,经理们要负责在预算内确保餐饮的安全供应。下一章将考虑另一个类似的职责:设施管理职能。

术语表

露天:指的是在户外甲板上就餐。

客房送餐服务厨房:邮轮上客房服务的一个独立的厨房。

鱼子酱:腌制的鲟鱼鱼卵。

香槟酒:产于法国香槟区的起泡沫的酒。

搬运工:装卸船舱货物的港口工人。

本章复习题

1. 在船上加工食物跟在岸上有什么不同?为什么?
2. 对于一艘现代邮轮来说,一个典型的餐饮生产系统由什么组成?
3. 美国 VSP 是指什么?它是如何影响餐饮经营的?
4. 在设计酒水清单时,要考虑的主要因素有哪些?

其他信息来源

http://www.caterer.com/home/ Caterer and Hotelkeeper magazine

http://www.cruisegourmet.com/ Cruise cuisine

Decanter magazine

http://www.hcima.org.uk — HCIMA — Hotel Catering and International Management Association

http://www.hospitalitynet_org/index.html—Hospitality Net

http://www.chefmagazine_com/main_splash_chefww.asp—Chef magazine

Journal of Restaurant and Foodservice Marketing

http://www.porthole.com/—Porthole Cruise Magazine

参考文献

Ball, S., Jones, P., Kirk, D., and Lockwood, A. (2003), *Hospitality operations—A systems approach*. London: Continuum.

Davis, B., Lockwood, A., and Stone, S. (1999), *Food and beverage management* (3rd ed.). Oxford: Butterworth Heinemann.

Kirk, D. (1995), Hard and soft systems: A common paradigm for operations management, *International Journal of Contemporary Hospitality Management*, 7(5), 13—16.

Kirk, D., and Laffin, D. (2000), Travel Catering. In P. Jones (Ed.), *Introduction to hospitality operations*. London: Continuum.

Prial, F. J. (1990), What Is It With Wine? *Journal of Gastronomy*, 6(3), 3.

Ravenscroft, N., and van Westering, J. (2001), Wine tourism, culture and the everyday: A theoretical note, *Tourism & Hospitality Research*, 3(2), 149—163.

Verginis, C. S., and Wood, R. C. (Eds.) (1999), *Accommodation management: Perspectives for the interna—tional hotel industry*. London: Thomson.

Wood, R. C. (Ed.) (2000), *Strategic questions in food and beverage management*. Oxford: Butterworth—Heinemann.

第九章 设施管理

学习目标

通过本章学习，读者应该能够：

- 反思影响邮轮上住宿管理的问题
- 讨论书中提到的收益管理
- 检验住宿管理的系统方法
- 理解影响质量和运营的因素

本章将重点讲述邮轮上住宿设施的有效管理，包括船舱、公共区域、员工区和甲板区。为考察这个部门，需要考虑很多问题，包括行政管理、收益管理、设计方面、常规工作和安排以及环境问题（Adamo，1999）。之前已经讨论了住宿规划的限制因素，即合理利用空间的需求、不断提高的完善乘客设施的需求，以及保证邮轮满载乘客的当前趋势，这些都是该部门运营管理所关心的问题。

在考虑空间管理时，这个部门会出现一些问题，乘客上船时携带着大量行李，把行李从岸上搬运到船上和客房，从船上和客房搬运到岸上，还要把个人物品存放到客房里。乘客会把船上的客房和特等客房的住宿条件和岸上的酒店作比较。他们期望船上住宿设施在外观和感觉上能与邮轮风格、品牌形象、所付的钱、广告上的产品以及岸上类似的产品相一致。尽管乘客知道船上空间有限，也认识到船上的吸引物会使他们在客房里呆的时间很少，但他们对住宿设施的期望还是很高。可供选择的住宿空间的缺乏给经理们应对必须重新安排临时性或永久性住宿的紧急事件带来了困难。

一、收益管理

收益管理（RM）是在适当的价格提供适当数量的存货（船舱或特等舱）以实

现收益最大化的做法(Yeoman and Ingold,1997)。收益管理在很多行业中得到应用,其目的是确保时间和销售策略能够得到有效管理以获得最好的产出(Donaghy et al.,1997)。收益是关于邮轮公司对不同服务选择的要价(价格)和每一价格下售卖客房或特等客房的数量(座位库存控制)的函数。不论是邮轮船舱、飞机上的座位、酒店房间还是剧院门票,都具有不可储存性的特点,这一特点促生了收益管理政策,也促使公司实现利润最大化。

收益管理包括产生利润的价格、产品和买方的形成和调整的政策制定与执行。通过政策的制定和执行,收益管理运用对库存、市场细分和最优定价的预测来实现净收益的增长。一般说来,如果服务机构(例如邮轮或船队)的接待能力一定并且其经营的成败取决于接待能力的使用情况,那么,就会实行收益管理。当销售量达到一定水平时,这些机构的固定成本通常会很高。在收支平衡点上增加额外的销售量,与对收入的影响相比,对成本的影响是细微的。

成本、销售和市场

从邮轮本身、固定装置和设备、邮轮维护的技术和运营、需要的劳动力和船上所提供的服务的角度考虑,邮轮业投资量很大。一旦投入运营,邮轮就很难调整其接待能力,所以,关键是要保证邮轮能够满员或尽可能接近满员地航行。增加额外的乘客因而提高利用率的成本相对较低,所以邮轮公司应该以开放的心态来看待实际销售价格。尽可能快地销售库存产品对邮轮公司是有好处的,因为这样能够:

■ 更早获得游客的金钱(定金)
■ 在早期阶段确定需求以形成有效的收益最大化战略
■ 做出决策以降低与需求相关的时间不确定性

这就意味着,邮轮公司能够从吸引提前预定的预售中获得优势。典型的预售包括:有时间限制的折扣;提早预定可免费升级舱位;给提早预定者额外奖励(如接送到港口或者船上信用卡),忠诚的俱乐部会员可以提前获知各种早期预定的优惠。

为了能够做出收益管理的重大决策,邮轮公司需要了解:

■ 市场细分和消费者购买行为
■ 特定度假产品的特殊目标市场
■ 以往的需求和预定类型
■ 定价知识(竞争者的价格或价格区间)

邮轮超额预定的情况越来越多。之所以这样,是因为邮轮经营者能够在分析交易模式的基础上预测取消预定和预定未到可能发生的情况。最后一刻还没到的游客可以由超额预定补上。制定超额预订政策,是为了采取相应行动,包括补足名额，邮轮超额预定是可以的。

邮轮经营者要考虑的另外一个因素是乘数效应。乘数效应是指，预定后船上就会产生收益，因此需要应用收益管理系统管理收益，从而通过船上的销售创造增加收入的机会。这种模式很大程度上取决于供出售的“组合产品”的性质。近几年的邮轮的趋势是，通过降低价格使入住率最大化，而通过大量销售邮轮度假产品及邮轮上产生的收入来增加收益。销售量反映的是船上下铺所占的百分比。很多经营者提供四个铺位的客舱给那些愿意和其他游客同住的单个游客，或者是一起来旅游的家庭团队，这种方式反过来能够增加入住百分比。这种做法，加上超额预定政策，意味着邮轮的入住率可能超过100％。

值得考虑的影响收益管理的其他因素有：

- 复杂的价格结构的变化会疏远游客并引起困惑
- 在这种情况下的游客可能寻找替代品
- 收益管理系统取决于收益管理者对库存的有效性的了解
- 分销系统一定要可靠
- 收益管理要求公司能够做到准确预测(包括对游客的了解、预定方式、预定未到和取消预定、供应因素以及市场评估)
- 收益管理是一个战略性的决策过程，要有备选方案
- 收益管理是一个团队活动，需运用软件来分析复杂的数据

二、住宿管理

由于前述原因，邮轮的承载量有可能超过100％。由于处理意外事故或问题时缺乏弹性，邮轮上住宿管理过程非常复杂。大多数情况是在事务长办公处或接待处解决的。为了处理这些问题，邮轮经理需要能够对手头上事件的性质作出判断，提出可行的解决办法，并能够从多种方法中选出能够使游客和邮轮公司双方都受益的最好的方法。

首先，事务部门要了解船舱和游客的准确信息。岸上销售部门提供的数据库至关重要，因为它包含游客的相关信息，能为经理进一步了解潜在问题的背景提供信息。这个数据库也为部门负责人在不得不更换船舱时了解可利用的剩余库存提供信息。其次，事务长办公室必须清楚处理问题的政策，这样他/她就能够根据政策做出决策并采取相应措施。第三，必要时，经理需要有能力与各方进行沟通以获得更多信息，并适时寻求建议。事务部和住宿部经理必须保持持续

沟通以便于这类问题的解决。信息数据库更新对住宿部管理至关重要，这样既可产生准确的乘客账目，还可为港口当局提供船上游客的信息。

三、美学和人类工程学

船舱或特等舱、公共区域、船员住宿等的设计要保证最终产品：

- 符合设计目的
- 在外观和功能方面为用户所接受
- 质量方面满足用户需求
- 符合船上卫生和安全要求
- 可维修且耐用
- 符合其品牌和品牌价值

设施、设备、灯饰、装饰风格和空气质量（空调）以及乘客和员工的互动总体上都是产品。床单的质量、纺织品的颜色和质地、地毯的织工、木纹砖的光泽以及床铺的大小和感觉，只是构成整体设计的众多变量中的小部分。

"美学"这个词是指审美或鉴赏，而人类工程学是对人类和环境之间的关系的研究（Collins，1987）。可见，在进行船舱内部设计时，追求平衡是很有道理的，这种平衡是指拥有游客所期望的、又很实用的基本吸引之处，如休息、睡觉、更衣、阅读和休闲（从游客的角度），还有清洁、整理和服务（从船舱服务员的角度）。

从人类工程学的角度设计适合各种类型的乘客的产品（不管产品的范围、尺寸如何）时，会产生很多问题。这跟飞机遇到的情况很类似，如有的乘客的身躯过大，一个标准座位难以坐下。邮轮也会有这样的问题，如乘客在空间有限的船舱里移动起来有困难。然而，现在也有能够提供给有特殊要求的乘客的特制船舱。大部分邮轮公司很关心这些问题，保证那些有特殊要求的乘客受到欢迎而非歧视。

四、住宿系统

根据 Ball，Jones，Kirk 和 Lockwood（2003b）的研究，在任何一个以住宿和设施为主的商业活动中，客房服务都是成功经营的最基本方面。在一艘邮轮上，船舱和特等舱是使用最多的区域，因此，船舱比邮轮上任何其他地方都会受到更加频繁、更加详细的严格检查。在该区域工作的人员比那些在酒店从事同等工作的人员拥有明显的优势，因为他们更加引人注目，而且有更多的机会和船上乘客交流和接触。正因为如此，以住宿和设施为主的商业活动的成功不是简单地表现为物质产品的质量，更是船舱服务员服务技能的衡量(图 9.1)。

Ball，Jones，Kirk 和 Lockwood (2003b)认为，客房服务系统确保所有客房清洁并得到适时服务，提供洗衣服务，保障乘客及其财产的安全，并保持装饰标准。住宿部门与其他提供维护维修技术支持的部门会有重叠之处。通常，清洁厨房不是客房部的职责，而由厨房内部员工负责。

图 9.1 "海洋村"号的客房

船舱服务工作需要注意很多细节，由于需要挪动或搬运，对在这里工作的人员的体力有一定的要求。每位服务员负责的船舱和特等舱的数量取决于邮轮、乘客和客舱的类型。在"QM2"号邮轮上，比较有经验的员工为较高级的船舱提供服务。较大的船舱所需的服务时间较长，而较小的船舱所需的服务时间较少。有些邮轮要求服务员为船舱提供服务，并且提供客房服务，然而有些则不要求。一般说来，一个客舱服务员大约负责 12 个船舱。

在这个部门，为能确保快速有效地完成任务，团队合作很重要。客舱服务很可能是一项独立的工作，但当服务员合作而形成紧密的工作团队时，他们就会相互支持，并共同完成那些最好合作完成的任务。团队在为公共区域内、外部等大区域提供服务时是最有效的。对任何一艘邮轮来说，洗衣房是另外一项很重要的服务设备，在洗衣房主管的领导下由团队公共同完成工作。

工作计划与日常工作

住宿部门的工作任务可归纳为不同类型：

- 每天的日常工作。包括地面吸尘、清洁浴室、整理床铺、整理地毯以及更换脏毛巾
- 常规性工作。包括更换床单(有时 10 天航程的邮轮更换两次)，清理舱壁(船舱隔板)、天花板(舱顶板)、窗户和镜子
- 周期性工作。包括全面清扫，清洗地毯和室内装饰品

确定日常工作有利于平衡相关员工公平的工作量，也能保证所有常规性工

作和周期性工作按照标准完成。Adamo(1999)认为,住宿设施的维护程序包括:

■ 非日常维护(NRM),如处理漏水的水龙头和烧坏的电灯泡

■ 紧急应对维护(ERM),如处理渗漏和供暖问题

■ 周期性维护(CPM),定期清洁或维修

■ 预防性维护(PPM),包括维护的检查和计划

为了建立船上标准化模式,邮轮公司总部向邮轮传达标准作业流程(SOPs)。标准作业流程可以用标准分布、船舱布局和廉价盘碟摆设等的照片形式来展示,辅以描述性的文字。标准作业流程是规范的,从经理到主管再到员工都要熟知。

五、环境问题

生态学关注给设备管理出了很大的难题。Adamo(1999)定义了旨在符合环境议事日程的公司所面临的典型问题,在以消费者为主导的社会里,人们往往忽视过度消费引起的生态影响。接待业是一个水、能源、一般消费物品和稀有奢侈品等的消耗大户,邮轮业也不例外。另外,邮轮业还要做好废弃物品管理工作,从而遵守商业海运管理条例,履行环境保护义务。

很多品牌邮轮公司都雇佣一名环境官员,负责直接向船长报告环境问题。Davies and Cahill(2000)描述了两种环境友好型的驱动力(drivers)。被称为"上游"影响的包括邮轮公司对供应商施加的影响,邮轮公司要求供应商提供的产品达到一定的环境标准;被称为"下游"影响的更多地涉及对消费者和客户的教育。作者认为,邮轮业能产生这两种影响。

六、案例研究:大级别邮轮上的住宿管理

爱德华·格林在邮轮行业工作了18年。其中大部分时间是在公主邮轮公司工作,他也曾在其他邮轮公司工作过。作为住宿部经理,他的顶头上司是员工首席事务长(行政)和乘客服务总监。他的级别相当于高级助理事务长(两道条纹),虽然这方面(指级别——译者注)并不重要,因为公主号邮轮有意识地强调

度假酒店或度假胜地方面而弱化海事要素,带有点非军事化的含义。

这艘邮轮载重10.9万GRTs,满员时可载2600名游客。为保持邮轮上所期望的高标准,爱德华的团队既是多元化的又是庞大的。统计数据如下:

总员工:188名

住宿部经理:1名

主管:9名

行政助理:1名

甲板主管:3名

特等舱服务员:72名

内部公共区主管:1名

外部公共区主管:1名

内部公共区膳宿服务员(ACATs):38名

外部公共区膳宿服务员(ACATs):12名

公共设施保洁员:27名

客房送餐主管:1名

客房送餐员工:7名

洗衣房主管:2名

洗衣房员工:23名

特等客舱服务员服务的客舱数:18～19间

住宿部员工的国籍:菲律宾人约占50%,东欧人占25%(匈牙利、斯洛伐克、波兰和亚美尼亚),泰国人占25%,另有少量葡萄牙人和墨西哥人。

合同期限:住宿部经理:6个月;菲律宾人:10个月;泰国人,10个月;墨西哥人,9个月;葡萄牙人,7个月。

客房送餐厨房数量(客房服务):1个

备餐室数量:30个

该部门围绕一整套按总部制定的标准执行的日常工作和程序运作:

- 特等客房服务员的服务范围包括船舱、套房、小套房,每个员工负责18～19间特等舱,也可能是18～19间套房和一般客房的混合。尽管套房花费的时间会比一般客房长,但是工作分配是轮流进行的,这样可以保证公平的工作量
- 内部公共区域膳宿服务员负责公共房间和卫生间。除常规性任务外,他们还负责公共区的家具、地毯和布帘的定期全面清扫和洗涤工作。他们也负责处理弄脏地毯或室内装饰的意外事件
- 外部公共区域膳宿服务员(泳池服务生)为甲板上的游客提供服务,看管

户外的甲板设施，并负责必要的清洁工作

■ 公共设施保洁员负责员工区域，如走廊、舱壁、员工食堂和高级职员食堂，他们也是领导的服务员

■ 客房送餐服务团队负责把餐饮从客房送餐厨房和甲板备餐室送到客房、套房和小型套房

尽管管理住宿工作要求很高，但是由于船上和岸上良好的工作关系，问题很少。每一艘邮轮都会举行会议来检查业绩和考虑出现的问题。总部设在(加州)圣塔克雷利塔的邮轮公司定期与船上的经理们保持紧密联系，告知经理们政策和程序的更改或更新。应对各种突发事件的措施是系统的。对于有特殊要求的乘客，会按其要求清单将要求分派到适当的部门和人员，以便采取适当的行动。邮轮乘客的资料不同于常规游客，要判断乘客的类型并据此预测婴儿床和高椅子等特殊需求。运行报告机制可以保证能够及时发现、报告并妥善处理缺陷。所有人员都执行质量控制，住宿部经理负责定期检查及随机抽样检查。

如果越来越多的游客有过敏反应或特殊要求，就要执行相关计划以满足游客的需求。邮轮上没有特别指定的吸烟舱和非吸烟舱，所以，为了避免潜在问题的出现，就要把提前声明自己对吸烟有过敏反应的乘客安排到经过全面清洁的客房。对于大多数普通甲板区和公共房间，靠近左舷的乘客是可以吸烟的，右舷是禁烟区。在存在潜在危险隐患的某些休息室及甲板外部是不允许吸烟的。

住宿部经理负责该部门各个方面的管理工作。该部门要有管理经验丰富、人际交往能力强的优秀主管。在评价他的主管们的管理技能时，爱德华说："你不会要大喊大叫的主管。"随着邮轮业的发展，聘用到好的主管和经理已成为一种挑战，尽管实践已经证明，作为短期内加入公主品牌的众多新的大型邮轮之一，"星公主"号在很短时间内就达到了运作标准。总部的推动力——发现和安排关键员工对实现这一目标的作用是至关重要的。很多时候，除了在干中学及接受熟练员工的指导外，也有船上培训。晋升常开始于接受培训并不断构建以共享知识为基础的能力架构。

时常会出现一些有趣的问题，例如，非常高的游客，标准的6英尺6英寸的床就不适合他。在这样的情况下，木匠会做一张临时的加长床。正常情况下，邮轮会提前获得这样的及诸如此类问题的信息。邮轮上有符合美国残疾人法(ADA)的客舱，这类客舱的门便于轮椅通行，有从客舱通往阳台的斜坡。

类诺瓦克病毒已存在很长时间了，公司制作了全方位的指导手册，并定期更新手册内容。因此，一旦有疑似病例，就会按日常惯例处理。例如，如果医生认为一位初级助理事务长有这样的症状(不明显)，住宿部经理就要联系员工主管(他有一支由15人组成的训练有素的全天候值班的"突击队")，让他来给这个人

的房间消毒。为避免潜在的危险，要隔离这位疑似病人，为保证病人不会和其他人接触，要把病人隔离到用来培训员工的舱位。

在抵达和出发的日子里，住宿部负责管理船上的行李。大约有129个装满离船游客的行李的行李网要被送上岸。相反，要以同样的方式将登船游客的行李送上船。公共区膳食服务员、公共设施保洁员和客房送餐服务员负责处理行李，包括按要求收集、分配及卸载行李。特等舱的服务人员不参与这个过程。威尼斯和巴塞罗那之间的往返航程比较容易管理，因为整个航程有三天。在加勒比海，只有一天的周转时间，所以操作起来较难，尤其是为期两周的邮轮旅游，游客会携带更多的行李。

爱德华认为，美国口岸的卫生检查不是问题，因为船上的卫生标准很高。尽管这项检查的最大区域是厨房，但对于他的部门而言，港口卫生官员要查看备餐室、船上碗碟清洗的常规性工作以及这一区域的日志和记录。他们会检查热水浴缸是否每七天消毒一次，饮用水是否处于监测和良好状态，游泳池是否彻底检查。游泳池和浴缸由泳池服务员每四个小时检测一次，记录读数，并把复印件交至引擎控制室。泳池服务员注意读数出入，而工程师将处理这些问题。一般的客房维护不含危险化学品。船上的环境官员直接向船长汇报，他从环境安全或遵守规定的角度监测所有可能出现危险的区域。

爱德华很清楚技能对管理住宿服务的重要性。能够建设和激励团队，能够尊重人们，能够理解文化差异，对管理海上工作团队这项复杂的任务都是重要因素。例如，爱德华提到，一些国家的人似乎好斗心强，但实际上他们并不一定是这样的，只是由于他们处事的方式给人这种印象罢了。在邮轮上工作的人需要与乘客和同事打交道。他说，有些人离家很久了，过去几年，惯例已经发生变化。例如，在“海岛公主”号邮轮上，每位特等舱服务员过去负责12间带客房服务的客房，而现在他们负责19间带阳台的客房。爱德华也指出，在过去的年份里，他一直在海上工作，游客的要求越来越多，部分是由于游客的人口学特征变化所引起的，但也与一年里的具体时间和巡游季节相关。还有，随着邮轮公司的不断涌现，成本控制管理和预算管理更为有效。

公主邮轮经营顾客服务的理念是“CRUISE”，从引进至今已有八年。“CRUISE”理念代表礼貌、尊重、卓越服务到永远。这一理念旨在创造一种友好关爱的文化，在这种环境中，每一个员工都争取提供最优质的服务。爱德华十分支持这个战略，但他强调，那些了解这一服务理念的回头游客会给船上员工带来额外的负担，尤其是当邮轮满员时，当更换船舱的要求变得更频繁时，就会出现问题。

案例研究问题

1. 住宿部是怎样处理质量问题的？
2. 管理住宿部要考虑的关键问题是什么？

归纳与总结

在上一章的总结中谈到，住宿部经理的作用跟餐饮部经理是平行的。有很多类似之处，例如需要大量的、有时甚至是24小时的服务，岗位的高度可视化性质，乘客持有的高预期值，需要系统化经营。也有一些独特的特点，例如，有很忙或不是很忙的时间段。周转的时候总是很忙碌。

本章强调了有关住宿部的重要问题，例如收益管理及其如何影响销售、行政管理及其与住宿管理的联系、美学和人类工程学的作用，以及关注环境的重要性。其中一些会在下一章节再次出现。

术语表

理念：原则或信念体系。
库存：船舱内用于销售的总量。
左舷：船的左侧。
利润：净收益。
收益：在未扣除任何成本前的总收入。
右舷：船的右侧。
往返港：指邮轮出发和结束航行的母港或港口。
销量：特定时期内售卖的商品（如房间）数量。

本章复习题

1. 什么是销量管理或收益管理？
2. 定义美学和人类工程学，并描述它们是如何影响邮轮的。
3. 如何制定客房部管理计划？
4. 船上是如何应对环境问题的？

其他信息来源

http://www.cruisecritic.com/—cruise critic

http://www.cruiseindustrynews.com/—cruise industry news

http://www.cruise-reports.com/Subscribers/memberlogin.htm—cruise reports

http://www.cruisingnews.com.au/default.asp—cruising news

http://www.prowsedge.com/—Prowse Edge—cruising information

参考文献

Adamo, A. (1999), Hotel engineering and maintenance. In C. S. Verginis & R. C. Wood (Eds.), *Accommodation management: Perspectives industry*. London: Thomson.

Ball, S., Jones, P., Kirk, D., and Lockwood, A. (2003), *Hospitality operations: A system approach*. London: Continuum.

Collins (1987), Concise English Dictionary. London: Guild Publishing.

Davies, T., and Cahill, S. (2000), *Environmental implications of the tourism industry*. Retrieved 17 January 2005, from http://wwww.eldis.org/static/DOC10089.htm

Donaghy, K., McMahan-Beattie, U., and McDowell, D. (1997), Yield management practices. In I. Yeoman & A. Ingold (Eds.), *Yield management: Strategies for the service industries*. London: Cassell.

Yeoman, I., and Ingold, A. (Eds.) (1997), *Yield management: Strategies for the service industries*. London: Cassell.

第十章　卫生与安全

学习目标

通过本章学习，读者应该能够：

■ 领会邮轮上影响人们的健康、安全的因素

■ 领会由疾病控制与预防中心（CDC）运作的美国公共卫生服务署船舶卫生计划（VSP）的含义及概要

■ 理解食品卫生对邮轮经营者的重要性

■ 思考港口卫生部门的监管框架及其对邮轮经营者的影响

■ 思考引入《国际船舶和港口设施保安规则》（ISPS）的意义

■ 理解为有特殊需求的顾客提供服务的有关问题

很多人将邮轮旅游理解为一种乌托邦式的休闲。但是，对于很多航行而言，可能存在着各种各样的需要注意的危险。本章主要是帮助读者理解可能影响邮轮上人们的健康、安全和保障的各种因素。这些复杂课题对社会造成严重挑战，并且对很多涉及旅游、观光、悠闲的行业带来严重的后果。首先，有关乘客健康的医学案例的曝光率高，并且受到大众媒体的关注。诺劳病毒，一种类似于诺沃克病毒的病毒，就是一个担忧。一些组织，如美国港口卫生组织，与邮轮业和其他行业积极合作，力求解决所出现的问题。尽管健康问题被媒体曝光的比率较高，但这还不是邮轮经营者面临的唯一医学问题。

由疾病控制与预防中心（CDC）运作的美国公共卫生服务署船舶卫生计划（VSP）在确保邮轮的安全与卫生方面起到了重要作用（美国公共卫生署，2005b）。这个组织推广良好的实践经验，提供信息与培训，识别可能导致乘客及船员面临危险的潜在威胁。

船上安全至关重要。邮轮业通过将自身定位为一个安全的度假选择而变得越来越成功，发展迅速。国际海事组织（IMO）带头制定以安全为核心的国际框架。《国际船舶和港口设施安全规则》（ISPS）的引入，总体来说是关注船舶潜在威胁的反馈。本章是为在邮轮上工作的人考虑与目的地相关的关键的卫生和安

全问题。本章最后通过反思为有特殊需求的顾客提供服务而进行总结。

卫生与安全问题很复杂,本章不可能涵盖其所有的细节。因此,为进一步加深理解,读者可以进一步研究,并高度关注和学习这一领域的前沿动态。本章探讨的是一般意义上的安全问题。可以理解,许多船舶安全的保障措施是保密的。本章描述的只是不涉及保密性的计划与措施。

一、疾病控制船舶卫生项目中心

20世纪70年代早期,由于在邮轮上爆发了几次疾病,美国公共卫生服务疾病控制与预防中心(CDC)引进了船舶卫生项目(VSP)。该项目的主要目标是预防肠胃疾病。随着时间的推移,该项目与邮轮的关系已成熟,尽管美国疾病控制与预防中心(CDC)仍然是控制和监管的强有力机构,但其主要功能是提供协助和培训以实现最佳效果(美国公共卫生服务部,2005b)。

美国疾病控制与预防中心(CDC)最有名的就是卫生监管,它按100分制给邮轮打分。分数低于86分的船舶不能通过检查。如果分数低于85分,则说明卫生状况不理想,通常要在30~45天内对船舶的卫生条件进行重新检查,以确定其卫生条件是否有所改善。CDC表示,尽管得分较低的船舶的总体卫生状况较差,但并不意味着就有发生肠胃疾病(GI)的重大风险。CDC还表示,自从VSP计划实施以来,虽然航行的船舶数量和搭乘的乘客数量显著增加,但邮轮上疾病的爆发次数却在减少。

为发现与肠胃疾病(GI)相关的因素,VSP开展了针对性的调查。如果感染这种疾病的乘客与船员的数量达到全体乘客与船员总数的2%,就要引起注意。如果发现与GI有关的异常类型或特征,VSP就会展开调查。为了能有效进行调查研究,要求邮轮保留有GI症状以及用药治疗痢疾的乘客与船员的记录。如果在这些记录中的乘客与船员中发现病例,VSP就要分析疾病爆发的威胁,通过反复研究船上的实例,发现传染源,采取防御与控制措施,并评估这些措施的有效性。VSP行动的目的在于发现问题、解决问题,并确定问题不再出现。

如果要新建一艘邮轮或升级邮轮,CDC也会提供相应协助,从而确保邮轮处在最佳状态,符合公共卫生的需求,同时,也能帮助解决一些问题,比如洗手设施的合理位置,正确设计和建设餐饮(包括饮用水的提供)贮藏和准备区域,以及正确控制和管理贮藏食物的温度。利用位于佛罗里达的设备,CDC为邮轮员工提供关于标准的培训,解释采取该标准的原因以及如何达到该标准。他们的培训项目里包括以下几方面：储水、分配、保护与消毒；食物在贮藏过程中的保护、备餐、烹饪、提供；员工的实际操作和个人卫生；一般清洁、设备检修、控制传染媒介（传染媒介是一种昆虫类或节肢类、啮齿类或其他公共卫生意义上能够隐匿或传播病源给人类的动物）；食物与水的潜在污染。

二、诺劳病毒

1972年俄亥俄州诺沃克爆发了一场肠胃疾病，此后，诺劳病毒首次被认为是类似于诺沃克病毒的一种病毒（Anon,2002）。诺劳病毒是一类能感染肠胃的病毒总称。在有些情况下，诺劳病毒会引起肠胃炎，一种胃部和大肠的炎症。尽管肠胃炎通常是萼状病毒感染或食物中毒的症状之一，但它并不完全和食物有关。诺劳病毒有时被称为“胃流感”，尽管诺劳病毒跟流感是无关的，或称是“24小时胃病”。

感染诺劳病毒的人通常表现出的症状是呕吐、腹泻和胃抽搐（Widdowson et al.,2004），孩子可能出现的呕吐现象比成人更严重。有时也可能出现低烧、体寒、头疼、肌肉疼痛、反胃或疲劳等症状。疾病来得很快，受感染的人可能会感到很虚弱。病症一般会持续一到两天。受感染的病人的粪便或呕吐物中通常有诺劳病毒。诺劳病毒也有可能出现在受感染的人的皮肤表面。重要的是，在人口相对密集的小区域内，例如火车站、公交车、学校、军营、饭店、医院、疗养院、宴会场和邮轮，疾病爆发率会更高（Cramer et al.,2003）。这种病症有可能潜伏24～48小时，持续时间为12～60个小时。

诺劳病毒最可能出现在邮轮上（Ramilo et al.,2004）的看法是不正确的。岸上的病例比海上多得多。VSP计划的报告机制和邮轮上卫生官员的追踪疾病工作能及时识别船上的问题，并且比岸上能更加有效地处理问题。通常，问题的出现是因为船上带有疾病病毒，随后被乘客传播。邮轮的布局与住宿配置很相近，都是出于有利于相互交流和人与人之间接触的考虑。

人传染病毒的途径有很多，见下面的介绍。有一点很重要，就是病毒更可能源于岸上而不是邮轮上，这是人的问题而不是邮轮的问题——尽管邮轮业会处理后果。

■ 病毒能够污染食物和水。特别是方便食品，例如贝类、熟食品、三明治、沾酱、沙拉、去皮的水果和需要处理的公用食品都有可能被污染。食物可能在购买前就已被污染。由于对在池塘、河流、游泳池、井水或冰山的

污染物处理不当，被污染的水也成为一大威胁

■ 一个人无意中触摸到已感染诺劳病毒的表面或物体，然后再触摸自己的嘴巴、鼻子或眼睛

■ 当有人在呕吐时，由于与其距离较近，与感染诺劳病毒的人一对一接触的情况就会出现，这种情况下存在空气传播的危险。有的情况是，当你照顾感染的病人或是与其共用器具时，也会受到感染。甚至与受感染的病人握手也有可能被感染（这就解释了为什么邮轮上一些员工将握手这种仪式改成了互碰肘部）

■ 用完卫生间或换完尿布后以及在吃饭或备餐前不洗手，也是引起感染的风险

尽管诺劳病毒传染性很强，但一般并不严重（Lindesmith et al.，2003）。感染病毒后的症状是不舒服甚至痛苦，但通常不会出现对健康造成长期不利影响。建议接触病毒的人联系医生或医疗人员，多喝液体（因为呕吐或者腹泻会导致脱水现象），特别要注意勤洗手。邮轮上对这种疾病爆发的反应很敏感（Sternstein，2003）。建议船员和乘客在用完厕所、打完喷嚏或咳嗽、给小孩换尿布后，以及在吃饭、喝饮料、备餐或吸烟之前要勤洗手。生病时更应该增加洗手次数。建议船员和乘客用肥皂和水洗手至少 20 秒，这样才能彻底冲洗病毒，也建议他们最好不要触摸嘴，因为这样被感染的风险就高。洗手时最好同时使用以酒精为基本成分的消毒液（美国公共卫生服务部，2005a）。在自助餐服务区或餐厅前通常要安排一位分发员。

邮轮上的制度目标是防范、监督和回应。船上计划是以隔离、控制、消毒、调查和信息/教育为基础的。

隔离：可理解为将病菌感染者限制在一个地方，症状消失后三天方可离开。推荐将感染者安置在远离与其同室的其他人的地方治疗，并向感染者提供全面充分的个人卫生指导。

控制：应由一支经过特殊训练的、配有设备且准备充分的队伍来处理可能被感染的区域。要严格限制人员出入该区。感染者应该接受那些全副武装（长袍、手套和面罩）的医护人员或支援人员的治疗。推荐免费为乘客提供这类治疗。

消毒：用过氧化氢、卫康、Ecotru、Micro-Bac II、Micro－Bac 3、Cryocite 20 和漂白剂等消毒剂对特定区域进行消毒。主要消毒对象是那些手所频繁接触的地方和东西——栏杆、扶手、把手、钢笔、铅笔、桌子、柜台以及赌场里的筹码等，不胜枚举。房间内外的设备和所有公共场所，如休息室、酒吧、洗手间、自助餐厅和餐厅，也可能受到病毒感染。

调查：为找出潜在的原因，要考虑所有的历史记录。

信息/教育:包括告知员工和乘客疾病爆发的事实,并告知他们什么是疾病爆发以及疾病爆发意味着什么。给出包括汇报问题和应采取的预防措施在内的处理此种情况的建议。在开始工作前,员工要经过全面培训——通过在职或非在职——来了解这些问题。

三、船舶卫生计划检查

船舶卫生计划(VSP)要求,所有在美国港口停靠、载客超过13名、走国际航线的邮轮每年要接受两次环境卫生官员小组的检查。VSP指南里描述了具体检查细节(美国公共卫生服务部,2005b)。2005年修订了这一操作手册,修订后的手册考虑了新技术、食品卫生学进展以及引起人类疾病的新生物病源。该指南用来指导和培训邮轮经营者和员工,同时也使CDC专注于其检查工作。以下内容即摘自该指南。

水:可饮用水是指饮用水。将淡水从岸上抽至船舱的过程被称为装仓(这一术语也用来形容将燃料和物料装上船)。饮用水必须达到世界卫生组织(WHO)的标准。应定期(每30天或更短)抽查和检验,并提供微生物报告以确保是否达到所要求的标准。邮轮要保持12个月的检测记录。一般来说,当抛锚、在污染区或港口时,船舶不能生产饮用水(通过逆向渗透、蒸馏或其他方法)。指导手册包含了船上水和用水系统的全面的技术信息。

泳池:流动的海水泳池只有在邮轮行进中且离开陆地超过12公里时才会使用。到达港口前需要把泳池的水排干,在港口停靠时要保持泳池是空的。在某些情况下,只要采取恰当的措施断开注水系统,并对水进行过滤和加卤,就可以使泳池保持水满。游泳者使用泳池之前,要检测水质安全,使水质达到规定的标准。循环使用的泳池要按照过滤设施厂商所提供的说明进行有效的过滤。池水水质必须经过监控并必须高出最低标准。

漩涡池的水需要过滤,过滤器要定期检查,并且每6个月更换一次。池水要每天更换。要清楚地标识安全标志和池水深度。水温要控制在40℃以下。要按要求提供安全设备。戴尿布的婴幼儿以及尚未学会使用厕所的儿童是不允许进入泳池的。

食品安全:船上负责食品生产和食品安全的人员必须掌握一定的预防食品传染性疾病、危害分析临界控制点(HACCP)原则以及船舶卫生计划(VSP)的食品安全准则方面的知识。从美国或海外国家获得相关证书可以证明他或她具备这方面的知识，也可以通过观察他或她在船上的实践操作能力和检查其回答问题的能力来证明这一点(见表10.1)。

表10.1　食品安全准则(美国公共卫生服务部，2005b:51)

船舶食品管理员应该保证：

1. 不能在起居室或卧室进行食物制作。
2. 无关人员不得进入食品准备、食品储藏和餐具洗涤区，短暂的参观必须经许可方能进入，并保证不接触食物、干净的仪器、餐具和餐布；要保护未包装的一次性服务和一次性使用的物品不受污染。
3. 这一区域的雇员及送货、维修和消毒等其他工作人员进入食品准备区、食品储藏区和餐具洗涤区都必须遵守该准则的规定。
4. 通过经常地督促与食品相关的工作人员洗手，提高他们洗手的有效性。
5. 通过常规性地监督员工的观察行为和定期评估他们所收到的食品，确保食品接收员在接收食品时检测：食品的来源是否可靠，是否按要求的温度运送，是否采取了污染防治措施，食品是否地道，是否正确地展示。
6. 通过每天监管员工是否用适当的、精确的、标准化的温度测量仪来对烹饪温度进行日常控制，确保员工正确地烹饪具有潜在危险的食物，在烹饪能引起严重的食物传播疾病和死亡的食物(如鸡蛋和碎肉)时特别小心。
7. 通过每天监管员工对冷却过程中食品温度的日常控制，确保员工使用正确的方法快速冷却具有潜在危险的不能热保存或4小时内不会消费的食品。
8. 要告知生食或吃半熟动物性食品的客人，未充分煮熟的食物不安全。
9. 通过常规性地监督热水消毒的温度和浸泡时间以及化学消毒剂的浓度、pH值、温度和浸泡时间，确保员工在使用之前对干净的多用途的仪器和器皿进行正确的消毒。
10. 当游客进入沙拉吧和自助餐厅等自助区域时，要提醒他们使用干净的餐具。
11. 通过正确地使用餐巾、勺子、钳子、一次性手套等用具，确保员工不用手接触即食食品而造成交叉污染。
12. 员工得到了食品安全方面的适当培训，因为这是他们的基本职责。

食品安全准则所包含的内容有：个人卫生及其如何影响食物传染性疾病的预防，负责食品生产团队的经理应有的职责范围，食品传染性疾病的症状，控制具有潜在威胁的食物的烹饪时间和温度的重要性，生的或未熟的鸡蛋、肉类、家禽和鱼等的相关危害，潜在危害食物的安全烹饪时间，交叉感染、用手接触即食食品、洗手和公共卫生等的管理和控制，食品安全，适当设备的供给，清扫和消毒程序，有毒物品的储存、使用和处理，产品的经营管理与控制，以及预防食品卫生和安全问题的服务常规事宜。

经理们要确保他们的员工按照准则的规定践行安全和卫生条例。一般来说，所有食物都必须是安全的、无掺杂的、货源正规的，能够达到指南标准。具有潜在威胁的食物必须保存在7℃或更低的温度条件下。为确保不被污染，食物需保存于干燥清爽的地方，甲板以上15厘米的位置就不会被污染。切不可将食物储存在衣帽间、卫生间、更衣室、垃圾房、机械房和楼梯间。要防止陈列出来的食物被污染。

烹饪时间：

■ 煮生鸡蛋时保持63℃及以上温度最少15秒

■ 烹饪平胸类鸟(鸵鸟、鸸鹋、美洲鸵)和注入肉时保持68℃及以上温度最少15秒

■ 烹饪家禽和野禽时保持74℃及以上温度最少15秒

■ 制作所有烤肉保持63℃及以上温度最少15秒(注意：在VSP指南中，半熟肉烹饪和其他食物的制作还有其他条件)

食物冷冻：具有潜在风险的食物要在2小时内从60℃降温到21℃，在4小时内从21℃冷冻到5℃或以下。

温度保持：具有潜在风险的食物的存放温度应在60℃及其以上(除烤制食物外，烤制食物的存放温度应在54℃及其以上)或者5℃及其以下。

VSP指南有关于食品安全和卫生的完整细节，包括食物储藏、处理、设备及其维护、清洁、消毒，对船舶、厨房和相关区域的管理(美国公共卫生服务部，2005b)。经营商也可以向CDC申请采用不同于准则要求的措施，只要可以证明是合理的，而且不会对船员及乘客的健康造成危害，这些措施就可能会被批准。

当在美国以外的港口停靠时，比如南安普敦或悉尼，就需要去当地的国家港口卫生局。这些机构的要求基本上与VSP的规定是一致的。

对食品和饮料的检测最好采用危害分析临界控制点(HACCP)方法，该方法包括7条原则(见表10.2)

表10.2 危险分析临界控制点的7条原则(食品和药品管理局，2001)

1.分析危险。界定与食物相关的潜在危险及控制危险的方法。这些危险可能是生物的，如细菌；化学的，如毒素；物理的，如地面上玻璃或者金属碎屑。
2.明确关键控制环节。从原料到加工和运上船供游客消费的过程中，有些环节是可控的，控制好了这些环节就可以控制或降低潜在危险。如烹饪、冷冻、包装和装配监测。
3.通过对每一个控制环节设定关键约束而确定预防措施。例如，从烹饪食物的角度看，可能包括设置所需的最低烹饪温度和最短烹饪时间，确保能消除所有的有害微生物。
4.确定监管关键性控制环节的常规做法。可能包括决定如何及由谁控制烹饪时间和温度。
5.当监测表明关键约束未达到，就要确定应采取的改善方案。例如，如果烹饪时未达到最低温度，就要对食物进行回收或销毁。
6.建立核实系统运行良好的常规做法——例如，监测烹饪时间和温度记录仪，从而核实烹饪子系统是否运转正常。
7.建立有效的记录，保存HACCP系统文件。可能包括危险及其控制方法的记录、安全需求的监控和纠正潜在问题的行动。每一个原则都应以可靠的科学知识为背景，例如，发表的关于控制食物传播病原体的烹饪时间和温度的微生物研究。

四、海上安全

对很多人来说,主要担忧的是恐怖主义行动和威胁。自“9.11”事件以来,随着政府对包庇恐怖主义者和宽恕恐怖主义活动采取相关措施,世界上较富裕的国家享受的表面上安全和相对和平的环境受到了威胁。这种情形的必然结果是加强边防警戒和从总体上提高安全意识。安全理念实际上有助于邮轮业发展,安全理念可用于灵活的行程安排,也可根据风险出入世界各个区域(Parker,2004)。安全理念的负面影响是产生了更严重的官僚主义,乘客与船员要在安检口排更长的队,对个人生活的干扰更大,成本增加,以及计划制定更为复杂。据说,邮轮旅游者愿意接受严格的安保措施,并把它视为当前情形下度假活动的正常组成部分(Scorza,2004)。

在 IMO 的监督下,邮轮在安全经营限制框架下运营。SOLAS 和 MARSEC 是海上安全的关键组织(见第三章)。2002 年 12 月,举行了一次会议,出席会议的有来自 108 个 1974 年 SOLAS 公约签约国政府、2 个 IMO 成员国的观察员和 2 个 IMO 非正式成员国的观察员(IMO,2002)。与会代表就一系列加强海上安全的措施达成一致意见,旨在预防和镇压恐怖主义威胁海运的行径。这次会议提出 SOLAS 公约的修正案,也就是国际船舶和港口设施安全(ISPS)。ISPS 对政府、港务机构、航运公司提出了详尽的强制性安全要求,以及一系列如何达到要求的次要和非强制性的指南(见表 10.3)。

表 10.3　国际船舶和港口设施安全过程

缔约政府的风险评估
1.识别和评价在港口设施中具有重要作用的资产和基础设施。
2.为把安全措施区分优先次序,评估必须要识别对重要资产和基础设施产生的实际性威胁。
3.通过确认港口设施在物质安全性、结构的完整性、保护系统、程序性的政策、通讯系统、运输基础设施、公共设施以及港口设施中很可能成为目标的其他方面的弱点,评估和辨别港口设施的脆弱性。
4.要求港口开发港口设施的安全计划,要任命港口设施的安全官员,要有某些安全设施的通道。
公司和轮船
1.要求公司任命一名指定的公司安全官员(CSO)。
2.要求轮船指定一名轮船安全官员(SSO)。
3.公司安全官员准备轮船安全计划以待批准。
4.要求轮船执行轮船安全计划,指定轮船安全官员和公司安全官员,有船上某些设施的通道。

ISPS于2004年7月1日生效，尽管有一些签约国没有完全遵从，但大部分已经按照协议行动(Nsnet，2004)。从安全角度讲，如果一艘遵守ISPS协议的邮轮停靠在不遵守该协议的港口，后果会很严重，因为航程中的下一个停靠港会认为该邮轮被污染了。因而会增强安全检查措施，最坏的情况下，甚至拒绝停靠。

签约国家设定了适于港口设施或船舶的风险等级(见表10.4)。这些等级是为了便于清晰地传递信息。等级的划分基于这样的基本假设：危险发生可能性低的就是低风险，可能性高的就是高风险(Smith，2004)。

表10.4 风险和行动等级

危险和行动	等级一 一般威胁	等级二 中等威胁	等级三 高威胁
港口设施	港口设施已经确定最低的基本的可操作的和实实在在的安全措施	接到命令时，港口设施要灵活地采取额外的或加强的安全措施	港口设施部门要做好可能的准备工作以便及时应对发出的命令
轮船	CSO已经确定最低的可操作的实实在在的安全措施	轮船要灵活地采取额外的或加强的安全措施应对和操作	轮船部门要做好可能的准备工作以便及时应对跟轮船有关的命令

船舶和港口设施共同承担监督和控制进港、监督人和货物流动以及保证安全信息的及时性和有效性等责任。船舶安全官(SSO)对船长负责，这意味着船长对船舶安全负最终责任。在邮轮上，船舶安全官领导着一支负责安全的专业队伍，这支队伍的成员通常来自军队或警局。要求邮轮有国际船舶安全证书(ISSC)并建立安全警报通讯系统，如果存在严重的安全事故或者发生严重的安全事故时，就可以在驾驶台和船上的另一个位置启动该系统。这种警报无需敲响船上的任何警铃。

有趣的是，并不是所有港口都是通过签署ISPS来遵守公约的。据国际船务周刊(2005b)报道，撒丁岛的切尔沃港是第一个拒绝投资ISPS所要求的安全措施的意大利港口，并且有效地使自己成为一个邮轮目的地。这表明，这个决策可能与港口的独特性有关。

Parker(2004:15)指出，尽管与邮轮有关的安全检测通常靠X光仪器或扫描仪等技术，但是，要想达到更高的安全水平，需要所有工作人员形成“安全理念和安全意识”。因此，一个对潜在的安全问题具有敏锐的观察力和警觉性的训练有素的船员对控制风险是一种优势。

五、风险评估

在风险评估的专业术语中，“危险（原因）是指对人身及其财产造成的潜在威胁；风险（可能的后果）是指危险发生并造成损失的几率；灾难（实际后果）就是指危险的发生”（Smith，2004：12）。据 Faulkner（2001）的观点，旅游灾难管理应该包括各方的协调、商讨、责任、风险评估、优先次序、协议的修订、运作良好的审计系统、灾难发生时的指挥中心、媒体传讯策略、预警系统以及其他灵活性措施。风险一词常用来评估与结果和可能性有关的项目。

这个话题的性质是，一谈到它，人们马上就会关注那些影响力大、知名度高并能长期吸引世界眼球的事件，然而，风险可能是不起眼的或者最初是不起眼的，但最终会导致严重的破坏性后果。因此，区分危机和灾难是很有用的；危机是指由不恰当或无效的计划和管理而引起的一些问题，而灾难是由自然事件引起的，相对来说是不可避免的（Faulkner，2001）。顺便提一下，Smith（2004）认为“灾难是一个社会现象”。就是说，如果人类不参与到重大事件中，那就不算是灾难。风险计划是常识也是良好的商业意识。这种计划会对公司有帮助，能证明公司对其顾客和员工的重视，能昭示公司商业运作的责任，能体现公司在应对当今社会的冷酷现实时的成熟与老练。

现存的风险可划分为自然或环境类（包括严重的暴风、地震和洪水）、生物类、技术类或 Smith（2004：8）所称的“新型威胁”（意指如恐怖主义之类的事件）。这些危险会对人类、货物和财产以及环境产生影响。风险是可以防范的，可以检测人们的适应性或反应性，也可以检测处理突发事件的措施的可靠性（Smith，2004），从而防范风险。

在评论风险和风险评估时，Lois，Wang，Wall 和 Ruxton（2004）描述了邮轮上的两类设施：酒店设施和船舶设施。可以分别考虑酒店和船舶设施的构成（见表 10.5）。

表 10.5　邮轮上的各类设施

酒店设施		轮船设施	
乘客设施	特等仓 楼梯间和大厅 公共场所 公共场所（室外）	舒适性系统	空调 水和污水 商店 机舱

续表

酒店设施		轮船设施	
工作人员设施	船员室 船员餐厅和酒吧 船员公共场所 船员楼梯和通道	机械设备	泵房 转向器和助推器 燃料和油料 水和污水
任务相关的设施	输送船 船尾码头 特殊景点	油罐/空隙	压舱物和空隙
娱乐设施	赌场 游泳池 水流按摩浴缸 歌舞表演 游戏区 夜总会 登岸旅游事务所	安全	救生船 救生艇 洒水车 探测器和警报器 低级别照明系统 救生衣
服务设施	游客服务 产品和服务供给区 酒店服务区		
其他	商店 美容沙龙 夜总会 医药中心 照相商店 网络		

此外，Lois 等(2004)指出，邮轮航行不同于其他船舶航行，因为必须按下列内容满足乘客的需求：船舶的设计和构造(例如，对适当的交通航线的要求，船员和乘客住宿的分区)，适当的码头设施或补给船，补给、燃料和废物处理等服务，以乘客需求为基础的航程，要有处理人流和提供岸边设施和服务的终端设施，需要进入母港或周转港以及目的地的交通设施。在评估邮轮风险时要考虑所有这些特征。

IMO 建议船舶公司采用“标准安全评估”(FSA)方法。FSA 是一种结构化和系统化的风险分析方法，是一种船舶安全人员诠释他们必须贯彻的规章制度的工具。这种方法旨在实现技术、经营和人为因素之间的平衡以及海事安全、环境问题和成本之间的平衡。

FSA 推荐了风险分析的五个步骤：

1.危险识别(把潜在的和发生的相关事件的情形以及可能的原因和结果放在一起分析)。

2.风险评估(评估风险因素)。

3.控制风险的措施(采取措施去控制或减少已明确的风险)。

4.成本一收益评估(计算每一风险控制行为的成本效益)。

5.提出决策建议(在考虑所有因素的前提下做出明智的决策)。

Lois 等(2004)认为,可以用多种方法来识别危险,包括专家头脑风暴法、基于系统分析的经营研究法、问题分析法——分析失败的教训以及已知的潜在的缺陷或问题的效果、流程图分析法。流程图分析法的结果是一个模型,该模型能识别出一次巡游的5个逻辑阶段:登船(乘客抵达、检票、设立船上账户、信息和钥匙或房卡,以及拍照),出发前(欢迎乘客、引导乘客、传送行李、安全须知),航行(正常的航行路线、日计划),停靠或用小艇输送(目的地岸上观光、上岸前转换交通方式),上岸(管理乘客、管理行李、协调交通)。该研究具有指导性,能识别影响巡游的复杂的情境因素(见表格10.6)。

表10.6 风险分析

规模等级	后果	含义
1	微小	没有出现急救,航程没有延迟,没有影响环境,船舶外表没有磨损
2	轻度	有一些急救,船舶外表有所磨损,没有影响环境,航程有所延误
3	中度	伤势需要治疗,船只损坏,部分航程取消,产生了一些环境影响
4	重度	出现严重受伤,船舶主体受损,环境影响重大,航程取消
5	灾难性的	有人丧生,船舶报废,非常严重的环境影响,航程取消

运用这种方法可以建立风险定量分析模型。要注意,风险分析根据频率来估测,而频率可分为5级:

1=毫不相关(remote)

2=偶尔(occasional)

3=可能(likely)

4=很可能(probable)

5=经常(frequent)

以上提到的五个等级也可用来反应结果。

风险评估有利于船员培训、设计、维修或者通讯等实践的改善或提高,这些实践对每个等级的危险都产生影响。考虑这些影响因素就会引致"如果……将会怎么样"这类情形。实际上,为了对相关风险作出判断,这个概要是对那些可能导致事件发生的环境条件、影响因素和过错的系统化评估。这种分析方法与PESTLE模型(见第五章)是相左的,或者,就如Lois等(2004)所指出的,分析的是商业的、法规的、技术的和社会的或环境的因素。

因果链在识别一系列与危险相关的事件以及构思以干预人力资源、物质资源、或系统或过程为基础的规避危险的对策方面是有效的。风险控制的选择有:

通过分析情境和情境条件而移除一个原因实行干预，通过及时发现问题和拉响警报而迅速采取行动实行干预，通过反复演习或制定专项突发事件规章制度等而在事发之前实行干预，通过制定应对计划等而在结果出现之前实行干预。

也可以通过平衡成本和收益关系来衡量风险。可以用成本一收益评估技术来评估导致和产生危险的事件，即分别按5级标准评估事件的收益和成本，并计算出成本一收益比。

表10.7利用一个假设情形列出了分析步骤的案例，这种情形在很多邮轮上是不可能遇到的，但为该过程提供了一个图表展示：

表10.7 风险评估和成本一收益分析

原因	突发事件	事故	危害	
因果链	乘客饮酒过量	乘客开始打斗	船员或乘客受伤	公司名誉受损，员工道德降低
干预	干预以消除原因	事发之前干预	事故发生之前干预	后果产生之前干预
潜在干预	A:训练 B:完善酒水销售政策	A:在该区域有安全人员 B:酒吧区设计（用镜子隔开视线等） C:事先声明规章制度	A:处理闹事人的常规做法	A:回应计划
成本收益排名（1一很低到5一很高） 结果系数＝收益/成本	A:成本3，中等 A:收益5，很高（结果系数1.66） B:成本2，低 B:收益5，非常高（结果系数2.5）	A:成本5，非常高 A:收益4，较高（结果系数0.8） B:成本4，高 B:收益4，很高（结果系数1）	A:成本3，中等 A:收益4，高（结果系数1.33）	A:成本3，中等 A:收益4，高（结果系数1.33）

危险：醉酒的乘客在酒吧打斗。频率等级，2（偶尔，每月一次或两次）。后果等级，2（可能的急救和对酒吧家具和玻璃器皿的破坏）。

这种分析框架要考虑复杂的情境因素，并得出各种合理情况下的行动方案的优先级别排序，管理者应当根据分析结果做出明智的决策。正如表格所示，优先考虑成本一收益有利于做出明智的决策。

六、为有特殊需求的顾客提供服务

在保护美国残疾公民的权利并使他们免受歧视方面，《美国残疾人法案》

(ADA)是一部强有力的法律(US Department of Justice,2004)。就邮轮业而言,该法案影响到有船舶在美国注册或者使用美国港口的任何邮轮公司。英国也有类似的法令来保护那些可能受到歧视的人(UK Government,2005)。这是一个很好的商业意识,因为遵循这些法律,就能为所有顾客提供服务,就能体现出自己是一个关心自己顾客的负责任的企业。

该法案规定,残疾人士享有同等待遇、同等使用权,可以挪动任何阻碍通行的障碍。对邮轮公司来说,要从设计和建造开始考虑这些需求,以确保能提供符合 ADA 规定的特等客舱,并且设施要符合 ADA 指南。

从建造时间、目标市场、经营的航线类型、设施的种类和规模以及承载能力等方面看,邮轮各不相同。所以,乘客要向旅行社详细咨询,以确保对所提供的服务感到满意。表 10.8 是公主邮轮公司向乘客提供的建议的案例。

表 10.8　公主邮轮公司的公主通道

公主通道

公主号会尽力满足残疾客人的需求。在起航前确认您的旅行社是否提前告知我们您使用轮椅的情况和/或其他特殊要求。所有的公主号邮轮都有残疾人专用舱位。尽管每艘邮轮可预定的残疾人专用舱位是有限的,但是请提前确认是否预定。预留的在船上使用的轮椅不能在船外或酒店使用。您如果需要在这些情况下使用,请自行准备。如果您自备轮椅,我们推荐折叠型轮椅,因为我们的残疾人专用舱宽度不一。公主号邮轮有些区域不允许轮椅进入。

巡游前和巡游后的陆地旅游行李和酒店行李的便利性方面存在很大差异,并非所有产品都有升降运输设备,如果有,请确定是否提前预定了。为确保我们能满足您的需求,请电话联系我们的旅游质量部门,联系电话是××××××××。

在航行过程中如果您购买了我们的运输服务,我们将在您登录和着陆的时候提供该服务。请确认您是否提前预定。如果有什么需要请联系我们,联系电话××××××××。

如果乘客需要使用装电池的设备,我们建议您携带普通型干电池,并要求在特定的包房存放和充电。请不要把残障人士轮椅单独留在走廊,因为我们没有为其配给专门的工作人员。我们建议您在其他人的陪同下进行活动。残疾乘客需要到我们船上的旅游办公室登记,确定预定准确无误。不是所有的港口设备都能为轮椅提供方便。

港口有很多入口,包括舷梯和用于大船和海岸之间运载人和货物的交通船等。在一些情况下,你可以进入交通船;但是,岸上的设备不能抬进去。船长会考虑您的安全和舒适来决定在每一次靠岸是否允许上岸活动。我们会记录那些正常使用供游客的交通船的港口。很多港口只提供舷梯让客人上岸上船。港口工作人员会要求残疾旅客坐上轮椅,然后和船员共同将其运下来。如果由于轮椅太大或者太重而不能将其运下来,您将被预先排除在上岸人中之外。

如果你要携带宠物,请您事先留意公主邮轮的要求。每个港口的规定都不一样,有些港口是不允许携带宠物上岸的。我们建议您事先咨询当地机构以便准备好必要的文件和材料。

公主邮轮上不为宠物提供食物。

归纳与总结

本章深刻分析了影响邮轮业的众多关键因素，尤其是，为帮助进一步理解制度的影响和作用，分析了 CDC 和 VSP。为了解与此问题相关的风险和反思成功的实践，也讨论了诺劳病毒。对未来的邮轮经理来说，领会卫生和安全知识并查阅不断发展的良好做法是很重要的。在现代社会中，安全问题是大家关心的。我们社会的各个方面都受到安全问题的影响，邮轮业也不例外。本章还讨论了风险评估和海上安全问题。尽管邮轮很复杂，但越来越多的残疾人希望进行邮轮旅行，这给邮轮经营者出了道两难的问题，一方面，邮轮的上下船跳板、补给船(船港)、安全和急救演习等有限，另一方面，经营者必须满足所有乘客的需求。在这方面，本章考虑了一些与 ADA 有关的要点。

术语表

传染性：通过直接或间接接触传播。

蒸馏：通过煮沸来净化液体的措施，蒸汽凝结成纯液体。

肠胃疾病：影响胃和肠的一种疾病。

潜伏期：疾病传染和症状出现前的那段时间。

传染：传染病被传播。

细菌：是指微生物，尤其指能引发疾病的细菌。

规章制度：一套正式规定或标准。

反向渗透：用来净化浓缩溶液(通常是具有高溶解度盐的水)的方法，在半透膜的一边对浓度更高的溶液(或污染物)加压，结果是溶剂从浓度更高的一边移动到较稀释的一边，溶质不移动，因此可以将干净的溶剂从浓缩的溶液中分离出来。

环境卫生：保持干净、卫生的环境以预防疾病。

消毒剂：用于清洗不想要的污染物(细菌和病毒)的一种化学物质。

本章复习题

1. 什么是诺劳病毒？

2. 为应对疾病爆发，邮轮应制定什么规章制度？

3. 什么是 ISPS？

4. CDC 的作用是什么？

5. 如果邮轮在访问美国时获得 VSP83 分意味着什么？

6. 描述与 FSA 有关的成本－收益分析过程。

7. 遵守美国和英国关于残疾人歧视的法律有什么困难？

补充信息来源

http://www.imo.org：ISPS

http://www.safetyatsea.net/：Fairplay magazine publication

http://www2a.cdc.gov/nceh/VSPIRS/vs_pmain.asp：VSP scores

http://www.cdc.gov/nceh/vsp/ConstructionGuidelines/constructionguidelines.htm：VSP vessel construc－tion guidelines

http://www.cdc.gov/nceh/vsp/pub/mmwr/mmwr.htm：VSP morbidity and mortality weekly reports

http://www.cdc.gov/nceh/vsp/pub/Norovirus/Norovirus.htm：information about the norovirus

http://www.cdc.gov/nceh/vsp/pub/Handwashing/HandwashingTips.htm：hand－washing tips

http://www.mcga.gov.uk/c4mca/mcga－guidance－regulation/mcga－ops－ms－home/dops_ms_guidance.htm：Maritime and Coastguard Agency UK security guidelines

http://www.mcga.gov.uk/c4mca/mcga－dops_ms_applications_and_requirements.pdf：ISPS code

http://www.imo.org/home.asp：Marine security

http://www.imo.org/Safety/mainframe.asp?topic_id＝351：Formal Safety Assessment

参考文献

Anon (2002), Outbreaks of gastroenteritis associated with noroviruses on cruise ships－United States, 2002. MMWR. *Morbidity and Mortality Weekly Report*, 51(49), 1112－1115.

Anon (2005), ISPS brings the plod of the plebs, *Fairplay International Shipping Weekly*.

Cramer, E. H., Gu, D. X., and Durbin, R. E. (2003), Diarrheal disease on cruise ships, 1990－2000, *American Journal of Preventive Medicine*, 24

(3), 227—233.

Faulkner, B. (2001), Towards a framework for tourism disaster management, *Tourism Management*, 22(2), 135—147.

Food and Drug Administration (2001), HACCP: A State-of-the-Art Approach to Food Safety. Retrieved June 2005, from http://www.cfsan.fda.gov/~lrd/bghaccp.html

IMO (2002), Conference of Contracting Governments to the International Convention for the Safety of Life at Sea, 1974: 9—13 December 2002. Retrieved 2005, June, from http://www.imo.org/home.asp

Lindesmith, L., Moe, C., Marionneau, S., Ruvoen, N., Jiang, X., Lindbland, L., et al. (2003), Human sus-ceptibility and resistance to Norwalk virus infection, Nature Medicine, 9(5), 548—553. Lois, P., Wang, J., Wall, A., and Ruxton, T. (2004), Formal safety assessment of cruise ships, *Tourism Management*, 25(1), 93—109.

NSnet (2004), News archive. Retrieved 8 June 2005, from http://www.ns-net.com/archive-1-2004-06.html

Parker, S. (2004), Adopting a security mindset. Lloyd's Cruise International, April/May, 14—15. Princess Cruises (2005), Cruise answer book. Retrieved June 2005, from http://www.princess.com/ onboard/answer/2005_Cruise_Answer_Book.pdf

Ramilo, P. B., Augenbraun, M., and Hammerschlag, M. R. (2004), Recent Outbreaks on Cruise Ships, *Infections in Medicine*, 21(1), 14—17.

Scorza, A. (2004), Euro cruise shipping: paying the price for peace of mind, Fairplay International Shipping Weekly.

Smith, K. (2004), Environmental hazards (4th ed.). London: Routledge.

Sternstein, A. (2003), How good is health care on those big cruise lines? Forbes, 171(8), 249—251.

UK Government (2005), Changes to the Disability Discrimination Act. Retrieved June 2005, from http:// www.disability.gov.uk/law.html

US Department of Justice (2004), A guide to disability rights laws. Retrieved June 2005, from http://www. usdoj.gov/crt/ada/cguide.htm

US Public Health Service (2005a), Noroviruses. Retrieved 14 June 2005, from http://www.cdc.gov/ nceh/vsp/pub/Norovirus/Norovirus.htm

US Public Health Service (2005b), Vessel sanitation programme—operations manual. Atlanta: Centers for Disease Control and Prevention, National Center for Environmental Health.

Widdowson, M.-A., Bulens, S. M., Widdowson, M.-A., Hadley, L., Bresse, J. S., Beard, R. S., et al. (2004), Outbreaks of acute gastroenteritis on cruise ships and on land: Identification of a predominant circulating strain of norovirus—United States, 2002, *Journal of Infectious Diseases*, 190(1), 27—36.

第十一章　船上的培训和学习

学习目标

通过本章学习，读者应该能够：

- 理解与培训和学习有关的问题
- 思考学习文化
- 理解培训需求分析
- 确认各种开发技能的方法，包括培训、指导和辅导

本章分析了船上技能开发的本质。培训对运作效率、持续改进和发展都很重要，正因为如此，决不能忽视培训。培训常由人力资源（HR）部门负责，但从更宽泛的角度看，培训具有经营功能，因此，培训具有战略意义，它对品牌形象至关重要。培训与服务质量是不可分的：一个追求优质服务的企业，必须把培训作为一个关键性的战略活动来重视。

培训是一种投资，因此，就要不断关注产出和利润、成本和收益以及性价比。然而，尽管比较容易调查乘客对服务的反馈及对满意程度的评分，但却难以衡量培训对服务的影响。当变化的原因有多种时，很容易把变化归因于单一原因，比如说培训。但是，培训可能有满意与不满意、稳定与不稳定、冒险与信心、安全与危险、获益与损失的区别，忽视这些重要事实的机构不是勇敢就是愚蠢。通过计划和实施持续有效的培训，就可能发生显著改善，尽管这种改善可能是渐进的。

培训不同于学习，前者是雇主主导的，后者是员工自我激励的。现代实践专注于从"一体适用"的传统培训体制转变为以创造学习型组织为目标的培训。学习是学习者的责任，以创造学习型组织为目标的培训，通过认知人们学习的天生偏好以及有利于公司和个人的鼓励"干中学"的方法，彻底改变了组织文化（Simmonds，2003）。

为明确与培训及学习相关的关键问题，本章将考虑大型邮轮上的培训需求以及组织文化与学习型组织的结合。另外，本章提出多种开发技能的方法，包括培训、指导和辅导。本章也分析了学习动机，最后给出一个关于邮轮培训规定的

案例。

一、培训和学习

需要为邮轮培养有能力的、有效率的、忠诚的、以乘客为中心的劳动力。邮轮产业的增长意味着正在不断建造新邮轮，乘客数量持续增长，乘客需求不断变化，因而迫切需要寻找合适员工（Wild and Dearing，2004b）。邮轮通过悬挂船旗或在某国注册，形成灵活的方法，减少外部控制，从而有效地管理成本。这种做法很普遍，但决不是万能的，它确保劳务费用最小化，从而使产品的价格水平是顾客可以接受的。前几章讨论了通过代理机构从受惠国获得劳动力的问题。通常，船旗国或注册国能提供大量有潜力且适合从事顾客服务工作的雇员。

这种劳动需求模式会产生风险，即可用的劳动力将越来越成问题，最终出现短缺。劳动力短缺意味着人力资源部门为发现新的劳动力来源可能要扩大寻找雇员的范围。最近，邮轮员工主要来自菲律宾、印度、墨西哥和东欧。正在开发的员工来源地包括多个南美国家、中国、越南和其他亚洲国家（Dickinson and Vladimir，1997）。

顾客服务职位，例如客舱服务员、自助餐助理或服务员，常在岸上接受基本培训，目的是确保申请者拥有必须的最低技能并对顾客有礼貌，同时，在他们上邮轮前，帮助他们适应邮轮经营。厨师往往来自厨师培训学院，尽管所达到的技术水平可能是初级的。选拔和招募实践的结果是，签订合同的员工需要在工作中提高技能和能力。通过多方面的干预，包括雇佣关键的富有经验的员工担任主管，编写服务和产品标准手册，进行在职和脱产培训，达到相应的标准。岸上培训团队和随船巡游并提供定向培训的培训师在其中起重要作用。

工作能力对提供优质服务是至关重要的，但邮轮上的培训只是整个培训的一部分。最初，全体船员必须接受培训，以适应船上的生活方式，熟悉基本情况，并投入到工作中去。接下来，他们要接受培训，以理解并遵守相关规章制度，丰富产品知识，提供达到预期水平的顾客服务，接受企业和品牌文化，了解整个系统的运行，了解自己在团队中的作用，并学会应对各种变化。培训内容丰富且具有挑战性。规章制度对保障安全来说是非常关键的，与应急演习相关的安全常规也很重要，这些领域是船上培训的重点，并对跨部门培训具有全局性意义。

二、学习文化

根据 Simmons(2003)观点，培训者在帮助企业从培训导向型实体向学习型组织转变中发挥很大的作用。鼓励个人为自我发展负责，在组织中寻找学习机会并发展提高自己，明确学习需求，这些细微的优势会创造一个具有深远积极意义的范式转变。这样，个人才有可能对自己的工作有更高的期望，从而克服进步或晋升中的障碍。学习型组织有一个特定的哲学思路(见表 11.1)。

表 11.1　学习组织

利于定义学习组织的观念
■ 你不能强迫别人学习；只能提高他们的学习积极性。
■ 学习和持续发展很重要，不能失去学习机会。
■ 骄傲自满是持续进步/发展的最大敌人。
■ 很多组织无意地强化了许多不必要的行为(例如，顺从、责备、掩盖错误)。
■ 是人学习而不是机构。
■ 学习是我们的核心目标，然后我们可以靠学习成果获得收益。
■ 学习是可持续的竞争优势。
■ 知道了原来不知道的或能够做原来不会做的，这就是学习。
不利于创建学习组织的观念
■ 学到的绝大多数只是庸庸碌碌的忙碌。
■ 我从经验中学到的，别人也能学到。
■ 从错误中总结比从成功中学习更重要。
■ 凭直觉从经验中学习(也就是说，自觉学习是不必要的)。
■ 经理的首要职责是发展和提高人。
■ 职位越高，需要学习的就越少。
■ 除非是自上而下的，否则学习型组织注定不可能形成。
■ 最好通过课堂、会议、研讨会和工作学习。

这一表格表明，学习型组织是一个拥有为不断探索、不断提高的员工所理解和分享的愿景的组织，是一个拥有能为人们的变化和成长提供支持的战略目标的组织。在这种组织氛围中，员工受到重视、支持、鼓励和欣赏。学习型组织被所有人认为是具有学习和发展思想的，而所有人也在介绍这种思想。组织也接受外部形成的观点。

曾经仿效军队具有等级结构的组织应该采用学习型组织的方法，这似乎有些前后矛盾。然而，证据表明，为从他们越来越重视的人力资源中获得竞争性优势，开明的邮轮公司正向这种方法靠拢。例如，公主邮轮鼓励员工寻找职业发展晋升机会，而且组织中有很多为自己创造机会掌握职业生涯轨迹和学习机会的例子。在这个特殊组织里，员工可通过报名参加培训或者利用在线学习设备来获得学习机会。

一个组织的文化可以用很多方式来表达，例如，Evans 等（2003:81）将“文化网络”描述为：

- 故事——环绕在组织周围、可能有助于定义人、成功或特色
- 仪式和套路——对船舶公司来说，可能包括为全体员工举办每年一度的圣诞派对、穿过界线（如赤道）的仪式，或新船舶启航。同样，也可能与公司达到服务质量的要求的方法相关——通过一定形式的顾客服务战略和相关的奖励机制
- 象征物——与航海相关的标志、旗帜和形象，符号语言学的使用或象征性标识，甚至是船的形状和颜色
- 组织结构——船上各小组、各部门和团队的组织方式，以及船上非正式结构和岸上组织的结构
- 控制系统——包括预算控制、质量控制和操作控制，也指 Hofstede（1986）所称的权力差距。从这个意义上讲，权力差距小的的环境会创造一个更加自由、宽容及平等的团体，而权力差距大的环境具有严格的等级制，体制欠开明。可以将不同公司的邮轮社团定位在连续的权力差距中
- 权力结构——总公司所在地、公司所有者以及注入文化网络要素的一般管理风格

从其整体性看，文化网络能够代表组织文化的整体观点。Handy（1996）的研究从另一个角度提出了四种文化类型：

- 权力文化——常被具有整体控制权的个人或群体所支配。这类组织依赖于重要人物的品质，组织是否能够应对变化取决于一个或几个人
- 角色文化——通常是分等级的，相信长期固定下来的程序和政策。这类组织会出现官僚主义，且接受变化的速度慢
- 任务文化——通常建立在团队合作的基础之上，当每天的常规被项目或偶发事件所取代时，就会产生任务文化。团队往往拥有多种技能，能够灵活应对他们所面对的需求
- 个人文化——用来支持个人。从这个角度上说，这种文化可能是一个工会

Miles和Snow(1978)按照反应的战略方式描述组织文化。他们将"守护者"定义为拥有特定客户群的、稳定的、成熟市场的组织。这类企业通过节约成本或提升服务质量来守护其市场。Miles and Snow指出,由于其严密的等级制度和严格顽固的控制过程,这类组织的灵活性有限。他们将"开拓者"描述为寻找新市场的创新者。这类组织熟悉市场环境,了解市场价值的灵活性,因而能对稍纵即逝的机遇做出反应。"分析者"小心翼翼地进入市场。企业跟随其他企业的领头者就属于这种文化,仔细核实数据可以有效地避免错误。最后,"反应者"是其他企业的领头者,但这类文化容易犯同样的错误。这类企业的领导层一般较差,体制机制不健全。

三、培训需求分析/评估(TNA)

进行培训需要分析或评估的原因有很多:补救问题,界定问题或有效状态,或参与进行中的持续改进。在前两个案例中,公司有培训需求,这可能暗示着公司存在潜在的业绩问题。在这种情况下,可利用培训需求分析方法来查找问题的潜在原因或根本原因,并提出解决措施。TNA可由外部公司执行,例如咨询公司,从而使评估客观、毫无偏见进行,也不会被之前的或预想的期望所束缚。这样做,能实现公司变革,检验公司发展的能力水平,衡量培训的影响。

Chiu和Thomson(1999)强调TNA的四种数据收集方法:调查、个人访谈、小组讨论、实地观察。他们指出,行动研究法(即通过考察工作动态,揭示培训需求的真实本质)对于专注于达到最佳业绩和实现战略目标的组织来说,尽管具有潜在利益,但用得并不多。Chiu和Thomson认为,在这类TNA实践中,个人的学习需求常被低估,这一问题很关键,因为一个学习型组织在寻求满足组织和个人的学习需求的平衡时,不能无视个人的存在。

培训需求也可能是评估过程的一部分。评估是一项周期性(通常是年度)的工作。评估过程会产生组织中有关个人的高质量的数据。然而,Leat和Lovell(1997)提出,不同组织使用该过程的方式不同,因此,有些情况下会把重点放在总体业绩的评估上,而有些情况下则可能会从薪酬或发展角度考虑而评估个人表现,最后,可能把诊断性需求等同于总结性判断。

有效评估会平衡考虑个人、团队和组织的需求,从而形成行动计划。从这个角度讲,更全面的分析能够形成完整而全局性的观点。组织分析将会把重点放在"组织目标、技术资源、效率指数和组织气氛"(Leat & Lovell,1997:149)。任务分析会界定工作岗位的职责范围——一般在工作说明书和工作规范中可以找到。最后，个人分析能够解决个人工作效率问题。

四、技能开发

大多数工作包括多种技能，可通过实践提高技能，通过与可界定的良好实践进行比较来评估和开发技能，通过与“专家”接触完善技能。一个新加入餐饮服务队伍的员工在进入乘客自助餐厅工作前，可能先要在员工和领导食堂工作一段时间，然后，在承担更多直接服务职责前，他或她会在餐厅提供辅助性工作。这一进程是合乎逻辑的，通过这一过程，个人经过各种形式的培训以及与关键人物接触，能够学习和提高技能。学习是一个积累的过程，通过学习而掌握基本技能和惯例，进而达到雇员主管、经理和顾客认可的标准。

很多邮轮都希望雇员能用邮轮品牌和顾客的主要语言进行交流。沟通和安全对高水平的顾客服务同样重要。由于邮轮产业的全球化以及对不同民族和不同文化的吸引，语言成为了一个问题。例如，新雇员要有基本的英语交流能力，而且，语言水平可能会成为他们从低密度顾客接触服务区提升到高密度顾客接触服务区的障碍。为提高员工的工作效率，确保邮轮公司遵守安全规则，有必要在船上开设语言培训班。管理人员应该明白，干中学和用第二语言交流对正在努力提高语言技能的员工来说是很费神的。

很多技能都可以通过工作并辅以一套清晰的工作指南得到提高，工作指南可以印成参考手册的形式，手册中一般包括以图片方式展示餐桌上食物的摆放方法、离开厨房前餐具的摆放方法，或者客房浴室洗漱用品的标准摆放方法。把清单巧妙地放在顾客看不见的地方也是一种有用的记忆方法。使用海报和显著标识对强化卫生、食品安全和顾客服务等问题的好做法是很好的补充。在常规服务期间，在职培训有教练的指导，或作出及时干预和调整。如果没有打破常规，服务标准没有降低到可接受的水平之下，在职培训师是可以接受的。

有些技能开发最好是在没有顾客的情况下进行，这样，员工就可以在经营区使用新技术前提前练习。脱产培训是在培训区或远离正常工作地点的房间或在通常的工作地点但在正常服务时间之外进行的。当技能需要实践和技巧开发时，当演示可能有利时，当更大的群体能从该练习或学习环境中获益时，当问题和答案有助于确定细节和理解时，或者当采用角色扮演法来模拟一种情景时，这种培训形式是很有好处的。脱产培训通过介绍控制细则，达到消除工作场所风险的目的。

五、设计培训课程

在准备培训一小群体员工时，要遵循几个关键步骤。为有效利用时间并达到成功的效果，准备阶段是很重要的。培训必须有目的性——在有限的时间和空间内达到既定目标，让受训者理解，并便于管理。

根据 Reece 和 Walker(2000)介绍，制定计划是很有用的，计划包括或要考虑以下因素：

■ 了解受训者——受训者的能力水平和对培训的态度

■ 你的目标应该是 SMART：具体(S)(如折叠餐巾)、可衡量(M)(如一套标准)、可实现(A)(如对受训者的敏捷度进行恰当的级别划分)、相关(R)(对工作的直接重要性)、及时(T)(符合时间标准或时间表)

■ 时间安排——符合运作约束，有助于受训者和培训者集中精力

■ 资源——实现目标的条件和物资很重要(包括设备、材料或教具)

■ 培训策略——作为示范者或培训者，你将所采用的方法

■ 评估——检查学习效果的方法

Reece & Walker(2000)认为，任何培训课程都有导言、主体和总结等基本组成部分。首先，导言包括设定情境、阐明目标、陈述课程结束时应达到的效果；然后，有组织、有节奏地开展系统化的培训，要注意卫生、质量标准、基础知识或顾客服务等重要问题(主体)；最后，重申目的，阐明和强调所包含的信息，评估学习效果并检查理解程度(总结)。应重视培训中的注意力，所以培训地点和环境以及传授的内容和方式都是很重要的。培训者应提高学员对他们将要学习的内容的期望，也应该对他们将要学习的内容有很高的期望。受训者应该看到培训的好处，从为什么接受培训和培训对他们的工作产生什么帮助两方面进行分析。受训者应了解他们应在课程中做什么，如参与度、所要求的评估，以及做课程作业。

培训是一项复杂的工作，培训者要提高他们多方面的技能，只有这样，他们才会自信、有条理、充满热情、富于启发性且思路清晰。最好与受训者建立成熟、专业和热情而不是疏远、冷漠的关系。“心理运动”技能最好是脱产培训(Reece & Walker，2000)，也就是说，这些技能需要行动和操作才能获得。然而，学员仅仅孤立地学习心理运动技能是很不可能的，因为他们也要综合理解相关理论，了

解为什么要做正在做的事情。

设计心理运动技能培训课时，培训者应该能够分析技能，识别关键能力，描述和展示技能，从而清晰地介绍正确的顺序、协调事宜和时间安排。为便于理解，要分解更复杂的技能。培训者应该能够为学员练习技能创造条件，并为技能学习提供反馈机会。在有些情况下，在学员独立尝试完成任务前，要跟着示范一步步地练习。反馈可以是内部的(学员评价自己的表现)，也可以是外部的(培训者或第三方给出评论)，或两种都有。为学员提供不断练习所学技能的机会是很重要的，这样才能提高他们的能力水平。

可以通过观察与反馈进行评估和评价，通过提问或测试(纸版、电子版或操作)来检查理解程度。利用网络讨论和解决问题的方式进行团体和同伴评估有助于检查理解程度。现场指导是一项后续行动，其目的是对个人提供支持和关注从而提升其技能，采取的形式是专家指导。

六、指导

导师会对新雇员或新任命的人员提供个别指导，这种指导有助于员工从新手向熟练员工转变。Zay(1991)认为，导师应起到重要的链接作用，作为老师，他帮助雇员诠释复杂的组织现状；作为顾问，他在雇员遇到困难时提供帮助；作为赞助者，他为雇员提供信息，帮助他们发展和进步；他也会在必要时为雇员提供保护。邮轮上复杂的环境需要这种角色的人。

导师的作用在于，在新环境的不安全感与熟练员工的社会融合和有效性之间架起了一座桥梁。如果不合适的人成了导师，或者，如果导师或雇员误解了一方，就可能出现问题。很容易忘记，任何环境下的工作都会产生特定背景下的新的混合语言。海上的工作就会产生相关海事术语，或对相关工作惯例的理解共性。导师应适当关心员工并对他们承担相应的责任，而不应把导师当做权力来使用；同样，雇员一定要重视导师的作用，并感激导师给自己提供的支持和帮助。

Zey(1991)称，导师应很擅长他或她的工作，能获得组织的支持，具备老师与激励者的影响力，并且在其职位上很稳定。其他因素包括与员工产生共鸣的能力以及导师的亲和力。一定意义上，这些因素偏于理论分析，因为这是一种合作关系，个人因素同其他因素一样重要，所以管理者要想实现最佳配置，务必要考虑这一方面。

七、学习与动机

作为个人，我们一直在学习并不断将信息和知识添加到我们的数据库中(Gibson，2003)。我们所学习的将取决于我们先前的知识储备、信念以及我们对环境或社会文化背景的诠释方式(Lave and Wenger，1991)。的确，在很多情况下，观察员把个体所学到的知识归类为不正确的、不合适的或明显不合逻辑的。学习在很大程度上是个人行为，我们所学的也与我们对我们认为可以追求的潜在机会的理解密切相关(Bloomer and Hodkinson，2000)。在对学习做出判断时，个人会考虑自己的需求和追求，从而合理地选择各种可能的行动，满足特定情境下个人优先利益。

图 11.1 中的"详细课程"概括了该理论，它也是理解学习者及其动机的一种有效方法。这种理论强调了解受训者理解和描述其生活环境的方式的必要性(Lave，1988)。这种了解有助于雇主领会以下事实，即不同员工对当地环境有着不同的理解或体会，因为他们的知识、认知船上现实的方式以及动机各不相同。这个模型还有助于解释个人为什么会对学习采取如此的举措；它还指出了

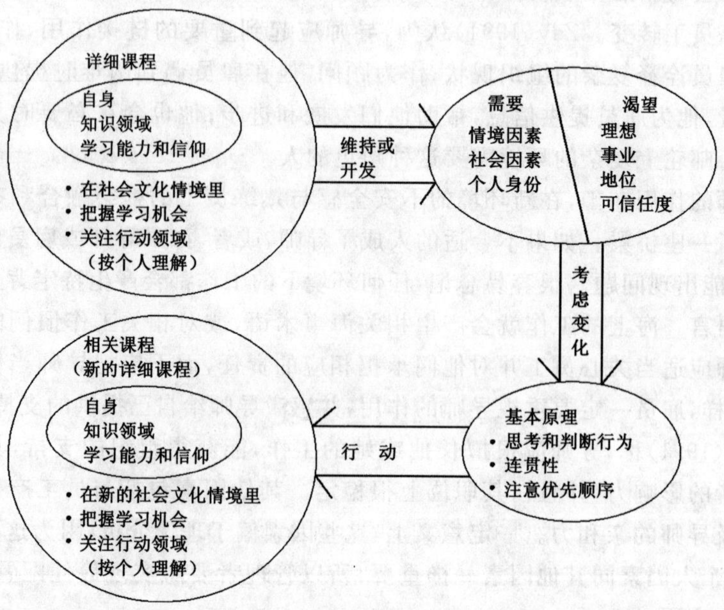

图 11.1 "详细课程":学习的综合理论(Gibson,2004:335)

培训者为解决自己的问题而计划学习的方式。最后,这种理论指出,因为学习是持续的而且通常是计划外的,所以要特别注意船上的环境。这就要求组织为学习和学员创造最好的条件,从而会产生最适宜的专业效果以满足各方需求。

如何将这一理论应用到实践中?思考这一问题是有很有用的。接下来的案例研究描述的是丘纳德邮轮创办的一个叫“白星学院”的培训。阅读该案例研究时,要思考学习模式,并明确好的做法是如何通过培训活动显现出来的,据称,理解了“详细课程”就会有好的做法。

八、案例研究:白星学院(WSA)

丘纳德邮轮于2000年创办白星学院,它是一所海上大学,部分原因是规定要对从事航海工作的新员工进行全面而必要的安全教育。但是,创办白星学院,丘纳德公司使他们的培训团队以一个正式的、有组织的方式传授技能和知识,目的是支持质量控制,并对新进入行业的成员提供更多的支持。实质上,白星学院涵盖以下内容:情况介绍、入门教育、诊断性评估、基本操作技能的掌握(包括顾客服务)、产品知识、公司信息、卫生、安全以及海上工作的相关知识。

学院通过一个过程不断引导雇员提高他们的学习能力,并为全职进行操作经营做好准备。该计划的时间安排超过四周。根据职位的不同,雇员可以从不同的步骤开始。接下来就是关于与公司、船上的工作及雇员的具体作用相关的培训。每一课程的目标都很明确,这样,雇员就会知道要达到什么样的预期效果。白星学院十分重视船上培训,它确定了鲜明的特征、明确的目标、维护高标准实体的理念、区分丘纳德品牌的知识体系以及培训制度。尽管该制度的历史相对较短,但似乎已成为丘纳德风格中不可缺少的一部分。

归纳与总结

对邮轮公司来说,培训和发展是严峻的挑战。发展步伐如此之快以至于员工来源成了问题。然而,将邮轮的全体成员锻炼成一支高效的经营团队是一个更具深远意义的思考。邮轮业的发展为员工升迁和个人发展创造了机会,但也会降低员工的基本能力。本章探讨了培训问题,反思了学习问题。邮轮的本质和船上独特的社会性适于发展学习文化。然而，为了让学习文化能够存在和繁荣，公司应该建立各种机制，支持个人寻求学习的机会。最后一章将探讨毕业生找工作或实习方面的问题。随后是一系列的案例研究，这些案例研究有助于读者理解事务部的作用。

术语表

能力：能够胜任一项任务的体力和智力方面的品质。

诊断（在评估中）：检查和确认是否有学习的需求。

教育：包括传授和学习特定技能，也是一种无形而深奥的知识、良好判断和智慧的传授。

形成（在评估中）：以提供规范的反馈为主要目的评估。

学习：获得技能或知识的认识过程。

范例：指一种模型或模式。很多假设、概念、实践和价值的集合形成一种对现实的看法。

哲学的：关于规则和真理、知识和行为的理性研究。

总结：在结尾处报告业绩和成就。

训练：积极引导而获得技能的活动。

本章复习题

1. 邮轮上培训员工有哪些选择？
2. 按照规定，邮轮上哪些生活区域要经过培训？
3. 培训指向型组织与学习型组织的区别是什么？
4. 如何设计培训课程来传授实践技能？
5. 什么是教练技能？
6. 什么是辅导技能？
7. 为什么说评估学习很重要？
8. 通过培训项目，个人需达到怎样的预期水平？

其他信息来源

www. plymouth. ac. uk：For details of the BSc (Hons) Cruise Operations Management

International Journal of Training and Development

Training magazine

Education & Training Journal

Innovations in Education & Teaching International (IETI)
Journal of Education and Work
Journal of Further and Higher Education

参考文献

Bloomer, M., and Hodkinson, P. (2000), Learning careers: Continuity and change in young people's dispo—sitions to learning, *British Educational Research Journal*, 26(5), 583—597.

Chiu, W., and Thompson, D. (1999), Re—thinking training needs analysis, *Personnel Review*, 28(1/2), 77—91.

Dickinson, R., and Vladimir, A. (1997), *Selling the sea*. New York: Wiley.

Evans, N., Campbell, D., and Stonehouse, G. (2003), *Strategic management for travel and tourism*. Oxford: Butterworth Heinemann.

Gibson, P. (2003), *Learning, culture, curriculum and college: A social anthropology*, Unpublished PhD, University of Exeter, Exeter.

Handy, C. B. (1996), *Understanding organizations* (4th ed.). London: Penguin.

Hofstede, G. (1986), Cultural differences in teaching and learning, *International Journal of Intercultural Relations*, 10(3), 301—320.

Honey, P. (2005), *Learning beliefs*. Retrieved May 2005, from http://www.inspiringlearningforall.gov.uk

Lave, J. (1988), *Cognition in practice*. Cambridge: University Press.

Lave, J., and Wenger, E. (1991), *Situated learning: Legitimate peripheral participation.* Cambridge: University Press.

Leat, M. J., and Lovell, M. J. (1997), Training needs analysis: Weaknesses in the conventional approach, *Journal of European Industrial Management*, 21(4/5), 143—154.

Miles, R. E., and Snow, C. C. (1978), *Organizational strategy, structure and process*. New York: McGraw—Hill.

Reece, I., and Walker, S. (2000), *Teaching, training, and learning* · (*4th ed.*). *Sunderland: Business Education Publishers.*

Simmonds, D. (2003), Designing and delivering training. *London: CIPD.*

Wild, P., and Dearing, J. (2004), *Growth culture*. Lloyd's Cruise International, 17—24.

Wood, R. E. (2000), *Caribbean cruise tourism: Globalisation at sea*, Annals of Tourism Research, 27(2), 345－370.

Zey, M. G. (1991), The mentor connection. *New Brunswick: Transaction Publishers.*

第十二章　综合业务管理

学习目标

通过本章学习，读者应该能够：

■ 反思毕业实习方面的研究

■ 通过阅读案例研究或案例简介提出对船上工作的见解

■ 反思现代邮轮上事务长办公室所发挥的行政管理作用

■ 思考综合经营的复杂关系

至此为止，本书已陈述了很多章节，其目的在于从经营角度解构邮轮旅游。为实现这一目标，本书考察了邮轮旅游的起源，详细描述了这个快速增长的行业的发展情况，从航程、服务领域和船上设施等角度分析了邮轮旅游的组成部分，探讨了将邮轮旅游作为一种产品进行包装和销售的机制，分析了酒店服务这一关键性的经营功能和岸上观光等能创造收益的服务的提供，概要介绍了安全和保障方面的知识。

最后这一章旨在通过简要总结在邮轮上进行毕业实习或找工作的研究，为本书画上圆满的句号。为了考虑现代邮轮上事务部不同岗位的角色，文章给出了一系列简介和案例研究。简介与研究项目的发现共同为读者提供了了解现代邮轮上日常工作现实的机会。为了确保表达内容的真实性，简介写作采用第一人称。

一、研究生邮轮就业研究

英国普利茅斯大学自 2003 年开办邮轮经营管理理学学士学位以来，他们开始对在邮轮上找工作的计划展开调查。这个学位项目是经过一些组织和机构的合作和磋商后而设计的，包括普利茅斯大学的前海洋研究所（现在是海运和物流学院)、邮轮公司的代表、普利茅斯大学旅游和酒店集团的成员(*Gibson* & *Nell*,2003)。这个学位项目的获批和认可,有力地证明了邮轮业的扩张。

包括邮轮经营、管理、旅游、海洋研究及酒店等模块的独特的本科课程的设计目的是,满足当代邮轮公司的需求,从邮轮就业需求的角度,为未来储备邮轮酒店服务部经理。第二阶段之后的为期一年的行业实习是该课程设计的重要组成部分,因为获得这种实习机会的学生能够对是否把这种工作作为其长期的职业做出明智抉择。实习后不愿从事这种工作的学生将会在最后一年转入另一个专业。因此,邮轮业会积极提供实习岗位,因为这有助于他们挑选有积极性且准备充分的候选人。成功完成实习并获得学位的学生成为邮轮公司的一项牢靠的投资,因为这些学生已经肯定会进行全面的职业发展,最终能够实现从毕业生到船上经理的完美转变。

从开设该学位以来,就在不断实施求职策略的研究计划。该研究项目本着发展毕业生工作实习的观点,旨在让酒店服务部门的领导和员工加深对现代邮轮生活的理解。

二、研究计划

为了达到深入理解研究目的的目的,把研究重点放在人类学解释上(*Cohen* 等,2000)。该研究采用定性的数据收集技术(*Denzin and Lincoln*,1998),目的是从专业和社会领域考察并回答两个首要的研究问题:如何看待现代大型邮轮上的生活和工作?对那些学习近期开办的邮轮经营管理专业、可能寻找这样一份工作的学生来说有什么启示?

2004 年 5 月,在地中海邮轮上,对很多酒店部门员工进行了为期超过 7 天的 24 场面谈。样本是经过仔细挑选的,经过与船上和岸上的高级员工进行协商,挑选了具有广泛代表性的酒店“类型”员工和服务人员。酒吧、餐厅、厨房和自助餐员工,初级酒店经理,住宿部员工,船上的商店和摄影部经理,邮轮总监和高级经理,代表不同的国家、职别、性别的人员参加了面谈。

组织此项研究的邮轮是 2002 年建造的。这艘船一般被认为是现代邮轮的的典型代表(*Bjornsen*,2003),并且经常被其他品牌邮轮公司所效仿。该船可载客 2600 名,工作人员 1100 名。由一家国际知名邮轮品牌经营,重量为 11 万 *GRT*,是当前营业中的最大邮轮之一。

面谈采用了半结构式访谈计划(*Bell* 等,1984),通过笔录构建案例研究

(*Bassey*,1999),目的在于洞察这个复杂的世界,反思在岗学生的意见。进行面谈时,充分考虑背景、条件、许可和道德伦理(*Cohen* 等,2000)。研究者以友好、鼓励的方式提出开放性问题,并偶尔给予提示。面谈地点安排在面谈者感觉舒适的地方,并在方便他们参与的时间进行。在所有情况下,要充分做好保密工作,隐去邮轮的名称,按照应答者的意愿,每个人的名字都采用化名。

这些笔录之后被转换成案例报告或案例研究(*Yin*,1994),目的是形成一系列的个人叙述文稿,以一种通俗易懂的方式准确地反映数据。案例分析的进行是采用"详细课程"范围内的框架分析方法(*Gibson*,2004)。这种方式(见图 11.1)有助于解读特定背景下的复杂数据,有助于解释动机、决策和行动。框架内要考虑的要素包括,把自己当作中心要素,知识、学习和信念,社会文化背景,学习选择,行动范围,以及个人所理解的需求和追求。最后,浏览案例研究数据,找出那些影响工作实习安排计划的相关因素。

三、结果与发现

数据阐明了船上的社区以及个体在这种特殊情境下的工作和生活方式。研究结果有助于描述这艘邮轮上的员工构成的复杂的"社区"的问题(*Lave and Wenger*,1991)。经过与邮轮公司的高级经理协商,从酒店部门选择具有广泛代表性的员工作为调查对象。由于学生实习岗位和他们所向往的工作类型之间的联系,主要是对初级和助理经理或事务长进行访谈。受访者包括部门经理、助理事务长(*APs*)、初级助理事务长(*JAPs*)、住宿部主管、助理领班、高级厨师以及助理服务员。

调查对象最初因多种原因来到邮轮上工作。绝大多数受访者认为,做出在邮轮上工作的决策,部分原因在于旅行的愿望以及在豪华环境中工作所具有的魅力;另外有一些受访者认为,是因为这种工作能提供良好的收入和理想的生活方式;极少数受访者称,原因很简单,仅仅是把工作从岸上转移到海上而已。总体来说,答复是多方面的,每个人的情况也各不相同。也就是说,随着时间的推移,大部分受访者会重新评价工作环境,并形成留在这里工作的新的原因。在某些情况下,他们称旅游的魅力犹存,但强有力的社交环境变得更为重要。一个初级助理事务长说:"我的朋友来自全世界,在我休假时,我就能去墨西哥或加拿大等地拜访他们。"而另一个住宿部主管说:"我很想休假回家,但是没过多久,我发现自己又想回来工作了。"对于很多受访者来说,在海上工作给他们提供了一个强大的社交环境，不管是什么原因，这已成为一个日益重要的因素。

船上生活的整体景象就是一个社区，其构成比想象的更加丰富多彩。船员来自54个不同的国家，男女比例为2∶1，平均年龄30岁出头。大多数受访者喜欢将该社区看成是存在于船上的一个良好实践模式，一个餐厅助理经理说："这给联合国上了一课，那就是具有不同信仰和不同国籍的人们能够融洽相处。"这种说法很恰当，在乘客和船员区，很容易观察到这个社区的和谐。很少有人际冲突，很少出现紧张情形。

似乎社区内存在不同层次的社区——在任何时候，都存在不同类别的实践社区。这种职业创造了一种环境，在这种氛围中，每个人各司其职，并与总监、经理、下属和乘客交流互动。服务员通过参加课程培训、观察其他同事、倾听主管讲话、从错误中吸取教训以及在实践中优化日常工作等方式提高工作能力。初级助理事务长也可采取类似的方法提高工作能力，同时，他也可以使用在线学习资料，接受定制培训，在线定期更新产品知识和公司业务内容，从而提高工作能力。高级经理有着自己的常规工作，包括积累学识、处理公文、规范运作程序、回应总部的要求等工作。由于电子通讯方式的使用（如电子邮件、局域网和互联网等），工作环境已发生变化，这也意味着海上工作社区不再像以前那么孤立了，同时要受到更多的外部监督。

受访者看待船上的共享环境与居民看待自己所在的村庄或城镇很类似。有一种主人翁的感觉，如一些人说，"在一艘特别的邮轮上工作"，也有一种忠诚感和自豪感，如"这艘邮轮是我所见过的最好的，比任何邮轮都好"。员工在邮轮上的时间分为上班时间和下班时间。高级职员和经理等享有一些特权，他们有机会在不执行常规任务时穿着制服进行社交活动。换言之，他们仍在上班，只不过是以一种更轻松的方式上班。尽管所有工作人员是不允许不穿制服出现在乘客区的，但在有些情况下，只要佩戴员工徽章就可以了。工作时间长反映了经营的性质和维持服务连续性的需要。

专业型的实践社区似乎直接受管理者的管理方式的影响。这种社区在一定意义上反映了不同管理者的管理方式。但进一步想，船上的"情绪"表明，船上人员互相交流的典型方式在某种意义上近似于高层管理者的领导方式的衍生物。经理和主管按照自己对"标准"的理解，决定如何对待员工以及怎样与团队交流。这是一个双向学习的过程，因为管理者主动了解与他们一起工作的员工，而员工也积极了解他们的管理者和工作环境。这一发现从很多方面丰富了 *Testa*(2002)所做的研究的内容——对邮轮产业而言，国籍和文化背景影响领导风格。案例研究表明，个体对存在的复杂文化差异很敏感，而且在不同时期，为维持和谐的工作平衡状态，制定决策时总会融入浓厚的文化信仰或期望。

这种范式推进了社交实践团体，使得内部成员结成社交联盟和人际网络。这个网络通常是根据等级、国籍或文化上的相似性而形成的，但不具有排他性。当一个社区员工侵犯了他人划定的界限，前面提到的“不常见的紧张”就会偶尔出现。还譬如说，员工餐厅的某张桌子习惯性地被一群墨西哥客舱乘务员占用。很显然，最初加入邮轮时形成的早期员工关系，对帮助个人定位和接纳新员工很重要。

有一种感觉，即社区有自知之明，每个人都理解邮轮上员工群体的复杂构成，而且这种认知对创造和谐很重要。尽管邮轮上的等级制度是可以理解的，但是，由于美国的巡游模式将航海包含在度假之内，因此，海上的仿军制的海军军衔等级不太流行。规章制度在界定社会决定因素上发挥着重要作用，但员工们已清楚地理解了船上规范生活的意义。邮轮之所以能有效运营，是因为有一个共同的愿望，那就是确保社会和工作环境能满足每个人的需求。受访者都知道，他们从事的是一项有报酬的工作，如果他们做不好的话，就会丢掉这份工作。保持平衡符合每个人的最佳利益。不遵守规章制度的员工毕竟是少数，而且一旦被发现，就会很快被遣送回国。邮轮是一个典型的自我规范的社区的例子。

船上很多对男性的偏见似乎引起了某些值得关注的问题。首先，刚加入邮轮工作的女性会很快发现自己成了男性关注的焦点。这种关注是热带海边可能发生的情况的一种夸张版本。处在这种情况下的女员工说，这种关注在各种时候都是奉承的、令人气愤的、惹人讨厌和激怒的。受访者讲述了他们常用的避免不受欢迎的技巧，最终，一段时间以后，这种关注就不再是问题了。

有很多夫妻共同在邮轮上工作的例子。他们有的已结婚，有的关系很亲密。在满足他们在一起工作和生活的个人需求方面，公司很灵活，包括在为他们安排住宿上。邮轮上的社交条件非常好。一位助理女服务员说：“在非工作时间，我是不允许出现在乘客区的。这听起来像是我比乘客要低一等，但我不在意，邮轮上的设施很好。有游泳池、水流按摩浴缸、健身房和员工酒吧。我很喜欢和我的朋友们在一起。他们中有波兰人、墨西哥人和罗马尼亚人。”

受访者描述了他们融入邮轮上社区生活的速度。在离开一段时间后，重新加入邮轮或在新邮轮上继续工作使他们很少会有顾虑，因为合同和雇佣模式意味着他们肯定会遇到曾经与他们一起工作过的人，很快就会重新建立起友谊关系。在很多方面，在邮轮上的社区，在某种意义上就像是大学校园的社团。在这个环境中，社区成员间的互动和交流水平都很高。因此，员工并非孤立的，也不会忽视问题。社团的成功对职业成功显然很重要。

很明显，不同邮轮上的社团都有一些相似之处，但是，每艘邮轮都是独一无二的。确实，正如一个高级助理事务长所说的，“每艘邮轮都是不一样的，员工、乘客、邮轮规模以及航程等都不一样——正因为如此，人们才喜欢邮轮旅游”。她对邮轮旅游为什么流行的解释（从她个人及其同事的观点），强调了不同环境的独特性源于每一种环境的相关变量的复杂性。邮轮上的动态性体现在员工流动（合同期满和员工放假）、乘客的人口统计特征、邮轮航线、个人对邮轮自然环境的看法以及高级经理管理邮轮的方式。

四、启示

实习或就业的学生刚加入邮轮社区时都感到很有意思。在某些方面，这个群体会非常不稳定，因为这可能是一个自我复制、自我平衡和自我调整的环境，跟岸上的经历很不一样。因此，如果计划详细，他们就会快速融入群体并感到很舒适。

给就业的学生提供有关规章制度的清晰的指导信息是很重要的，这样，他们就能很清楚地了解工作环境。同时，为了使新成员快速转变成稳定的员工，要安排一些学习环节，还要考虑一些技巧，帮助他们建立工作关系网，包括指定合适的导师，举办团队岗前培训，以及开展团队建设活动。2004 年 5 月，在普利茅斯大学，为计划于 2005 年 7 月加入邮轮公司的学生举办了一次邮轮情况介绍会，这对第一批在邮轮上就业的学生从新员工转变为稳定员工是很重要的。

邮轮上的文化背景可能不同于每个人所经历过的，所以，要安排一定的文化引导教育，加强文化认知教育，包括与文化差异相关的认识、对融入文化氛围的建议、预期什么以及需要帮助和建议时应该联系谁等方面的指导。

研究表明，在这种社区里有很多重要的优势，而且，人类的求知本能是实现团队成功整合的一个重要因素。当一个组织能考虑如何为员工创造最好的学习条件时，该组织最有可能圆满地实现团队整合。研究结论给出了暗示，一些邮轮上的工作动力可能没有其他邮轮那么成功。研究这样的群体，对识别重要因素具有很明显的启示，从而可以为改善工作提供建议。

五、事务长办公室和综合性操作

事务长办公室是邮轮上行政工作的中心。办公室前面通常有接待桌，对乘客来说，这里是与邮轮公司交涉的关键位置。这种形式的交流是无法预知的，因为乘客可能和餐厅经理谈论食物和酒水，或与负责住宿的服务员谈论住宿问题，乘客把这张桌子看作是邮轮版的互联网搜索引擎，如谷歌。乘客可能会问及任何问题，并且希望得到及时准确的答复。交流的性质可能从简单到复杂，但必须自始至终提供连续性的和专业水准的服务。

六、唐娜，前台高级助理事务长(*SAP*)

第一个简介是关于一个负责前台的管理人员的。1996 年，唐娜加入公主号邮轮，成为一名初级助理事务长，当时的想法是做 6 个月。她曾在旅行社和酒店工作过，但她最终还是被旅行的魅力所吸引。如今，她是一名高层行政管理人员，负责事务办公室的前台一线工作，管理着一批助理事务长(*APs*)和初级助理事务长(*JAPs*)。工作的持续性强，要求严格，但她认为是非常有意义的。她的直接领导是职工第一事务长(行政)和乘客服务总监。她管理事务办公室的工作人员，确保前台能够得到有效管理。

唐娜与她的助理事务长们合作密切，提供 24 小时全天候服务。一位担任夜班经理，另一位是前台主管，还有一位负责行政事务，如港口清查、与港口官员交涉等事宜。前台同时也是医务中心，负责接听那些寻求船上医疗服务的电话。她的职责也意味着，她要经常与账务经理及船上其他经理联系。她的团队还包括 12 名轮流值班的初级助理事务长，以确保前台始终有人值班。他们也负责一些额外的、可能需要他们的任务，包括协助夜班经理、管理艺术品拍卖和失物、帮助安排实习、在船长附近待命以及协助赌场的运营。通常安排有 4～5 名 *APs* 在前台服务，具体数量取决于行程和求助游客的数量。前台办公室的工作时间是 08:00～19:00，包括午间休息。助理夜班经理从 19:00 工作至 23:00，夜班经理则要工作至早上 08:00。*JAPs* 常常每天要工作 11 个小时，当船在港时则工作 7～8 小时。邮轮周转时往往是最为繁忙的。

唐娜的大多数时间是这样分配的：协调前台的工作任务，确保乘客的问题顺利解决，培训员工从而提高他们的服务技能、*IT* 技能及产品知识水平。培训可能是一对一进行或分组进行的。产品知识的培训涵盖了前台办公经营、公主产品及系统培训的方方面面。如果是初级助理事务长的第一份合同，可能还要对其进行全面的补习培训以及更新知识或熟悉环境的培训。此外，公主邮轮还开办了“公主大学(*Princess U.*)”，*U.* 代表大学(*university*)的意思，这是一个在线培训课程，旨在帮助船上工作人员提高服务技能，提供团队建设策略以及培养处理问题的能力。

前台是乘客发表意见的平台。在一艘超过2000多名乘客的船舶上，有各种不同类型的人，有些可能不讲道理，有些甚至可能会要求些不可能做到的事。但她的团队要始终如一地以友好的态度坚持以乘客为中心，努力让乘客满意。通常所出现的问题都很容易解决，但有时也会碰到一些难题。有个专门的汇总档案，是由电脑生成的报告，可以追踪所记录问题的始末。不同的航程会产生不同的问题。在加勒比海，乘客登船的时候都会带大量的行李，会出现行李丢失之类的问题。在欧洲，美国乘客长途飞行，会出现人到了船上而行李还没到的情况。需要把汇总档案送到岸上乘客关系部门备案，以防有后续的需要。船上的工作人员无权退款给乘客——那是公司办事处的职权。

唐娜回忆说，当他们以为自己的行李丢了时，人们会非常沮丧。她说他们穿着长袍徘徊着，咒骂着，哭泣着。遇到这种情形，乘客通常可能表现得相当糟糕，但初级助理事务长必须尽最大努力为他们提供帮助。当乘客最后冷静下来后，他们甚至可能为自己的粗鲁行为道歉。常常会出现以下情形，即她的团队尽了最大的努力，但顾客却并不那样认为。如果行李没有及时运到，*JAP* 连同一起工作的 *AP* 或 *SAP* 将会一直关注这个投诉，直到问题解决为止。她也要负责安排把没有及时到的行李运送到下一港口，还会为乘客提供一些临时性的帮助，如提供衣物（包括正装）和专门的洗衣服务等。目的是尽可能地使乘客感到舒适。

乘客们可能填写可投入意见箱的意见表，这些意见由船长秘书整理后，将它们的拷贝交给顾客服务主管（*PSD*），然后发给公司办公室。邮轮上的每一个细枝末节都会上报。船上的目标是尽可能地保持较高的乘客满意度，尽管乘客满意度并不总是真实问题的写照，而只是乘客类型、天气或邮轮工作人员不能控制的特殊问题的表述。

乘客投诉的多样性是值得注意的。前台服务团队经常对相当异常情形下出现的真实投诉做出判断。比如，夜班经理常常会处理一些有趣的情况。可能是因为饮酒过多的缘故，人们会在夜间表现出不同的性格特征。有一次，夜班经理被叫去照看一个在楼梯外摔倒的女乘客，而他丈夫却在一边无动于衷。乘客甚至会以自杀相威胁。无论是什么情况，都必须要细心地、热情地、有效地去解决。公司有严格规定，任何威胁他人安全或有施暴行为的乘客都会在下一个港口被送下船。

尽管乘客服务由前台管理，但由行政助理事务长管理乘客记录，处理因乘客未到（或取消预定）而空出来的客房，并确保向港口官员提供详细资料。夜班经理要准备客人的对账单，确保及时更新，做好登记以备查询之用。

唐娜相信，就工作和生活氛围及文化而言，每艘邮轮都不一样。这可能是因为船员、乘客、邮轮的规模及航程各不相同。她认为，每个选择在船上工作的职员都有自己个人的原因，但是，即使不考虑这些，每个人也可能因为他们所就职的邮轮不同而感受各异。邮轮的动态性是非常复杂的。公司试图把志趣相投的人组成一个团队装备邮轮建制，然后，他们再用团队来复制这样的建制。随着合同到期和人事变更，邮轮也会发生变化。管理者同样也很重要。他们设定了一个关于领导风格的基准。在一艘有着轻松气氛的船舶上，每个人都在船上的工作和生活中显得很快乐，大家也会彼此信任地做好每一项工作。相反，那些太严格的人就会产生一种消极的气氛，这会对船上的乘客产生影响。

“*CRUISE*”服务理念使得公主邮轮在众多品牌邮轮中独树一帜。随时间的推移，尽管它有所改变，但却是变得越来越重要。公主邮轮形成了奖励竞争的机制，如“本月最佳职工”。邮轮委员会查看蓝色（员工填写）反馈表格或绿色（乘客填写）反馈表格，并授予员工荣誉称号和奖金。顺利完成“公主大学”课程的员工也会获得物质奖励。

在唐娜看来，在前台工作的文化因素并不会真正影响到船上的生活。她办公室的人员来自不同的国家，代表着不同的文化。产生的唯一的实际问题可能是语言和理解问题。这是因为一些很浓的口音会影响理解，一些 *JAPs* 语速太快也会影响理解。此外，一些人的说话方式可能被乘客和员工误解为粗鲁无礼。如果邮轮在地中海航行，那么拥有一个会说多国语言的办公室团队具有明显的优势。

唐娜的故事包含了很多对在船上工作和生活方面的见解。鼓励读者去思考报道的连续性、对特定日期和时间进行深度报导的需要、客户反馈表的重要性以及邮轮上的文化氛围所造成的不可思议的影响。

七、文斯，财务部高级助理事务长（*SPA*）

接下来要介绍的内容与邮轮上的财务运作有关。文斯毕业于酒店管理专业，来自意大利。五年前，他在公司当一名初级助理事务长，从此开启了他的职业生涯。他发现公司有很好的升职机会，他把这归功于邮轮业的快速发展以及建造大型邮轮的趋势。他认为，这些船舶的经营是动态的，并指出，当代邮轮公司面临着寻找和留住适合人才的挑战。

作为邮轮上的财务经理，他要同很多高层管理人员密切合作，包括前厅

SAP、员工SAP、员工第一事务长(行政),以及所有收益领域的部门经理。在一些小的船舶上,财务经理和前厅SAP的职位是合二为一的,在一个大办公室里放着一个很大很显眼的保险柜,里面装着航行中所需要的钱。邮轮上实际是无现金的,因为大部分乘客通过信用卡付账,所以邮轮上的现金比其他类似的情况少得多。纸币形式的现金用于支付船员薪酬(美元)和存在取款机里(实际的币种取决于行程安排)。他与赌场员工共同负责纸币柜台和硬币柜台。

他的日常工作包括:管理邮轮上的财务,检查客人的账单是否及时更新,公布或记录与邮轮上所有销售有关的数据,调整各种财务记录从而使邮轮账户实现平衡,把零钱分发给接待人员和收银员,分发用来支付员工工资的现金,发放奖金。他与一名岸上的财务会计一起工作,这位岸上会计按照标准文件执行规范程序,对公司的各条邮轮航线的所有的财务情况进行监督和核查,他还负责船上所携带的各种货币以及自动货币兑换机的准备和管理工作。

最繁忙的常常是邮轮即将返回母港的日子。文斯凌晨3点半起来,4点半就要开始工作了。他必须准备所有的数据来"结束航行"。这一术语用来界定一个时间节点,在这个时间节点,所有与邮轮有关的交易和记录都已完成,且记录已发送到公司总部。在这天早上,要把最终账单送到乘客手里(乘客可以中途核对所有的账单以至于不会太惊讶)。6点,乘客开始登岸。文斯注意到,在接下来一个多小时,办公室会很忙碌,因为乘客会来办公室查询账单。乘客到10点才完全离开。到12点之前的两个小时,他要完成此次航行的收尾工作,并准备为接下来的航行启动记录。

尽管错误很少,但也会发生。可能会出现将销售记录错记到别人账上的情况。电脑也会发生错误,但邮轮上有一名技术人员,如果有必要,他可以修复。尽管船上的乘客很多,但可能只有15～20个错误。任何错误都可能改变账目,所以必须认真解决每个错误。因出错而退款的情况需要高层管理人员批准,并由负责交易的部门经理核实。文斯认为,如果不能发现错误,就可能出现很尴尬的局面,所以,对他来说,准确和及时处理所有账目是一件关乎荣誉和颜面的事情。

文斯需准备一个文件盒,用来装所有的账目资料。这些资料要送到公司总部。当天,在与保险公司签订合同的情况下,将现金卸下邮轮。货币也会用同样的方法运送。巡游行程将决定船上要携带的货币种类。公司通过自助机器提供货币兑换服务。尽管货币兑换会产生一定的收入,但提供货币兑换的主要目的是提供服务。在当天的这个阶段,文斯需要平衡现金流。经验告诉他,在结束航行时会产生差异,因为会有很多人将数据输入到财务软件里。这有时会导致数据输入错误,结果,文斯必须查出任何不平衡的根源。欺诈是不太可能发生的。

信用卡要经过检查,出纳是经过培训的,能够识别假币,使用信用卡系统可以增强船上的安全性。初级助理事务长(*JAPs*)在上岗前要接受现金操作培训,但有些培训是在船上进行的,在上岗之前,所有人都要接受培训。通常,在第一次航行之前,8～10 名被任命者要在船上进行为期两周的理论、政策和产品知识的培训。文斯认为,*JAPs* 掌握尽可能多的知识是很重要的,这些知识涉及行程、岸上的流通货币等实际问题以及船上的产品信息。

文斯的工作并不是孤立的,而是有很多工作联系。他经常给公司总部发邮件,向税务经理提供能显示消费类型和趋向的数据。对于每次巡游,都要召开一次税收会议,以核实每天乘客铺位(*PBD*)消费的目标。在启程之前,大约下午 3 点或 4 点,文斯完成了他当天的工作。新的航行准备好了,财务系统准备就绪,备用零钱发放每个出纳手里。真是漫长的一天,但他及时并准确无误地把文件传到了公司总部,他对此感到很满意。

文斯的职位是管理系统的中心。他的职权范围意味着,他需要跟船上和岸上很多不同部门的管理人员和同事打交道。邮轮上有很多这样工作的高层管理人员,共同为邮轮的有效运营提供重要的服务。

八、坦尼娅,员工高级助理事务长(*SAP*)

接下来要讲述的是员工高级助理事务长这个职位,该职位是人力资源管理中的关键职位。坦尼娅曾就读于一所酒店管理学校的旅游市场营销专业。她很喜欢她的专业课程,但她觉得理论性太强,缺乏足够行业实践或培训。于是,她决定到酒店、餐厅和行政管理部门工作。在海上的工作与在同等酒店的工作的感觉很不一样,比如,在船上,预定是酒店行政管理功能的一部分,而在酒店,预定是一个很重要的部分。

坦尼娅已在该公司工作了五年。她做过初级助理事务长,并且从事过其他不同职位,包括员工办公室、事务接待处、岸上观光、助理夜班经理等。在晋升为 *SAP* 前,她曾担任过两个任期的助理事务长。在员工办公室,她负责与船上 1100 名员工相关的工作,包括工资、福利、人员配备、入职教育和行政管理。

有一位 *AP* 和一位 *JAP* 协助她工作。员工办公室位于员工区的中心,俗称为 *M*1 的走廊边,而这一走廊是船舶的主要干道。员工到此办公室查找信息,寻求解决个人事物的帮助,领取物件或工资,安排回家的详细事宜,以及与人事部门沟通。大部分员工的薪水以现金形式支付,而有些员工则将钱电汇回家,电汇工作由坦尼娅及其员工负责。他们也能提供信用卡,以方便员工在员工酒吧或食堂使用。员工办公室的工作需要团队成员团结合作,相互信任。这里是员工与"组织"交谈的首选地方,因而要求团队成员以敏锐、尊重和得体的方式对待每一位员工。最近发生了这样的情况,有位员工的母亲逝世了,公司为他安排了回国奔丧的事宜。员工办公室要在与其他同事协商的基础上,帮助他办理签证和安排航班。

如果各部门的领导要申请新员工,需要经过员工办公室。而每份申请都要报告给总部办公室。新员工要接受员工办公室系列的入职培训,包括船上生活的引导信息,还有很多培训课程,培训课程涵盖防水密封门的使用、行为规范、灭火器的使用和救生船演练。甲板部负责所有的安全指导。区域指挥或担架队负责人每两周对团队培训一次。

员工办公室有一组账目,就好像是员工的银行,为员工处理所有的金融方面的事情。此外,员工办公室也出售只供员工使用的电话卡。该职位有很多文本工作。当员工加入和放假返回邮轮时,必须持有证件。船上有一个安全系统,船员(或乘客)离开并返回邮轮时,要通过该系统进行登记。该系统会生成一个带有条形码的、能确认持有者身份的证件。证件上有照片,安保人员可以在旋梯上检查照片。如果员工没有返回邮轮,坦尼娅必须通过岸上的代理机构将证件转交给员工。员工来自不同国家,这一点很有意思,因为他们对船上的生活方式的看法不同,在如何适应文化上的敏感性和包容性方面也各异,由于在船上工作而发生的改变也不一样。处理问题可能不太容易。员工来找员工 *SAP*,希望坦尼娅及其团队能够解决一切问题。遗憾的是,正如坦尼娅所说,"生活不总是那样"。坦尼娅相信,员工尊重领导的权威,但也期待领导能解决他们所遇到的问题。

坦尼娅处在一个责任重大且极其重要的职位上。她喜欢在海上的日子,因为她及其团队很少出错。每次靠港都会有员工不能及时返回邮轮的风险,而且,每次靠港都可能在不同的国家,因而就会有停靠港所在国的新规定,会使情况更加复杂。试想,如果还有 20 分钟就要开船了,却发现有五名员工还没上船,你会怎么做?

九、大卫,文书助理事务长

接下来介绍 *Pratika* 工作。这个工作和下列任务密不可分:到达和离开国家，穿越边境，负责乘客和货物的运输。邮轮业的发展使邮轮旅游的乘客和员工的数量大增，因此，需要重视获得放行证的工作，使游客和船员在邮轮靠港时能下船。

大卫负责与所有当地部门交涉，使邮轮获得由海关和移民局批准的入境许可证。有些行程比另一些行程更容易获得批准，因为当地所执行的规章制度以及这对些规章制度的解读方式不同。大卫认为，美国的规制更为严格，而且美国官员对这些规制的解读也很苛刻。在意大利，无论是邮轮访问不同的港口，还是该邮轮返回先前访问过的港口，官员们只是检查不同类型的信息。在欧洲，很多港口和国家遵循《申根协定》(见第五章)。

Pratika 工作负责上、下船的一切事宜。大卫需要与邮轮代理商、海关官员和移民局官员洽谈。因此，船在到达港口前就要做好准备，乘客与员工的名单要在抵达前一天发送给邮轮代理商。这就意味着，邮轮抵达母港或周转港的日子是特别具有挑战性的，尤其是，如果邮轮推迟一天达到港口，更具挑战性。签证也会带来麻烦，因为乘客有时会没有签证或拿错签证。还有很多变数，如果海关官员认为签证无效，那么乘客就不能上岸。

Pratika 是一个意大利词汇，在巡游界是“文书工作(*paperwork*)”的意思。大卫提到文书这项工作的大部分内容：大卫接收总部发来的乘客名单，还要更新这些名单，处理有关预定、升级舱位或总部批准的更换舱位等特殊需求；处理特殊乘客群体的具体信息。大卫的职责包括为相关部门提供信息以便清关，监督和协助乘客登记以便启航，处理对船舱的要求，为非税款收入的乘客签发应急卡。然后，他也协助登陆，给赶飞机的乘客优先签发行李标签，管理团队乘客，编辑和分配内部日常工作和上岸计划表。他也负责中转乘客的安排。

Pratika 岗位的责任很重大。大卫说，他在自己的岗位上学到了不少东西。他学会了组织和临机应变。他也学会了如何和港口代理商、港口官员、海关和移民局建立良好关系。工作时间会很长，工作也很有压力，而且工作具有不可预测性——有时一切进展顺利，却在最后一刻出现突发紧急情况。船舶进港后，港务官员上船，员工事务长会接见他们，此后，大卫就开始他在港口的一天的工作。*Pratika* 在休息区域准备必要的文件，包括护照。在港口官员感到满意后，他/她就会宣布邮轮可以清关入境。

Pratika 会提供乘客名单——包括上下船的乘客名单、员工名单、保税物品清单——上船的任何货物或供应品的通报，以及环境事务专员认可的需排放和卸载的物品的清单。在这个过程中，*Pratika* 会充分发挥岸上代理商的中介作用。代理商可能是推进该过程的翻译。有一位 *JAP* 协助大卫工作，主要承担数据输入和管理职责，帮助他合理分配时间，以确保顺利完成任务。

最近，有一位乘客突发严重的心脏病。她立即被转移到岸上的医院。大卫设法安排救护车，但救护车没来，他就联系急救直升飞机。然后，他和该乘客的旅行同伴详细商谈，了解该乘客的意愿。结果，该乘客的同伴离开了邮轮，住进一家靠近医院的酒店。在代理商和同事的共同努力下，大卫努力地尽一切可能地使这件极为不快的事件做到万无一失。承载大量乘客意味着很可能会出现问题，而且这些问题需要立即妥善处理，以使各方都满意。

Pratika 是事务部的成员之一，他根据总部所传达的信息采取行动，然后加工处理这些信息，从而确保邮轮能够按计划运营。并不是所有邮轮公司都使用“*Pratika*”这一术语，读者应该清楚，这个职位可能还有其他称谓。

十、切丽，酒店服务助理事务长

最后要介绍的人也从事这类工作，充当翻译和推动者的角色。

切丽负责船上的特殊服务。包括很多工作任务，从想送花或礼物给乘客的家庭和朋友，到安排船上或滨海婚礼，到协调特殊的庆祝组合套餐。她几乎独立地工作，向员工第一事务长和乘客服务主管（*PSD*）负责。特殊服务的要求从总部以文本形式发出，然后再送达切丽。她制作一份计划表，以保证能应对各种需求，安排每个订购的套餐，以及所有部门都完全遵照要求行动。

这个岗位相对较新，这是为日益受欢迎的特殊服务而设立的。这个工作岗位不分性别；以前担当此任务的助理事务长是一位男性。这项工作很有益，跟许多 *JAP*/*AP*/*SAP* 的工作一样，这份工作要求也很高。如果计划安排很复杂，她可以要求 *PSD* 的秘书协助其工作。

在这个特殊的日子，切丽有三件事要做。她要赶在8点前上班，并立即着手安排双重检查。任何事情对她而言都很特别，她希望确保所有事情都尽善尽美。有两个婚礼和一个重新誓约仪式需要安排。时间很紧，但经过仔细协调接待地点，再加上同事的帮助，一切都按计划顺利进行。婚礼常常是按新郎和新娘的要求量身打造的，这样就会符合他们的偏好。新娘会在婚礼当天去美容厅做发型和头发护理。切丽要确保花店把合适的鲜花送到美容厅，检查举办欢迎会的接待酒吧和婚礼教堂是否已经准备妥当。

在办公室，她要检查证书的准备情况，与船长确认各种安排，仔细检查摄影师是否已准备就位，然后开始精心地安排活动事宜。每次婚礼和活动都必须毫无差错地进行，目的是确保一切就位。酒店服务的 *AP* 担当婚礼策划者，他要花很多时间来指导整个流程,指挥各个方面,并确保所有活动能按计划进行。注意的细节有很多,因此,这项工作适合那些一丝不苟且人际交往能力特别强的人。

越来越多的邮轮上设有婚礼教堂,在这里,可以举行各种正式的活动,备有现场音乐伴奏或录音带音乐伴奏,并进行适当装饰。邮轮还可以提供额外服务,如把婚礼照片发布到公司主页上。这使得亲朋好友能够在视觉上见证这场婚庆。切丽强调了船长在这个过程中的重要性。船长亲自参与以及船长的关注和职业精神有助于在现场营造一种特别感动的氛围。切丽全身心地投入到这一天的工作之中,且承认流下了眼泪。她强调,她很喜欢自己所做的工作,因为给这次快乐积极的体验贡献了自己的力量。

婚礼仪式不论是宗教的或非宗教色彩的,传统或非传统的,在婚礼之后,他们都会在邮轮周围拍许多照片;这可能包括切蛋糕时的照片。只要乘客有要求,船上的庆祝活动就会继续在邮轮上进行,邮轮提供多种定制机会和特殊时刻的创意。为使任何婚礼事件正式化,航行结束时,切丽将向公司总部提交一份书面报告,要求提前派遣自己去船舶注册国。邮轮还会为新婚夫妇送上一张贺卡以表示祝贺,并精确定位婚礼举行的具体位置。

在靠港的当天,切丽要完成她的其他职责,可能包括递送礼品券以及处理客人对特殊物品的需求。除了这些备受关注的工作外,她也代表 *PSD* 对新进入酒店服务部的员工进行入职教育,包括分发应急卡,确保员工都熟知他们在紧急情况时的职责,确定区域位置,并且保证他们签字确认船长的规定。最后,她也发挥 *PSD* 的职位作用,确保所有政策和程序得到及时更新,然后由相关人员分发下去,签字确定,并予以阅读。

十一、综合运营:结论

现代邮轮上酒店服务的经营和管理,从乘客的角度来说,不是那么容易理解的。船上的工作人员要参与很多活动,承担很多任务。活动和任务的安排是为了确保运营能持续进行,保证持续的高质量服务,以及以顾客为中心,并提供所有的服务。为了实现这些目标,工作在船上的员工必须发挥团队的作用。更重要的是,新的发展势头突出了船上与岸上团队为共同的目标进行合作的必要性。

研究发现以及文中介绍的案例都强调了实践中整合的理念。海上的工作不适合那些喜欢独立行事的人。可能会有安静和独处的时候,但这里的环境更适合那些重视人际联系和喜欢与他人进行情感交流的人。

术语表

人类学的：涉及人类和人类文明研究的一个术语。

案例研究：一种学习复杂实例的方法，主要基于对实例的全面理解，通过对实例的扩展性描述和分析，然后将其置于特定环境整体中进行研究。

伦理学：对伦理价值和道德规范的哲学研究。

谷歌：一个流行的搜索引擎。

社会环境：包括背景或环境的一个术语。

定性的（在研究中）：观察实地研究现象，也就是从事物的内在规定性来研究事物。

本章复习题

1.有哪些因素可以综合起来将邮轮定义为一个"实务群体"？

2.这个研究项目的结果给毕业实习生什么启示？

3.分析案例中介绍的每个角色，找出在岗者需要与其他员工接触的地方。

4.对于在事务长台前工作的人们来说，他们面临哪些挑战？

5.对于包括墨西哥、意大利、希腊、土耳其、阿拉斯加、澳大利亚和中国的游览行程，船上需要准备哪些货币？

补充阅读及更多信息来源

Bassey, *M.* (1999), Case study research in educational settings. *Buckingham: Open University Press.*

Bell, *J.*, *Bush*, *T.*, *Fox*, *A.*, *Goodey*, *J.*, *and Goulding*, *S.* (1984), Conducting small－scale investigations in educational management. *Milton Keynes: P－C－P Open University.*

Bjornsen, *P.* (2003), *The growth of the market and global competition in the cruise industry. Paper presented at the Cruise and Ferry Conference, Earls Court, London.*

Bow, *S.* (2002), Working on cruise ships. *Oxford: Vacation Work Publishing.*

Cohen, *L.*, *Manion*, *L.*, *and Morrison*, *K.* (2000), Research methods in education (*5th ed.*). *London: RoutledgeFalmer.*

Denzin, *N. K.*, & *Lincoln*, *Y. S.* (*Eds.*) (1998), Collecting and interpreting qualitative materials. *Thousand Oaks, Ca.: Sage Publications.*

Gibson, P. (2004), *Life and learning in further education: constructing the circumstantial curriculum*, Journal of Further and Higher Education, 28, 333—346.

Gibson, P., and Nell, J. (2003), *Professional development and hotel services on cruise ships. Paper pre—sented at the Cruise and Ferry Conference* 2003, *Earls Court London.*

Gibson, P. (2005), *Communities of practice: Employment on cruise ships. Paper presented at the CHME Research Conference, Bournemouth.*

Lave, J., & Wenger, E. (1991), Situated learning: Legitimate peripheral participation. *Cambridge: University Press.*

Testa, M. R. (2002), *Leadership dyads in the cruise industry: The impact of cultural congruency*, International Journal of Hospitality Management, 21(4), 425—441.

Yin, R. K. (1994), Case study research. *Thousand Oaks, Ca.: Sage Publications.*

后 记

邮轮旅游作为旅游业新业态，正在我国悄然崛起。尽管目前我国正处于国际邮轮到港服务阶段，但随着上海吴淞口国际邮轮港、三亚凤凰岛25万吨级邮轮母港、天津国际邮轮母港的陆续建成和投入使用，中国邮轮市场将步入高速发展阶段，邮轮旅游将成为我国旅游业新的增长点。据预计，2010年到达我国大陆沿海港口的国际邮轮旅客将达60万人次，而且，随着国际邮轮旅游品牌的树立和出入境旅游审批手续的不断便捷化，在未来5年内，我国公民将形成第一轮邮轮出境热潮。

邮轮旅游市场的迅速崛起，对邮轮经营管理和服务人才的需求必将日益扩张。旅游管理机构、教育和培训机构及旅游企业必须未雨绸缪，紧跟人才市场需求的变化趋势，加快邮轮经营和服务人才的培养。为此，翻译此书，以飨读者。

本书的最大的特色是实用性。作者不仅曾在邮轮上工作过，而且，为了完成本书，访问了100多位在邮轮上工作的不同岗位的人员，因此，本书所论及内容具有很强的针对性。诚如作者在导言中所述，"本书对愿意学习邮轮经营管理的人具有指导价值。"

国内的邮轮旅游研究成果相对较少，引进的国外教材或专著也不多。为确保翻译的信达雅，我们组织了翻译小组。由陈扬乐、赵善梅主译，具体分工如下：陈扬乐，第一、九、十、十一、十二章；赵善梅，第二、三、六、七章；陈成，第四章；姚斐，第五章；王志凯，第八章。全书由陈扬乐校对。对他（她）们所付出的辛勤劳动表示诚挚的慰问和深切的感谢！由于中西方文化的差异，加之译者水平有限，翻译稿中表达不当甚至错误的地方在所难免，敬请读者批评指正！

感谢本书的责任编辑焦静宜老师，她的辛劳渗透在本书的字字句句之中！特别感谢孙淑兰老师，是她鼓励我承担本书的翻译工作，并对翻译工作给予了多方的指导和帮助！

陈扬乐

2010年10月6日于海口

21 世纪高等院校旅游专业引进教材系列

《邮轮经营管理》
《生态旅游》
《生态旅游政策与规划》
《生态旅游案例研究》
《体育旅游》
《文化旅游与文化遗产管理》
《旅游跨文化行为研究》
《旅游与休闲业服务质量管理》
《旅游市场营销实论》
《旅游社会学纵论》
《国际旅游规划案例分析》
《城市旅游管理》
《旅游目的地竞争力管理》
《旅游目的地品牌管理》
《旅游社区战略管理:弥合旅游差距》
《饭店与旅游服务业战略管理》
《饭店与旅游业发展趋势分析》
《旅游研究经典评论》
《旅游决策分析方法》
《旅游研究方法》
《海洋生态旅游》

Cruise Operations Management, 1st ed.
Philip Gibson
ISBN: 9780750678353

Authorized Simplified Chinese translation edition published by the Proprietor.
ISBN: 9789812727350